KB123255

# 똑똑똑 ——
# 아기와 엄마는
# 잘 있나요?

# 똑똑똑 ——
# 아기와 엄마는
# 잘 있나요?

서울아기 건강 첫걸음 사업 기획
안미선 지음

동아시아

# 목차

# 특별한 손님이 아기에게 온 날

아기는 집 안에 있다. 엄마와 단둘이서. 그리고 간호사는 그들을 만나러 간다.

서울시 보건소의 영유아 건강 간호사는 출산 후 간호사 방문에 동의한 산모의 집에 방문을 한다. 보편방문이라고도 하는 이 방문은 출산 후 이른 시일 안에 이루어진다. 1회의 방문 약속이 잡히면 간호사는 어디든 간다. 아파트건 빌라건, 지도에도 잘 나오지 않는 외진 집이건. 사복을 입은 간호사는 때로 아파트에서 정체불명의 잡상인 취급을 받기도 하고, 긴가민가하면서 낯선 오르막길을 오르기도 하고, 막다른 길에서 엉거주춤 발길을 돌리고 갸우뚱거리기도 한다. 비가 올 때는 난처하게 옷이 젖기도 하고, 땡볕에 땀이 비 오듯 쏟아질 때도 있고, 빙판길에 미끄러지거나 머리가 헝클어질 때도 있다. 약속 시간을 지키기 위해 종종걸음 치며 근처 편의점에서 점심을 때우기도 하고 식당을 찾아 전전하기도 하면서 매번 새로운 집의 문 앞에서 매무새를 고치고 목청을 가다듬는다. 영유아 건강 간호사는 하루에도 몇 번씩 새로운 집에 찾아가 문을 두드린다. 혼자 타인의 집을 방문하는 것은, 그리고 닫힌 문이 열리기를 기다리는 것은 늘 긴장되고 매번 마음의 준비를 해야 하는 일이다. 간호사가 방문해야 할 집에 전화를 걸어 주소를 확인하고 무거운 가방을 메고 때로 불편함과 두려움을 무릅쓰고 총총걸음으로 그 집을 찾아가는 이유는 단 하나, 그곳에 아기가 있기 때문이다.

간호사는 집 안에 있는 아기를 보기 위해 문을 열고 들어온다. 태어난 지 얼마 안 된 아기는 처음으로 손님을 맞는다. 가족이 아닌, 자신을 보기 위해 세상에서 온 특별한 손님. 그렇게 영유아 건강 간호사는 이제 막 세상에 온 아기를 만난다. 간호사는 아기에게 인사를 건넨다. 아기가 건강한지, 아픈 데는 없는지, 주변은 안전한지 살펴본다. 아기가 잘 자라고 있는지, 가족에게 잘 받아들여지고 있는지, 아기를 돌보는 양육자는 건강한지, 아기에게 더 필요한 도움이 없는지, 양육자는 무엇을 필요로 하는지 간호사는 물어본다. 닫힌 문 안에서 혹시 아기와 엄마가 소리 없이 고통받고 있지는 않은지, 그들에게 더 많은 빛과 바람 그리고 함께하는 손길이 필요한 것은 아닌지 눈여겨본다. 이들의 삶에 동참하기 위해 간호사는 닫힌 문을 열고 들어오는 것이다.

아기는 손님을 맞는다. 자신을 기꺼이 돌보려는 세상의 눈길에 처음 놓인다. 자신이 부모의 집뿐만이 아니라 여러 사람의 관심이 만든 공공의 돌봄이라는 품에 놓여 있다는 것을 맞이하게 된다. 아직 잘은 모르지만, 눈을 잘 뜨지 못하고 잠들어 있기도 하지만, 자기를 안고 있는 유일한 부모의 곁에서 함께 자신을 안아주려는 어떤 사람들이 더 있다는 것을 아기는 느낀다. 부모의 시선이 아닌 어떤 기꺼운 시선이 오늘 자신을 찬찬히 살피고 있다는 것을 느낀다. 세상에서 온 손님은 아기의 눈길을 따라가 보고, 아기의 소리를 유심히 듣고, 아기의 몸놀림에 대답한다. 아직 사람들이 채 다 이해할 수 없는 아기의 말에 귀 기울이고 표정과 눈짓을 눈여겨본다. 무엇보다 그 모든 표현에 깃든 아기의 마음을 읽는다. 온전한 사람이라 하기에는 아직 다 자라지 못한 아기다. 입혀주는 대로 먹여주는 대로 몸을 맡길 수밖에 없는 아기다. 그래도 아기는 자라나려고 소리 없이 애쓰고 있다. 간호사는 세상의 크고 바쁜 소리 속에 아기의 작고 여린 소리가 쉬이 묻히지 않게 몸을 숙여 눈을 맞추어준다.

이렇게 아기와 만나는 시간 동안 간호사는 아기의 언어를, 몸짓을, 신호를 어떻게 이해해야 하는지 양육자에게 전해준다. 아기는 사람을 쳐다보면서 가느다란 눈을 활짝 떠 까맣고 둥근 눈동자를 굴리기도 하고 인상을 찌푸려 불편하다는 내색도 짓고 활짝 웃기도 하고 입술을 쫑긋거리기도 한다. 간호사는 갓 부모가 된 이에게 아기의 신호에 응대하는 법, 아기를 제대로 먹이고 재우는 법, 아기가 좋아하고 싫어하는 것의 기미를 간파하는 법, 아기가 좀 더 편하게 있을 수 있게 하는 법을 알려준다. 아기의 행동에 반응하며 아기를 어떻게 대해야 할지 직접 보여준다. 갓 태어난 아기가 온전한 한 사람으로 대접받는다.

엄마들은 놀라워했다. 애써도 잘 되지 않던 모유수유를 간호사가 일러주는 대로 해서 쉽게 해냈을 때도 놀라고, 아기 엉덩이에 발진이 있었다는 것을 뒤늦게 보고도 놀라고, 아기를 편하게 해주려고 엎드려놓았는데 실은 영아돌연사의 위험이 있다거나 불편한 자세일 수 있었다는 것에 놀란다. 엄마들은 궁금한 게 많다. 일반적인 설명이 아니라 구체적인 것들, 자신과 아기의 상황에 맞는 질문들, 이 자리에 온 간호사에게만 물을 수 있는 이 자리의 질문들이다. 그들은 처음 엄마가 된 것이다. 아기에게 최선을 다하려고 하지만 인터넷이나 책 말고는 딱히 정보를 모을 곳이 없다. 이웃도, 친척도, 심지어 배우자조차도 울타리가 되어주기 어려운 고독한 육아의 자리다. 엄마들은 홀로 감옥 같은 집에 갇혀 애를 쓴다. 아기에게 잘해주고도 미안해하고, 아기와 단둘이 있다는 것 자체만으로도 커다란 책임감에 눌리기도 한다. 아기들을 키우는 데 주눅 듦과 자책이 필요하지 않다는 것을 말해주는 이가 없었다. 뜻밖의 손님, 간호사들은 양육자에게 잘하고 있다고 말해준다. 때로 실수하거나 잘못하기도 하지만 엄마들이 자기 아기들에게 최선을 다하고 있다는 것을 알고 있기 때문이다. 마주한 고민들 앞에서 간호사는 하나하나 대답하며 격려해준다. 자신감을 가질 수 있게 도와준다. 앞으로 이 아기는 양육자의 돌봄 속에서 자라나야 한다.

엄마들은 때로 눈물을 글썽이다가 웃었다. 잘하고 있다고 말해주는 누군가가 곁에 있어서 좋다고 했다. 의료 전문가가 방문해서 아기를 살펴보고 도와주고 있다는 것이, 아기뿐 아니라 양육자의 몸과 마음의 건강과 우울함에 대해 물어주고 있다는 것이 좋다고 했다. 영유아 건강 간호사의 방문은 양육자에게 있어 뜻밖의 사건이거나 얼떨떨한 혜택이 된다. 이전에는 이런 서비스를 받아본 적이 없기 때문이다. 마음이 열린 산모들은 간호사들에게 무언가를 주고 싶어 했다. 그러나 간호사는 어떤 대가도 바라지 않았고 또 대가를 받지 않는 이들이었다. 엄마들은 다시 한 번 어리둥절해졌다. 공공서비스가 자신의 권리라는 것에 익숙하지 않았기 때문이다. 이때까지 시민으로서 누릴 권리가 많지 않기도 했고 그런 것을 배워본 적도 없었다. 아기를 낳기 전에는 영유아 건강 간호사의 보편방문을 받는다는 것을 생각해본 적이 없었다.

그래서 간호사가 떠나고 나면 무언가가 생겨났다. 처음에 문을 열 때 긴장하고 딱딱했던 양육자의 표정은 좀 더 따뜻하고 친근하게 변하고, 마음의 냉담함은 어렴풋한 아쉬움으로 변한다. "앞으로의 육아에 대해 건강한 마음의 씨앗을 심어주었어요"라고 한 엄마가 고백했다. 세상이 생각한 것보다 좋을 수도 있다는 느낌. 자신과 아기가 버려진 듯 외따로 있는 게 아니라는 느낌. 아프거나 위험할 때 어딘가 등 비빌 데가 있는 것 같은, 끈이 생기는 느낌. 어쩌면 나만의 아기가 아니라 우리의 아기들이라는 깨우침. 그렇게 마지막 마음의 문이 열릴 때, 삶과 세상에 대한 신뢰가 싹텄다.

한 시간 반 남짓 만나는 동안 아기도 간호사에게 말할 기회를 얻는다. '저 괜찮지 않아요. 아파요.' 간호사는 아기의 상태와 엄마의 산전후 우울과 사회심리적 문제, 그들이 놓인 처지와 주변의 상황을 유심히 살핀다. 간호사는 이 가정에 지속적인 방문이 더 필요한지를 함께 판단한다. 아기가 안전하게 자라기 위해서 간호사의 개입이, 사회복지적 개입이, 외부의 도움이 더 필요한지를 결정한다. 우울이 압도한 집에서 아기가 어떤 표정을 물림하여 받는지, 양육자의 정신건강이 아기에게 어떤 영향을 미치는지, 그것이 이후의 아기의 삶에 어떤 영향을 미치는지 간호사는 알고 있기 때문이다. 그들은 꾸준한 방문이 필요한 가정을 잊지 않고 다시 찾는다.

〈서울아기 건강 첫걸음 사업〉은 모든 아이들이 평등하게 건강할 수 있도록 초기 육아를 돕는다. 어린 시절의 건강은 어른이 된 다음의 건강에도 영향을 미친다. 또한 더 나은 어린 시절을 보내는 것은 누구에게나 소중한 일이기도 하다. 엄마와 아기의 삶의 출발점에서 영유아 건강 간호사는 산모와 아기의 집에 방문해 이들이 건강할 수 있도록 도움을 준다. 서울 지역의 모든 임산부는 조건 없이 이 서비스 신청을 할 수 있고 영유아 건강 간호사는 출산 후 서비스를 신청한 모든 가정에 보편방문을 한다. 또한 지속적 서비스가 필요한 가족에게는 산전부터 아동이 만 2세가 될 때까지 지속방문을 하게 된다.

그렇게 아기는 첫 손님을 만난다. 인생의 시작점에서 공평하고 건강한 첫 출발을 할 수 있게 도와주는 손님. 간호사는 아기의 부름에 응답했다. 아기가 있는 집에 찾아가 문을 연 순간, 간호사는 아기의 삶에 동참하게 된다. 아기의 최초의 삶의 시작에, 엄마가 되는 삶의 시작에.

사람을 반길 여력조차 안 되는 어떤 산모는 방문하는 이를 쳐다보지도 않았다. 간호사는 엄마처럼 자신을 쳐다보지 않고 회피하는 아기를 만나면, 태어나자마자 아기가 이미 잃어가기 시작하는 세상에 대한 신뢰를 되살리기 위해 때때로 다시 그 집의 문을 두드렸다. 아기가 몸과 마음의 첫 출발을 하는 몇 년 동안 지속적인 방문을 통해 그 가족의 삶에 동참하여 아기가 잘 성장할 수 있게 조력했다. 첫날, 문을 연 순간 이미 시작된 약속을 간호사는 지켜내었다.

지금부터 이 책에 나오는 이야기들은 간호사들이 그렇게 지켜낸 약속의 이야기며, 엄마와 아기가 간호사와의 만남을 통해 자신들을 구해낸 이야기다. 간호사들이 용감하게 찾아가 두드린 낯선 방들의 이야기며, 타인에게 문을 열어주고 도움을 요청한 용감한 엄마들과 아기들의 이야기다. 그들이 함께 지켜낸 세상에 대한 믿음과 변화에 대한 이야기다. 지금도 편견과 무관심 속에서 문들을 두드리고 아기들을 만나고 있는 간호사들의 계속되는 이야기기도 하고 이제는 자신의 이야기를 통해 다른 엄마들의 닫힌 방문을 두드리고자 하는 엄마들과 아기들의 이야기기도 하다.

우리는 상상한다. 모든 아기들이 있는 곳, 그 높고 낮은 가지각색의 문들이 활짝 열리고 외딴 아기들과 외딴 엄마들이 자신들에게 안부를 물어 오는 세상의 목소리에 대답하는 것을. 간호사들이 그러했듯 그 무릅쓴 질문들이, 엄마들과 아기들이 그러했듯 그 망설인 대답들이 모두 서로를 지켜주는 환대가 되어 또 다른 세상의 문들을 앞으로 계속 열어나가는 것을.

# 1부

___

## 어쩌다
## 엄마가 되어

# 저는 모성이 없던데요

**지영 씨의 독박육아**

"모성은 무슨 모성이에요! 내가 낳았으니 키우는 거지. 저는 모성이 없던데요."

지영 씨의 단칼 같은 한마디였다. 그랬다. 공부도 잘하고 일도 잘하고 결혼도 잘하고 아이도 잘 기르라고 들볶이는 이 시대의 지영 씨들은 할 말이 많다. 8개월 된 사내아이를 '독박육아'로 기르고 있는 지영 씨, 그동안 무슨 일이 있었던 걸까?

"막달까지 열심히 일하다 출산하니까 번아웃되어서 멍했어요. 의욕이 없어졌어요. 전에는 뭔가 배우고 싶고 쉬지 않고 일해왔는데 지금은 '내가 할 수 있겠어? 내 처지가 이런데' 하는 생각부터 들어요. 시간적인 여유도 경제적인 여유도 없으니 다

놓게 돼요. 그런 모습이 참기 힘든 거죠. 내가 이런 사람이 아니었는데 왜 이래야 되지? 왜? 왜? 왜? 꼬리를 무는 거죠. 신랑이 좋은 얘기 해줘도 남자는 여자처럼 일상이 드라마틱하게 변하지 않잖아요. 신체적이라든가 모든 것들이. 여자는 몸도 그렇고 삶 자체가 바뀌잖아요. 쇼크를 받았어요!"

그녀는 '짠할 정도로' 아주 열심히 살아왔다고 했다. 결혼을 하고 출산 후 경력단절이 되면서 변화를 겪었다. 게다가 육아라는 새로운 과업에 맞닥뜨리자 심한 무기력증에 빠졌다. 산전에도 우울증이 있었지만 산후의 우울증이 심했던 이유는 완전히 자신감을 잃었기 때문이었다. 외국계 회사에서 해외 마케팅을 하며 재빨리 움직이고 왕성한 관계를 맺어왔는데, 이제 일하는 여성으로의 정체성을 잃으니 상실감이 컸다. 더 이상 독립적인 몸과 마음을 갖지 못하게 되었다는 박탈감에도 시달렸다.

"진짜, 내 자식인데 가끔씩 갖다 버리고 싶을 때가 많았어요. 산후우울증 와서 죽는 엄마도 있겠구나, 그런 생각이 들었어요. 사실은 그게 종이 한 장 차이인데. 그게 내가 아니란 법도 없잖아요. 겪어보니 정말 힘들면 그럴 수 있겠구나 싶더라고요. 자기 자신들을 놓고 싶고 갖다 버리고 싶고. '너 지금 뭐 하는 거니?' 이런 생각이 하루에도 수십 번 드는데 그걸 옆에서 이해를 못 해주면 붕괴되는 것 같아요."

이해할 수 있었다. 하루아침에 아기와 함께 집 안에 고립되어 육아를 할 때의 낯섦과 절망감. 집 안에서 아기와 함께 어떻게 살아내야 할지는 인생에서 처음 맞닥뜨리는 과제였다. 아무도 제대로 일러주지 않았다. 예상하지 못한 현실이었다. 돌봄을 배우지도, 확고한 자아가 변하지도 않은 상태에서 갑자기 '엄마'가 되어야 한다는 건 얼마나 힘든 일인가. 게다가 인정도 제대로 받지 못하고 빛도 안 나는 자리 아닌가.

"이전 직장에서는 업체들하고 제가 긴밀히 연락하면서 일하는 거였어요. 빨리 변하는 일이고 인간관계가 많이 좌지우지되고 국내외 출장도 많고, 사람들 사이의 거래가 실시간으로 이뤄지니까 되게 빠릿빠릿해야 해요. 지금은 이렇게 넋 놓고 있어서 다시 하기엔 제 자리가 없는 거죠……. 애랑 종일 있다 보면 정말 미칠 것 같은 때가 많아요. 애는 잘못이 없지만, 저도 사람이니까 인내심을 잃고 자제력을 잃을 때가 많거든요. 음악 틀어놓아도 쟤가 빽빽 울면 음악이고 뭐고 다 짜증 나, 텔레비전이고 뭐고 다 짜증 나요. '으아악!' 소리 지르고 싶은데 정말."

지영 씨는 자신이 '좀비'같이 살았다고 하면서 갑자기 결연히 말했다.

"아기 보다가 내 하루가 가고 일상이 이렇게 반복되다 보니까 내가 뭐 하고 있는 건지 모를 때가 많았어요. '나는 나도 아니고 엄마도 아니고, 그럼 난 뭐지?' 그런 생각 많이 들었어요. 다시 결혼하라고 하면 절대 하지 않을 것 같아요. 한국에서 이런 결혼은 안 하는 게 좋을 것 같아요."

## '며느라기'가 되다

산후우울증이 심해진 큰 이유는 시가에서 받은 스트레스 때문이었다.

"『며느라기』(수신지 지음, 귤프레스, 2018) 보셨어요? 대한민국 며느리가 겪는 일을 생생하게 그린 만화예요. 엄청 공감했어요. 우리 시가도 저를 며느리라고 남편하고 동급이 아니라 아래 계급으로 대해요. 시가가 완전 전통적인 부모님이에요. 저희 부부는 서로 평등하게 대하는데 시가가 저희랑 문화 차이가 심해서 스트레스 많이 받았어요. 육아는 여자가 전담해야 한다는 생각들. 말로 하시는 것 때문에 상처가 많이 됐어요. 결혼할 때부터 여자가 일하는 걸 별로 원하지 않는 시가였는데 아이를 낳으니 당연히 여자가 일을 그만두어야 한다고 했어요. 도움을 주시지는 않으면서 도리만 강요하시니까 저는 되게 힘들었어요."

그녀는 차분하고 담담하게 말을 이어가는 편이었지만 시가 이야기를 할 때 얼굴이 붉어지고 감정이 북받치는 모습을 보였다. 집도 부부가 같이 분담하여 장만할 정도로 평등한 가족을 꿈꾸었는데 시가는 그녀에게 전통적인 며느리가 되라고 부당하게 요구했기 때문이었다.

"내가 그 집의 종도 아닌데 무조건 복종하고 순종하라는 사고방식을 가지셔서 트러블이 심했어요. 아들하고 똑같이 공부해서 가방끈도 긴데 며느리 일하는 걸 왜 그렇게 싫어하시며, 나는 왜 거짓말까지 해가면서 막달까지 일을 해야 하고, 출장 가는 것도 매번 핑계 대야 하는지, 그게 이해가 안 됐어요. 고민 끝에 '전업주부 하겠습니다' 했는데 '그래라, 네가 나가서 일을 한다고 가정경제에 도움이 되냐?'라고 말하는 건 너무 웃기잖아요. 진짜 어이없죠. 근데 신랑이 잘해서 참는 거예요. 안 그랬으면 안 살죠."

시가는 일하지 않는 며느리를 원했으면서 전업주부가 된 며느리는 차별했다. 아기 이름을 지을 때 부부는 결정권이 없었다. 아기 백일 때는 지영 씨가 시가에 가서 상을 차려야 했다. 시형님의 아기 돌 때도 그녀가 돌상을 차려야 했고, 이제 그녀의 아기가 돌이 되면 또 시가에 내려가 돌상을 차려야 한다고 했다. 뭔가 단단히 잘못되었다.

"출산하면 원점이 아니라 마이너스가 되는 느낌? 제가 전에 어떤 사람이었건 그냥 제로가 되는 느낌이에요. 여자들은 출산하고 나면 원점이구나 싶어요. 저뿐만 아니라 다른 육아했던 분들도 그렇겠죠. 그 전에 어떤 삶을 살았건 출산을 하면 다 똑같은 선상에 있는 거구나. 내가 다시 예전처럼 밖에서 일하면서 사회생활할 수 있을까? 일로 이루고자 하는 것을 이룰 수 있을까? 자신감이 떨어졌어요. 내가 나약한 사람이었구나 싶어요. 아기를 위해 많이 해줘야지 생각은 해도 실제로 제 몸 하나 간수하기 힘든 거예요. 밥도 제대로 못 먹고, 자고 싶은데 잘 수도 없고. 다시 예전의 좋았던 모습으로 갈 수 있을까? 앞으로 내가 하고 싶은 일을 할 수 있을까? 막연한 두려움 때문에 자신감이 많이 떨어졌어요. 전에는 흘려들을 수 있는 말들도 제가 약해지다 보니 신경이 더 쓰이고, 그런 자신을 보는 게 힘들었어요. 내가 일과 가정 둘 다 균형을 맞춰서 잘할 수 있을까? 배우자로서 부모로서 해야 할 것도 많지만 난 내 것도 포기하고 싶지 않은데 어떻게 해야 되는 거지? 이대로 도태되나? 그런 생각 많이 들어요."

퇴근해 집에 온 남편이 문 입구 쪽에 드러누워 있는 아내를 보았다. 아기도 울고 아내도 울었다. "나가고 싶어, 여길 떠나고 싶어." 아내는 말했다. "아, 또 힘들었구나." 쭈그려 앉아 위로해도 뭘 더 어떻게 해야 할지 난감했다. 미로에 갇힌 느낌이 드는 건 부부가 매한가지였다.


### 간호사가 해준 한마디 말

"제가 출산 관련 제도를 찾아보다 서울시에 〈서울아기 건강 첫걸음 사업〉이 있다는 걸 우연찮게 알았어요. 보건소에 연락해서 바로 신청했어요. 도움이 되겠다는 생각이 들어서요. 저도 전문적인 지식을 가진 사람이 아니니까 간호사 선생님이 방문하셔서 애들 발달 상황도 체크해주시고 제가 모르는 부분을 여쭤볼 수 있다는 게 좋잖아요. 독박육아를 하다 보니까 누가 찾아오시는 게 차라리 편하더라고요. 애들 데리고 외출하기도 쉽지 않으니까요. 이 시기에 유용할 수 있겠다 싶어 신청한 거죠."

간호사는 보편방문을 했다가 지영 씨의 상태를 보고 지속적으로 방문했다. 남편도 시가도 친정도 있는 지영 씨였지만 누군가의 도움이 절실히 필요했다. 지영 씨는 배워야 할 것이 많았다. 아기의 행동은 이해하지 못하는 것투성이였다. 하다못해 우는 이유도 알 수 없었다. 아기가 자지러지게 울 때는 '뭘 어쩌라고! 말을 해야 알아듣지' 하는 원망이 들었다. 6개월 동안 아기가 밤새 우는 통에 부부가 잠을 못 잤다.

"밤이 중요하죠. 자야 하는데 아기가 우니까 남편은 5킬로그램 빠지고 저는 밥을 제대로 해 먹을 수 없고 정신도 없고, 시켜 먹거나 군것질하고 몰아 먹고 그랬어요."

간호사가 보여준 '퍼플 크라잉' 자료는 아기가 이유 없이 울 때 어떻게 대처할지 다룬 시청각 자료였다. 그걸 보고 '우리 애만 그런 게 아니구나' 하고 안심이 되었다. 아기가 우는 게 아기 잘못이 아니고 이상이 있는 것도 아니니 부모가 자책할 필요 없다는 것도 처음 알았다. 아기의 행동 하나하나가 어떤 의미인지, 잘 발달하고 있는 건지, 잠은 어떻게 재워야 하는지, 수유는 어떻게 하는지, 아기가 아픈 건지 정상적인 건지 알아보는 법을 간호사에게서 배웠다. 그뿐 아니라 간호사는 지영 씨가 무엇 때문에 힘들어하는지 들어주었다.

"전 육아하는 게 즐겁지 않았어요. 얘도 태어나고 싶어서 태어난 것도 아니고. 아기가 나왔으니까 부모로서 책임을 져야 하고 노력을 해야 하지만 내 삶하고 육아하고 공존하기에는 괴리가 있잖아요. 그런 조건이나 사회적인 제도들이 마련되진 않았잖아요. 독일에 있는 친구가 아기 기르는 걸 보니 국가의 지원이 참 많더라고요. 영유아 관련한 서비스가 다 무료고 집에서 사람 쓰는 것까지 국가에서 지원해요. 아, 출산보다 육아가 진짜 어려운 거예요. 그동안 일한다고 놀지도 못했는데 또 열심히 육아해야 해요. 안타까운 삶이에요. 지쳤어요. 돈은 어쩌고요. 아기 낳고 나서 물려 입을 게 없어서 다 사야 했어요. 산후조리원에도 가야 했고 출산하는 데 1,000만 원은 우습게 나갔어요. 내 노후는 어떡하죠? 쉬고 싶어요. 열심히 하는데 끝은 없는 것 같아요."

몸무게도 많이 늘어 거울을 볼 때마다 다른 사람 같았다. 몸도 빨리 회복하고 다시 일도 시작하고 싶었다. 경력이든 뭐든 뒤처지고 싶지 않았다. 출산 전으로 되돌아가고 싶었다. 아니, 결혼 전으로 되돌아가고 싶었다. 여성이 일할 권리, 차별을 겪지 않을 권리는 없고, 국가의 제도적 서비스가 미비한 현실 속에서 아기를 키워야 한다. 쏟아지는 많은 고민을 듣고 나서 간호사가 한마디 말을 해주었다.

"그렇게 걱정을 하는 순간에도 아기가 있잖아요. 아기와 함께하는 이 순간이, 어쨌건 이 순간이 한 번 가면 돌아오지 않는 순간이에요. 여러 가지를 다 붙잡고 싶은 마음은 알겠지만 지금 이 순간에 집중을 하면 어떻겠어요?"

순간 지영 씨는 말문을 잃었다. 그때 자신을 바라보는 아기의 눈길과 마주쳤다. 과거와 미래를 아쉬움과 불안으로 내다보고 속상해하느라 아기를 온전히 마주 본 적은 없었던 것 같았다.

아기가 무슨 생각을 하는지 무엇을 원하는지 궁금해하고 소통해 본 적은 없는 것 같았다. 마치 아기는 먹고 자기만 하는 짐승 같았고 온전했던 자신을 축내는 존재 같았다. 하지만 아기도 웃고 울고 기뻐하고 슬퍼하며 엄마를 바라본다. 생각과 현실의 모습이 엄연히 다른 세계라는 것이 그 순간 느껴졌다.

"지나고 보니 간호사 선생님 말씀이 도움이 많이 된 것 같아요. 나도 엄마가 처음이고 아기인 너도 태어난 건 처음이니까. 그래, 너도 네 나름의 의사 표시를 그렇게 하는 거겠지. 그래, 너는 사실은 죄가 있는 건 아닌데…… 낯선 세상에 나와서 적응하는 과정인 건데……."

그녀의 목소리가 떨렸다. 간호사가 공감하며 해준 한마디 말이 허공에 떠 있던 발을 현실에 닿게 했다. 그녀는 그 말을 또 박또박 뇌었다. 혼자 거듭 생각한 말 같았다. 현실을 인정하고 내려놓는 연습을 하기 시작했다.

더 큰 갈등 없이 '엄마'라는 역할을 자신이 맡은 하나의 새로운 역할로 천천히 받아들일 수 있게 되었다. '엄마'의 역할을 받아들이지 못했다면 이상적인 자아와 새로운 역할의 간극에서 더더욱 찢겨가며 분노를 느꼈을 것이다. 산후의 시간은 아기만 자란 게 아니라 지영 씨가 새로운 역할을 인정하는 방법을 배운 시간이기도 했다. 간호사는 그녀의 마음이 얼마나 절박한 벼랑에서 서성이는지 첫 방문에서 알아보았다.

## 미안, 나도 너무 힘들어

그녀는 아기를 의식하면서 이야기했다. 별생각 안 하고 아기를 낳았다고 말했다가 아기를 의식하고는, 얼른 안고 있는 아기의 귀에 "오래 기다렸어요. 엄마가 엄청 기다렸어요" 하고 속삭였다. 이따금 말이 무뚝뚝하게 나오기도 했다. "빨리 좀 자. 귀여운 척 코스프레하지 마. 어휴, 아무 생각을 안 하는 건지." 그러다가 생각을 고쳐먹고, 다시 상냥하게 말했다. "아기띠 안 하고 싶은 거죠. 잠을 주무시지 않으니 어떡해요." 아기가 잘 웃는다고 내가 칭찬하니 "자기가 웃고 싶을 때만 웃어요"라고 퉁명스레 말하다가 얼른 다잡아 안고 "좋아요? 기분 좋아?" 하면서 웃어 보였다.

인터뷰는 해야 하고 아기는 놀아달라고 하고 낮잠 시간은 다가오니 지영 씨는 마음이 바빴다. 아기를 안고 토닥이며 "자면 멋있는 남자가 되는 거예요"라고 속삭이다가 "눈 밑이 퀭한데 빨리 자!"라며 엄포를 놓았다. "어휴, 허리 아파 죽겠네. 아기가 10킬로그램이 넘어요!" 그녀는 한숨을 쉬었다. 그녀는 아기를 '꼬마 손님'이라고 부르기도 했다. "지금은 진상 떨어도 20년 쯤 후에는 떠나실 꼬마 손님이에요. 안 나가면 가방 싸서 보내줘야지. 자식은 독립해서 나가서 자기가 갈 길 가야죠! 저도 그랬어요. 이 녀석, 고등학교 때까지야! 아휴, 애들마다 다른데 우리 아들은 지랄 맞아요. 순한 남자애도 있다는데. 제가 '이놈의 새끼야!' 말을 그렇게 하면 다른 엄마들이 저보고 그래요. '그렇게 말하면 안 돼, 애가 다 알아들어요.' 알아듣는 거 맞나요? 하하. 우아하게 늙긴 틀렸어요."

그녀는 아들이어서 소리를 지르고 막 대해도 된다고 여기는 듯했다. 다정하게 이야기하다가도 화가 나면 욕이 버럭 나왔다. 지인들이 아기도 다 알아듣는다고 욕하지 말라고 하면 '다 알아듣나?' 하고 되묻는다. 남자아이기 때문에 화내고 큰소리쳐도 뒤끝이 없을 거라는 고정관념이 있었다.

그녀가 화가 나는 이유는 남성과의 차별 대우를 받게 된 현실에 대한 분노, 여성이라는 이유로 출산 후에 포기해야 하는 것이 많다는 좌절감 때문인지 모른다. 소리치는 것은 어떻게 보면 자아를 조정해야 하는 극심한 갈등 속에서 그녀가 표현하는 감정이었다. 뜻을 굽히지 않고 살아온 그녀가, 마음대로 통제되지 않는 상황에 맞부딪혀 느끼는 당혹감과 분노이기도 했다. 경계를 가진 자아를 계속 세우고 싶어 하는 완강함이기도 했다. 그래서 그녀는 "딸이라면 더 힘들었을 것 같아요"라고 말한다. 속상하다는 표현마저 대놓고 하지 못할 딸, 거칠지 않고 약한 존재라는 딸은 오히려 골치가 더 아팠을 거라고 말한다.

나는 그녀가 아기에 대해 섞어 쓰는 말 속의 고민들을 감지했다. 그건 그녀가 지금도 심리적 싸움을 벌이며 갈등하고 있으며 매 순간 아쉬워하고 매 순간 인정해야 한다는 것을 뜻했다. 평생을 지켜 성취해낸 자아와 엄마라는 역할의 갈등은 남아 있었다. 그 간극을, 우울함을 간호사는 간파하고 이 집에 지속적으로 방문했을 것이다. 겉보기에 아무렇지 않은 이 집 또한 도움이 필요하다고 판단했을 것이다. 지영 씨의 갈등을 듣고 현실과의 소통 창구가 된 간호사의 꾸준한 노력이 있었다. 그녀 스스로 엄마가 되었을 뿐 아니라, 산후우울증에 걸린 그녀와 그녀의 아기가 서로의 삶에 낯선 이물이 되지 않게 다른 사람들이 지켜낸 것이다. 또한 간호사는 육아는 부부가 함께하는 것이니 남편의 몫이 중요하다고 적극적으로 요구해야 한다고 말해주었다. 그녀는 자신의 상황을 객관화하고 새로운 태도를 취함으로써 우울에서 벗어날 수 있었다.

그녀가 문득 아기를 보고 눈물을 글썽이며 말했다.

"내가 힘들다고 이렇게 너한테 소리 지르고 할 건 아니지. 그래, 그렇지만 좀 자중해줬으면 좋겠다. 엄마도 너무 힘든데……."

사회에서 요구하는 대로 강한 강도로 노동해온 그녀에게는, 제도적으로 단련되고 자부심을 성취한 몸과 마음이야말로, 새롭게 맡게 된 돌봄노동을 수행하기 더욱 어렵게 하는 요인이다. 우리는 집에서, 학교에서, 일터에서 양육과 돌봄에 대해 아무것도 배우지 못한 채 양육자가 된다. 각자가 알아서 엄마나 아빠가 되기를 바란다. 세상의 말을 믿을수록 집 안에 고립된 엄마는 더 절망하고 분노하게 된다. 어떤 면에서 사회는 일상생활에 필요한 태도와 기술을 폄하하며 바깥일에 충실할수록 삶과 멀어지는 괴물을 만들어내는지도 모른다. 돌봄에 대한 사회적 제도가 갖추어져야 하는 것도 맞지만 돌봄의 담당자로서 자신의 정체성을 인정하고 다음 세대를 길러내는 역할을 받아들이는 것은 또 다른 심리적 조정을 필요로 한다.

여전히 받아들이기 힘들지만, 그녀는 지금 아기를 안고 있다. 그녀는 아기를 돌보려고 끊임없이 노동하고 있었다. 자신의 모순을 의식하고 다잡으려고 필사적으로 노력하는 엄마의 모습이, 또 엄마가 안아주고 눈을 맞춰주어서 벙긋벙긋 웃으며 다리를 흔드는 아기의 모습이 눈에 들어왔다. 아무도 보지 않는 이 집 안에서 그녀는 얼마나 열심히 엄마가 되려고 애쓰는 것일까. 내 표정이 진지했던지 지영 씨가 일부러 우스갯소리를 한다.

"제가 공 차는 연습을 하고 있어요. 공원에 가서 공을 뻥 차서 멀리 보낸 다음에 애를 보내서 공 천천히 주워 오라고 할 거예요. 잠깐이라도 쉬게. 그 말 듣고 신랑이 빵 터졌어요. 그러려고 제가 운동하는 거예요. 달리 하는 게 아니라. 하하."


## 우울에서 벗어나는 방법

호기심이 왕성한 아기는 기어 다니다가 녹음기를 만지려고 다가왔다. 지영 씨는 아기의 겨드랑이를 두 손으로 잡고 안은 채 말을 했다. 아기가 버둥거리며 몸을 뻗대었지만 그녀는 아기를 꼭 잡고 있었다. 작은방 두어 개와 작은 거실, 부엌이 딸린 집 안은 잘 정리되어 있었다. 밝은 음악이 들렸고 세탁기가 돌아가는

소리가 들렸다. 아기가 칭얼거리자 그녀는 아기띠를 하고 서서
아기를 얼렀다.

　"애랑 종일 씨름하다 보면 정말 스트레스 많이 쌓이거든요.
신랑이 많이 도와주는데 제가 힘들 때는 신랑한테 맡기고 나가
서 차 마시거나 바람 쐬거나 주말에는 맡기고 여행 가요. 그러면
서 마음을 조금 다스려요. 육아나 주변에서 받는 스트레스가 지
금은 예전보다 많이 좋아진 것 같아요. 애가 아무래도 조금 컸고
저도 바뀌지 않는 걸 마음에 담아도 정신건강에 좋을 거 없으니
까 흘려듣고 현실에 집중하며 마음을 다스리는 거죠. 또 정보들
은 난무하는데 정확한 정보를 찾기 쉽지 않잖아요. 그 정보들이
정말 내 아이를 위한 건지 판단해야 하는데 처음에는 어려웠거
든요. 제가 내린 잠정적 결론은 그런 걸 활용은 하되 실제적으로
엄마의 느낌이 제일 중요하구나, 내 아이는 내가 제일 잘 아니까
남들 말에 치중할 필요 없겠구나, 싶어요."

　그녀는 남편에게 적극적으로 요구하기 시작했다. 남편이 퇴
근하면 그녀는 차도 마시고 맥주도 마셨다. 체력을 기르기 위해
헬스장에서 개인 트레이닝도 받기 시작했다. 모유수유를 백일까
지 하면서 가슴 마사지도 받고 아이돌봄도우미를 써서 그 시간
에 병원에 다니며 몸을 챙기기도 했다. 친구들과 만나 이야기를
하고 육아 정보를 공유했고 새로운 일을 준비하기 위해 계획을
세우기 시작했다. 남편은 그녀의 선택을 적극적으로 지지하고
육아에 동참함으로써 파트너로서의 역할을 했다.

"우울증이 있을 땐 가까운 지인에게 연락해서 얘기 듣고 사람을 만나는 게 좋아요. 혼자 고립되어 있다 보면 진짜 문제인 것 같아요. 밖에 나가 공기도 쐬고, 힘들지만 뭐가 됐든 산책이든 차를 마시든 뭘 배우든 운동을 하든, 그런 게 필요해요. 이런 지지가 없는 사람들은 산후우울증에서 벗어나기 더 힘들겠죠."

그녀는 산후우울증에서 벗어나려면 관계망 속에서 적극적으로 자원을 찾고 요청해야 한다고 말했다. 그렇게 그녀는 우울한 마음을 가라앉힐 수 있었다. 그리고 아기 옆에 머물기로 결심했다. 잠시 일을 하지 않는다고 해서 전전긍긍하지도 않기로 했다. 아기가 의사 표현을 말로 할 수 있을 때까지는 직접 아기를 보는 게 지금 형편에 경제적으로나 정서적으로 좋겠다고 판단했다. 그리고 기회가 된다면 자신의 일을 무리하지 않게 해나가기로 했다.

"다 얻을 수는 없어요. 하나는 포기해야 돼요, 뭐든지. 안 되는 건 안 되는 거예요. 전에는 왜 안 되지? 그런 생각이 있었거든요. 지금은 아기 옆에 있는 게 낫겠다고 판단했어요. 지금 단계에서는 당연히 아기가 부모와의 애착 관계가 많이 중요해요. 한창 보호받을 나이니까, 정서적으로도 안정을 좀 시켜야 해요. 주변에서는 젖 떼자마자 조기교육을 시킨대요. 다른 엄마들은 애들 체험하는 게 중요하다고 텔레비전 다 갖다 버리고 시간표 정해놓고 이 시간엔 무슨 프로그램 하고 저 시간엔 뭐 하고, 바쁘게 지내요. 거기에 비하면 저는 게으른 엄마예요. 젖병 물고 있는데 선행학습이 필요할까요? 저는 소신을 잘 지켜서 조기교육을 하거나 우리 애 뒤처질까 봐 불안해하는 엄마가 되지 않으려고요. 애를 위해 정성을 쏟는다는 게 중요한 거죠. 제가 할 수 있을 만큼."

지영 씨는 아기를 위해 집 안 배치를 다시 했다. 안전을 위해 소파도 버리고 둥글고 푹신한 원색의 원형 의자를 두었다. 책상까지 버렸다. 좁은 집에서 아기의 공간을 넓히기 위해 부모 공간의 일부를 내놓았다. 오늘 아침엔, 머리를 바닥에 찧고 우는 아기를 보고는 뾰족한 모서리에 다치지 않게 철망이라도 쳐두어야 하나 고민했다. 아기가 엄마와 집에만 있으면 낯을 가릴까 봐 편의점이나 인근 가게에라도 데리고 나가려고 한다. 아기를 가진 다른 친구들과 만나 차도 마시고 정보도 들으며, 자기 아기를 위해 어떤 것을 취할지 나름의 기준을 세운다.

"내가 처음에 유연하지 못했다는 생각이 가끔 들어요. 다르게 처신했으면 부드럽게 넘어갈 수 있었을 텐데. 아, 그때 내가 좀 더 잘 생각했다면 좋았을 텐데 생각해요. 그때는 여유가 없어서 그랬겠지만, 후회하는 부분도 있어요. 내가 한 템포 낮췄으면 좋았을걸."


### 새롭게 꾸려진 가족

이제 지영 씨는 새로운 가족을 인정하고 자기 가족을 이전

세대와는 다르게 어떻게 더 평등한 개인들의 공동체로 꾸릴지 고민한다. 이 모든 것이 아이를 맞이하는 그녀 나름의 방법이자 그녀의 삶 속에 아이를 통합시키는 과정이다. 변화를 긍정하고 과거로 돌아갈 수 없음을 인정하고 새로운 미지의 길을 내기 위한 노력의 여정이다.

"그래도 가족이 하나 더 생겼으니까 부모로서 아기를 어떻게 이끌어줘야 할지, 어떻게 키울지, 우리가 해줄 수 있는 방향에서 어떤 아이로 자랐으면 좋겠는지 신랑과 많이 얘기해요. 저희가 할 수 있는 몫은 일부니까 아이를 건강하게 키우는 데 노력해야겠다 싶어요. 저희는 가족이긴 하지만 각자 개인적인 것도 많이 존중되는 가족이었으면 좋겠어요. 저도 그렇고 신랑도 그렇고 아이도 그렇고. 평등한 관계에서 서로 어려움을 편하게 얘기할 수 있는 가족이 됐으면 좋겠어요. 특히나 독립적이고 밝은 아이로 자라게 하는 게 목표죠. 그런 환경을 조성해주는 게 중요하니까 노력을 할 거예요.

맨날 새로운 걸 배우는 것 같아요. 하루하루 일상을 지내면서요. 나도 아기로 태어나 이렇게 커가는 과정을 우리 엄마도 겪었을 테죠. 아, 내가 이걸 몰랐는데 우리 엄마도 정말 힘들었겠구나. 생명을 잉태해서 키운다는 것 자체가 정말 많은 노력과 정성, 인내가 필요한 것 같아요. 내가 이렇게 인내심이 없는 사람이었는지 다시 돌이켜보는 계기도 되고요. 나에 대해, 날 키워준 부모에 대해 더 생각해보는 계기도 되는 것 같아요. 아기를 보면 점점 커가는 게 보여요. 저도 그런 과정을 겪었을 테니까 조금 보람도 있어요. 아기가 알아서 큰 것도 있겠지만 제가 노력한 부분도 있으니까요. 건강하게 잘 자라주는 것만 해도 대단하고. 나중에 커서 잘 살아줬으면 하는 바람도 생겨요. 부모 노릇이라는 게 그런 거죠. 아기가 태어나서 나에 대해서도 많이 돌아보게 되고, 아기로 인해 내가 그 전에 느끼지 못한 감정까지 많이 느끼게 됐어요. 제가 좋은 부모가 되려고 노력을 해야 하고 또 아기도 나를 좋은 엄마로 기억해줬으면 해요. 나도 내 부모를 그렇게 기억하는 것처럼. 앞으로도 그렇게 노력을 많이 하겠죠."

우울은 끝나고 있다. 여전히 여러 역할들 사이에서 분주하게 뛰어다니고 화내고 갈등하고 소리 지르겠지만, 그것이 더 이상 그녀를 고꾸라뜨리거나 무기력하게 만들지는 않을 것이다. 이 짧은 시간에, 낯설고 아픈 시간에, 아기를 안고 서성이며 재우고, 집 안의 풍경을 아기 눈높이에서 볼 수 있는 양육자가 된 것이다. 그녀가 할 수 있는 만큼의 엄마가 된 것이다.

"살면서 내 이름은 안 잊어버리는 사람이 되었으면 좋겠어요. 누구 엄마로 불리는 것도 중요하지만 내 이름 석 자로도 불릴 수 있고, 이름에 걸맞게 지금까지 열심히 살아온 것처럼 살아가고 싶어요. 내가 가정이 생겼고 엄마가 되었으니까 배우자이자 좋은 엄마로 살 테지만, 그 와중에도 저를 안 잊는 사람이 되었으면 좋겠어요. 그래서 나중에 죽을 때는 열심히 살아간 사람으로 기억되었으면 좋겠어요. 누구의 아내이자 누구의 엄마, 누구의 딸 그리고 나 자신, 그렇게 기억되면 좋을 것 같아요."

그녀는 가정이 생겼고 자신이 엄마가 되었다는 것을 인정하는 동시에 자신의 이름도 잊어버리지 않고 싶어 한다. 애정을 가진 동등한 파트너인 아내로서 자신을 첫 번째로 언급하고, 아이의 엄마로서 언급하고, 길러준 부모와의 관계에서 자신을 표현하고 그리고 마지막으로 자신을 언급했다. 엄마라는 역할보다 아내의 역할을 앞세운 것도 개인에 대한 인식 때문일 것이고, 자신을 마지막에 언급한 것도 자신의 자리가 현실의 역할 다음에 챙길 수 있는 것이기 때문일 것이다. 그리고 자신의 앞에 있는 여러 역할들은 그녀가 먼저 해내야 할 압도적인 몫들을 의미하는 것이다. 한편으로는 그녀가 이 모든 관계를 자신 안에 통합시키고 인정하고 받아들인다는 것을 의미하기도 했다. 세상에 없던 하나의 가족이 막 꾸려진 참이다.

### 82년생 지영 씨에 대한 보고서

내가 만난 82년생 지영 씨는 이렇게 살아냈다. 공무원인 아버지와 가게 일과 회사 일을 한 어머니의 맏딸로 태어났고 남동생이 하나 있었다. 가부장적인 집안 분위기이긴 했지만 의견을 존중받으며 자랐다. 공부를 열심히 했고 하고 싶은 일이면 절대 뜻을 굽히지 않았다. 허락되지 않은 유학을 단식투쟁까지 하며 쟁취했고, 외국에 나가 넓은 세계를 만났다. 외국계 회사에 취직

해서는 독립된 생활과 성취를 위해 밤낮없이 매진했다. 졸업했으니 학자금을 갚으라는 부모님의 요구에 따르며 경제적 독립이 중요하다는 걸 일찌감치 배웠다.

결혼할 상대를 만났지만 시가 쪽에서 이 여자는 고분고분한 순종형이 아니라고 퇴짜를 놓았다. 지영 씨는 "그따위 결혼 나도 싫다!"라고 큰소리치며 헤어질 참이었다. 남편이 붙잡고 설득해 가까스로 마음을 돌렸지만 시가는 가치관을 바꾸지 않았다. 남자는 집을 해 오고 여자는 혼수를 해 온다는 고정관념에 맞서 똑같이 분담해 집을 장만했다. 그런데도 들이닥치기 일쑤인 시가의 부당한 간섭에 맞서 싸웠다.

출산하기에는 나이가 많았던 그녀는 애가 하나는 있어야 한다는 주위의 말에 막연히 부모가 될 생각으로 아기를 낳았다. 모처럼 긴 여행을 앞두었던 터라, 아쉽다 여기며 여행 대신 출산을 선택했다. 출산 막달까지 하던 일을 그만두고 아기에게 젖을 물렸다. 젖가슴의 통증은 문제도 아니었다. 시가가 며느리에게 행사하는, '이제 애 엄마가 되었고 우리 아들이 벌어 온 돈으로 밥 먹고 산다'라는 식의 유치한 유세를 마주했다. 그래도 관계를 아예 끊을 수는 없어서 먼저 머리를 숙이는 용기를 발휘할 줄도 알았다. 내가 만난 지영 씨는 사회적인 도움을 받고 문을 세상에 열어둠으로써 낯선 풍경과 사람들을 만났다. 그래서 우울에서 벗어났고 한 부분은 내려놓고 새로 만난 부분은 받아들임으로써 새로운 자기를 만들었다. 그래서 그녀는 울면서도 아기를 품에 안고 놓지 않는다. 이건 자기가 아니라고 하면서도 이것이 자기라고 끄덕인다. 위태로운 하루하루를 살아내며 새로 나아갈 길을 꿈꾼다.

남편이 퇴근할 시간에 눈물을 줄줄 흘리면서도 애를 맡기고 밖으로 뛰쳐나가 맥주 한잔할 시간을 자신에게 주었으며, 간호사에게 도움을 청해 유익한 조언을 듣고 따랐다. 아기띠를 하고 동네 구석구석을 돌아다니며 더 적당한 공원이 없다는 데에, 아기와 함께 마음 놓고 갈 곳이 없다는 데에 아쉬워했지만, 카페에서 눈치 보지 않고 커피를 마시며 친구들과 유쾌한 수다를 떨 줄도 알았다.

놀지 못하고 열심히만 살아온 자신이 짠하지만 앞으로 새로운 몫들을 해내며 또 열심히 살 작정이다. 그렇게 살았던 사람으로 기억되기를 바란다. 마음으로는 가까운 이들을 깊이 사랑하고 더 잘하고 싶어 하며, 더 잘하지 못하는 자신의 모습에 실망하며 상처를 입기도 한다. 남에게 쉽게 의지할 만큼 나약하지 않으나 혼자 힘으로 안 될 때는 도움을 요청할 만큼 씩씩하기도 하다.

부모가 베풀어준 돌봄을 기억하며 자신도 부모에게 받은 것만큼 자식에게 되돌려주어야 한다는 책임감을 느낀다. 남편에게 감정을 솔직히 표현하며 기울어진 성별 분업 속에서나마 관계의 주도권을 쥐고자 한다.

삶에서 필요한 것이 무엇인지 파악하며 세상의 허영과 거리를 두고 휩쓸리지 않으려고 한다. 되돌아간다면 절대 결혼은 하지 않을 거라고 하지만, 인생의 선택이란 돌이킬 수 없다는 것도 안다. 새로운 가족을 맞이하기 위해 자아로 충만했던 의식에 빈자리를 내어주는 법도 배웠다. 그리고 자신으로 인해 새로운 아이, 새로운 남편, 새로운 아내, 새로운 엄마가 줄줄이 태어나는 것을 목격한다. 이제 그녀는 새로운 가족을 소중히 키워갈 채비를 하고 있다.

지영 씨는 그렇게 엄마가 되어서도 자신을 잃지 않고 일상의 균형 속에서, 감정의 동요 속에서 자신의 길을 가고 있다. 세상에 뻔히 있는 길로 가는 듯 보이지만, 한 명, 한 명이 분투하며 새로 내고 있는 자신만의 고유한 길을, 그 수많은 지영 씨들이 가는 길들 중 하나를 그녀도 쉼 없이 아기를 추슬러 안고 종종걸음치며 가고 있다.

### 공을 차는 이유

지영 씨는 가끔 공원에 가서 있는 힘껏 공을 멀리 찬다고 했다. 그녀가 공을 멀리 차는 이유에 대해 이렇게 말했다. 같이 간 아이가 그 공을 주워 오는 동안에라도 혼자이고 싶어서 더 멀리 차는 연습을 한다고. 그랬을 것이다. 그녀는 인생의 매 순간에 할 수 있는 최선의 힘으로 공을 찼을 것이다. 이곳과 다른 저곳으로 가고 싶어서 날아올랐을 것이다.

여자였지만 남자들보다 더 열심히 공부했고 이 땅에 붙박여 살라는 다그침을 어기고 먼 곳으로 가서 새로운 풍경 속에서 즐거워했을 것이다. 해본 것과 해보지 않은 것 사이에서 단호한 결정을 내리며 뻥 하고 공을 찼을 것이다. 새로운 곳에 안착한 자리가 자기 생각과는 다를지라도 공을 찼을 것이다. 너의 자리는 여기라는 인습의 손가락질에 그대로 머물기는 너무 억울하다고 이를 악물고 공을 찼을 것이다. 여기가 끝이라고 주저앉는 내면의 속삭임에 그럴 수 없다고, 여기가 끝일 리 없다고 휘청거리며 공을 찼을 것이다.

그리고 그 공이 날아가는 동안에는 오롯이 혼자일 수 있었다. 숨을 가쁘게 몰아쉴 수 있었다. 어쩌면 눈물도 흘릴 수도 있었다. 그 시간에 자신을 잊지 말자고 뇌었을 것이다. 그렇게 중얼거리며 흐려진 눈으로 앞을 보았을 때, 자신이 찬 공을 가지고 돌아오는 아이를 만날 것이다. 그녀가 세상으로 보내준 그녀의 아이를. 한 걸음, 한 걸음, 아이는 뒤뚱거리며 엄마가 찬 공을 안고 돌아와 마침내 공을 엄마에게 내밀 것이다. 뿌듯한 얼굴로 자랑스럽게, 선물처럼, 보물처럼. 낯익지만 언제나 낯선, 이전에 없었던 새로운 공을.

# 그녀가 물건을 버리지 못한 이유

### 5년 만에 들어온 손님

"어서 오세요! 5년 만에 집에 사람이 처음 오는 거예요!"

문이 열리고 임신부인 경주 씨가 말했다. 간호사가 미혼모 경주 씨의 집에 세 번째 방문하는 날이었고 집 안에는 처음 들어가는 날이었다. 수집증이 있었던 경주 씨는 처음 간호사가 왔을 때 문을 열어주지 않았다. 간호사는 경주 씨가 염려되어 집 근처에서 기다리다가 다른 사람들이 오가느라 빌라의 입구 보안 문이 열릴 때 들어가 경주 씨의 집 문을 두드렸다. 현관문을 두드리면 자신의 소리를 들을 수 있기 때문이었다.

이 만남을 위해, 경주 씨는 새벽부터 일어나 집을 치웠다. 물건으로 가득 차 있던 거실은 비어 있었고 그 짐들은 방 안으로 다 들어가 있었다. 그러니까 간호사와 작가인 나는 경주 씨가 자신의 집에 5년 만에 들어오게 한 첫 손님이었다.

"간호사님이 정리하라고 해서 많이 정리한 거예요. 거실에 발 디딜 틈이 없었어요. 환기 좀 시켜야 하지 않을까요? 냄새나지는 않으세요?"

경주 씨는 손님을 맞이하느라 분주했다. 두 개 방 중 하나는 아기방으로 쓸 건데, 그러려면 그 방 안에 들어간 짐을 나중에 다시 빼내어야 한다고 했다. 간호사는 경주 씨에게 너무 무리하지 말라고, 앉을 자리만 있으면 거실에 물건이 있어도 된다고, 의자에 앉아도 된다고 하면서 그녀의 건강을 염려했다. 경주 씨는 바닥이 더럽다며 입구에 분홍색 슬리퍼를 두었고 물이 없다고 말하면서 식탁에 음료수를 놓아두었다.

처음으로 집에서 손님을 맞으려고 그녀는 얼마나 애썼는지 모른다. 배가 부른 몸으로 수집된 물건들을 하나하나 운반해 치웠고, 집 안에 냄새가 남아 있을까 봐 염려했다. 아껴둔 음료수를 꺼내놓고 크기가 다른 주워 온 의자들 중에 푹신한 것을 손님에게 양보하며 자신은 낮고 딱딱한 나무의자에 앉았다. "밝으면 전등을 끌까요?"라고 조심스레 물으면서 요금을 내지 못해 곧 끊어질지도 모르는 전깃불을 내내 켜두었다. 그동안 라면만 먹고 지냈는데 위층 이웃이 나라미 한 포대를 주었다면서 그 쌀을 의자 위에 올려놓으며 좋아했다.

"임신하고 일을 거의 못 했어요. 정말 라면만 먹었어요.

임신 초기에 진짜 많이 힘들었어요. 라면을 계속 먹으면 토할 것 같아요. 요즘 같은 시대에 라면만 먹고 이렇게 오래 버틸 줄은 저도 몰랐어요. 고추장에 밥 비벼 먹고, 달걀 한 판 2,000원에 사서 먹고. 나중에는 질려서 달걀도 못 먹겠더라고요. 자꾸 전기, 가스 끊는다고 하니까 스트레스받고. 그래서 애 안 낳고 싶었어요. 경제적으로 엄청 압박이 심해서. 애 안 낳으면 일할 수 있는데 왜 감수하면서 낳아야 하나? 그런 생각 되게 많이 했어요. 내가 일도 못 하는데 이러고 낳아야 하나? 너무 고생하는데?"

살기 막막해 번개탄을 준비해놓은 적도 있다고 했다. 돈만 있었으면 중절수술을 했을 거라고 간호사에게 말한 경주 씨였다. 3개월째 요금을 내지 못해 전기며 가스가 끊어질 상황에 놓였고, 초인종 벨도 꺼놓아 모든 연락은 휴대폰 메신저로만 가능했다. 처음 보건소에 왔을 때 경주 씨는 검은 모자를 푹 눌러 쓰고 마스크를 끼고 있었다. 경주 씨의 집에는 발 디딜 틈 없이 물건이 사람의 키 높이까지 쌓여 있었더랬다. 그동안 경주 씨에게 무슨 일이 있었던 걸까?

### 한국사회에서 죽지 않고 살아내기

"제가 네 살 때 부모님이 이혼하셨는데 친아버지가 경제적인 능력이 없어서 이혼하신 거라서 한 번도 엄마한테 양육비를 보낸 적이 없어요. 어머니는 제가 열한 살 때 재혼을 하셨어요. 처음엔 새아버지도 저한테 되게 잘해주셨는데 새로 아기가 태어나니까 새아버지랑 엄마가 번갈아가면서 저를 많이 때렸어요. 엄청 심각하게 때렸어요. 폭력이 심해지는 거예요. 어렸을 때는 그냥 맞았어요. 코끼리 발을 어릴 때부터 묶어놓으면 안 도망간다고 그러잖아요. 맞는 게 일상이었어요. 손에 집히는 모든 물건으로 맞았어요.

고등학교 다닐 때 친구들이 왜 깁스했냐고 물으면 넘어졌다고 했어요. 내색을 못 하니까. 그때는 부끄러웠거든요. 내가 맞고 산다는 게. 남들은 다 엄청 사랑받고 사는 것 같은데 엄마, 아빠한테 맞았다고 어떻게 말해요.

계속 견디다가 고등학교 졸업하자마자 바로 그 집에서 나왔어요. 계속 때려서 진짜 못 견디겠더라고요. 막 이유 없이 때리니까. 마지막에는 칼로 위협당했어요. 엄마가 나를 죽여버린다고 하면서 식칼을 배에 들이밀더라고요. 방구석에 몰아넣고 죽으라고. '아, 이러다가 진짜 찌르겠구나' 싶어서 집을 얼른 나왔죠."

가장 가까웠던 사람에게 학대받은 기억은 너무 슬펐지만 그녀는 감정을 내색하지 않고 사회에 적응하며 살았다. "그다음에 고시원에서 7년 동안 살았어요. 아르바이트는 아침, 저녁, 심야, 쓰리잡으로 닥치는 대로 다 해봤어요." 20대 고졸 여성에게 허락된 일자리라고는 카페, 편의점, 고깃집, 바 정도였다. 서비스직에서 일하면서 그녀는 고통스러웠다.

"20대 때는 정말 힘들었던 게 나는 웃을 기분이 아닌데 서비스직이니까 감정을 계속 숨겨야 하잖아요. 심지어는 주변에 마주치는 사람한테도 감정을 드러내면 부끄러운 거라고 생각을 해서 잘 안 울었어요. 혼자 있으면서 가면 쓰고 사는 게 너무 많이 힘들었어요. 겉으로 드러내지 않아야 하는 것 때문에. 20대때 감정을 드러내지 않는 트레이닝을 정말 많이 했어요. 지금도 스스로 잘 모르겠는 게 그냥 안 드러내려고 하는 건지 진짜 안 슬픈 건지 모르겠어요. 진짜 20대 때는 상담을 받고 싶을 정도로 많이 힘들었어요. 그때는 나이도 어렸고 생각도 작고 하니까."

그렇게 버티는 그녀에게 손님들과 동료들은 성추행을 했다. 폭발할 것 같은 감정을 견디는 그녀에게 성추행을 하면서 모욕했다. 그녀는 따졌고 항의했다. 상처를 받아 일을 그만두었다. 이 세상에서 자신의 자리가 아주 작다는 것을 실감했다. 일터에서 자신에게 주어진 자리가 딱 그만큼이었던 것처럼 누워 쉴 수 있는 공간도 딱 고시원 한 칸 방이었다. 그 방에서 보아주는 이 없이 젊음을 보냈다.

새로 일을 구해 학원에서 사무직으로 일할 때는 좀 나았다. 좁은 집에 비해 널찍한 일터의 공간은 자신을 더 존중할 수 있게 했다. 하지만 다시 고시원에 들어가 누워 있으면 말하지 못한 감정들이 좁은 방보다 더 강하게 그녀의 가슴을 위축시켰다.

그녀는 고시원에서 장기 투숙한 사람들이 신청할 수 있는 주택에 선정되어 다행히 5년 전, 이 빌라에 들어올 수 있었다. 보증금 100만 원에 달마다 25만 원의 월세를 내는 집이었다. 어쨌든 그녀에게 집이 생겼다. 그동안 저축한 돈으로 새로 사업을 시작했다. 도시락 배달 프랜차이즈 사업이었다. 상황이 좀 나아지는 듯 보였으나 그마저도 잠시뿐이었다.

"본사에서 교육받고 제가 점주로 경영을 했어요. 왜 힘들었냐면, 수입산 고기의 원가가 5,300원이면 본사에서는 저한테 1만 3,000원에 팔았어요. 돈을 조금 벌긴 했지만 4개월 동안 본사에서 고기 대금으로만 1,000만 원을 가져갔어요. 고깃값뿐 아니라 용기, 봉투, 비품 같은 비용까지 합치면 금액이 엄청 크잖아요. 도시락에 들어가는 재료들까지 합치면 더 크죠. 결국 일은 일대로 하고 돈은 벌리지 않고 본사에 위약금으로 1,000만 원 더 물고 문을 닫았어요."

1,000만 원은 고스란히 그녀의 빚으로 남았다. 신용카드가 정지되고 휴대폰 사용료가 체납되었다. 현금은 없고 카드 사용이 되지 않으니 기본적인 생필품도 구입할 수 없었다.

생각대로 살아지지 않는 것이 그녀 탓일까. 사기를 당한 거라고 그녀는 생각했다. 월세를 꼬박꼬박 내면서 빠듯하지만 독립적으로 생활을 꾸린 그녀가, 가족도 친척도 없이 한국사회에서 용케 살아남은 그녀가, 마흔이 가까운 나이에 빚만 떠안고 돈 한 푼 없이 궁지에 내몰릴지 몰랐다. 더군다나 생각하지 못한 일이 벌어졌다.

1부 어쩌다 엄마가 되어

"교제하던 사람이랑 1년 정도 동업했는데 사업이 계속 안 되니 돈 때문에 얼마나 싸웠겠어요? 서로 오만 정이 다 떨어져서 헤어졌는데 가게 딱 정리하고 임신 테스트를 하고 병원에 갔더니 임신 9주째래요. 그 전에 출혈이 있었어요. 그냥 생리하나 보다 생각했는데. 그게 아니고 임신을 했는데 출혈이 발생할 수 있다고 그러더라고요. 가게가 망했으니까 돈도 하나도 없고 이미 남자친구와는 헤어진 상태여서 난감했어요. 의사 선생님도 9주 된 아기가 생각보다 크다고 손가락, 발가락이 다 보인다고 그러는데……."

### 가족이 있었으면 했어요

"제가 멘탈이 강해요. 그런데 죽고 싶다는 생각을 거의 숨 쉬듯이 한 것 같아요. 되게 오래전부터요. 음, 어릴 때 맞을 때부터. 고등학생 때 옥상에서 뛰어내려서 죽고 싶다는 생각을 진짜 많이 했어요. 아, 여기서 뛰어내리면 되겠지, 뭐하면 되겠지, 뭐하면 끝이겠지, 그런 생각을 많이 했죠. 틈나는 대로 한 것 같아요. 10대 때는 맞는 게 힘들어서, 20대 때는 사는 게 힘들어서, 30대 때는 외로워서. 저는 20대 이전의 인생이 너무 우울해서 정말 많이 죽고 싶었거든요. 진짜, 심각하게. 어떻게 죽을지도 다 생각을 해놨어요. 음, 항상 생각했거든요. 살기 싫다는 거는. 임신한 건 극악의 상황은 아니었어요. 지금까지 버텨온 게 더 세서……."

그녀는 이야기하는 중에 자주 웃었다. 그 높은 웃음소리는 어쩐지 날카롭고 슬픈 듯이 들렸다. 경주 씨는 감정과 거리를 두고 덤덤하게 말하는 편이었다. 나이가 든 고령의 미혼모, 예상치 못한 빈곤의 자리, 학대받은 기억, 실패한 사업으로 인해 떠안은 빚. 그녀의 당혹스럽고 자조적인 웃음 속에는 자신에 대한 꼬리표가 너풀거리며 스스로 상처주고 있었다.

"버틴 세월이었어요. 못 버텼으면 이 자리에 못 있죠. 고비는 많았어요. 난 정말 쉽지 않았다고 봐요. 지금까지 오기가. 삶을 연명하고 있는 자체도. 하하하. 쉽지 않았어. 하하하."

항상 우울했다고 했다. 죽음이 숨 쉬듯이 생각에서 떠나지 않았다고 했다. 어떻게 죽을까 늘 궁리했고 시나리오를 완벽하게 만들어놓았다. 그런데도 살아냈다. 지금 내 맞은편 나무의자에 앉아 있는 이 임신부는 혼자의 힘으로 이때까지 용감하게 살아낸 것이다! 그녀는 아직까지 삶을 포기하지 않은 자리를, 지금 이 방에서 혼자 시간을 견뎌내는 자신의 모습을 스스로 보고 있다.

"빨리 일을 해야 해요. 아기도 양육해야 하지만 빚도 청산을 좀 해야 하고. 애를 낳는 것도 걱정이고 낳은 후에 많이 못 봐줄 것 같아서 그것도 걱정이고. 그러니까 육아를 생각도 못 하는 게, 빨리 아기 낳으면 일해야지, 이런 것밖에 없어요. 어떻게 키워야지 하는 생각은 뜬구름 잡는 이야기예요. 아기를 키워야지가 아니라 어떻게 먹고살지?"

그리고 잠시 후 한마디를 덧붙였다.

"근데 아기가 생기니까 덜 외로워요. 음, 덜 외로워요. 같이 있으니까⋯⋯."

그녀는 아기를 바라는 걸까, 바라지 않는 걸까. 머리 위 벽에 있는 액자가 눈에 들어왔다. 십자수 작품이 담긴 액자가 세 개 걸려 있었는데 그녀가 20대 때 직접 손으로 뜬 것이라고 했다. 얼굴이 크고 눈망울이 영롱한 어린아이들이 어울려 있는 모습의 액자였다. 한 올, 한 올, 허투루 뜬 자리 없이 꼼꼼하게 완성한 십자수 작품이었다. 아기가 태어나면 깨끗하게 전해주려고 10여 년 전부터 액자에 넣어 간직했다고 한다. 또 아기방에 놓을 벽시계와 새장 모양의 전등과 커튼도 10여 년 전부터 마련해 간직하고 있다고 했다.

"가족이 있었으면 했어요. 내 아이는 나를 배신하지 않을 테니까, 막연하게 아이가 있었으면 하고 바랐어요. 출산을 하려고 준비한 게 아니라 막연히 아이를 갖고 싶다는 바람이 있어서. 이렇게 늦어지고 혼자 준비할 줄은 생각을 못 했어요. 워낙에 부모님이⋯⋯. 아휴, 그래서 결혼 생활을 바라지도 않았어요. 차라리 혼자 사는 게 낫겠다 싶었어요."

그녀는 마음 깊은 곳에서 아이를 기다리고 있는 것 같았다. 학원 사무직 일을 할 때도 관심을 조금만 쏟아도 정으로 화답해 오는 학생들의 모습에 힘을 얻었다고 했다. 간호사가 경주 씨에

게 "힘이 있는 분이어서 걱정하지 않는다"라고 말하자 그녀는
"그건 제가 아이들과 지냈기 때문이에요"라고 덧붙였다.


### 그녀가 물건을 모으는 이유

한쪽 벽에는 붉고 작은 금붕어들이 헤엄치는 어항과 자전
거 운동기구가 있었다. 그녀는 물건들의 내력을 하나하나 설명
했다. 어항은 인터넷 중고 사이트에서 무료로 얻은 것이고 운동
기구는 폐품 줍는 할아버지가 싣고 가는 걸 보고 1만 원에 산 것
이다. 방에 있는 침대도 공짜로 얻은 것이다. 세탁기도 먼저 살
던 사람이 남기고 갔다. 돈을 모아 산 것은 냉장고밖에 없었다.
그녀는 갑자기 들뜬 듯 공짜로 물건을 얻을 수 있는 사이트를 휴
대폰으로 보여주며 "이런 것도 얻을 수 있어요! 물건이 좋잖아
요? 괜찮잖아요?"라면서 빠른 속도로 말을 이었다. 그녀의 수집
증은 3~4년 되었는데, 공짜로 얻을 수 있는 것들을 집 안에 들이
는 것이었다. 물건을 모으면 어떤 점이 채워지는지 그녀에게 물
어보았다.

"돈, 돈…… 적금하는 것 같아요. 돈이 쌓이는 것 같아요. 덜
외로워요. 혹시 그거 보셨어요? 배우 김선아 나오는 드라마 〈키
스 먼저 할까요?〉를 보면 어떤 집이 나와요. 집이 엄청 지저분해
요. 쓰레기도 엄청 많은데 정리가 하나도 안 되어 있고요. 제 집
이 그랬어요. 그거 보고 되게 많이 울었어요. 원래 잘 안 우는데

그 집이 제 집이었거든요. 그 마음을 알 것 같아서. 왜 저렇게 물건 정리를 안 하고, 왜 집 정리를 안 하는지…….

집에 쓰레기가 엄청 많았어요. 안 버리고 안 내놓고 계속 들여만 놓고 밖으로 나가는 건 하나도 없었어요. 음식물 쓰레기까지. 냄새를 못 참아서 내놓기 전까지 버리는 게 하나도 없었어요. 강박 맞죠? 안 버리는 거…….”

돈이 없는 그녀가 유일하게 모을 수 있는 것은 헌것이었다. 남의 필요를 다했지만 그녀의 눈에는 좋은 것, 그녀에게는 쓸모 있는 것. 그런 것들을 인터넷에서 검색하고 찾고 가져오고 모으는 것이 그녀가 정신을 쏟을 수 있는 유일한 일이자 시간을 보낼 수 있는 수단이었다. 타인과 만나는 유일한 순간이기도 했다. 그녀는 텔레비전 드라마에서 자신과 같은 모습으로 사는 주인공을 보고 몹시 울었다고 했다. 그 이야기를 하는데 얼굴이 벌게지고 눈에 눈물이 고였다.

“어떤 점에서 공감이 되신 거예요?”

“공허한 걸 알았거든요. 왜냐하면 극 중 그 주인공이 아이를 잃은 사람이에요. 외로운 거? 그 사람도 혼자 사는 사람이거든요. 다른 사람들은 단순히 ‘쟤 되게 지저분하네’라고 하지만 그렇게 정리를 안 하고 쌓아놓는 그 마음을 알 것 같아서…….아무것도 안 하는 거……. 내팽개치는 거거든요. 본인을. 그 마음을 알 거 같아서…….”

그녀는 눈물을 글썽이고 목소리가 떨렸지만 끝내 눈물을

흘리지는 않았다.

"그 사람이 얼마나 허전하고 외로운 건지…… 자신을 내버린 건지…… 제가 알아요"라고 그녀는 말했다. 그녀 또한 자포자기했을 때 집 안에 가득 찬 물건과 쓰레기 속에 주저앉아 아무것도 하지 않았다고 말했다. 밖에 나가지도 않았고 사람들을 만나지도 않았다.

"마치 홈쇼핑하듯이 수집증이 굉장히 오래 있었어요. 전 누구랑 동거 안 해봤거든요. 혼자 오래 사니까 속이 허해서 계속 막 주워다 놓고, 얻어다 놓고……. 임신했다는 걸 알고 나서 제일 먼저 바꾼 게 그거예요. 물건을 다 내다 놓기 시작했어요. 비워야 새 식구가 들어오니까. 이 방도 아기방으로 쓰려고 안에 있는 걸 다 비우려고 하는데 막막하긴 해요. 언제 다 비우나. 진짜 가득 찼거든요. 어제는 거실 여기가……."

그녀는 묵묵히 생각하더니 단호하게 고개를 흔들었다.

"그동안 폐인 같았어요. 잠도 못 자서 엄청 스트레스받고요. 사실 이 집으로 올 때부터 계속 집에만 있었어요. 고시원에 살 때도 방 안에만 틀어박혀 있었어요. 원래 사람을 안 만나요. 계속 혼자 있어요. 만날 일도 없잖아요. 교류할 일도 없고요. 사실 가족으로부터 배제당한 삶을 살았기 때문에 사람 만나는 게 별로 좋지 않았어요. 어차피 내 식구도 가족도 아닌데. 사람에 너무 치여서 사람이 싫었어요."

그녀가 이따금 붙이는 말이 있었다. "친정엄마가 없잖아요,

나는……. 부모가 없으니까." 고등학교를 마치고 바로 일을 해야만 한 것도, 아기를 낳은 이후 제대로 몸을 추스를 수 없는 환경도, 삶의 갖가지 모습을 설명하는 말도 그 한마디로 귀착되었다.

　가족조차 그렇게 대했다는 것은 그녀가 사람을 믿을 수 없는 이유였고 집에 사람을 들이지 않는 이유였다. 20대 때 술에 의지하고 여러 남자와 연애를 했지만 치사할 만큼 자신의 이익에 따라 관계를 저울질하는 남자들도 그 생각을 확인시켜줄 뿐이었다. 결혼 생활은 애당초 불신의 대상이었다. 임신 때문에 정규직 일자리 대신 아르바이트를 구했지만 학원에서는 배 나온 임신부의 모습을 학생들이 보는 것이 좋지 않다며 부당 해고했다. 가족과 사회 모두 그녀에게 계속 상처만 안겨준 셈이었다.

### 죽음에서 삶으로, 절망에서 희망으로

　궁금했다. 항상 죽음을 생각할 만큼 힘겨웠던 그녀가 간호사를 만나 어떤 생각을 하게 되었는지. 처음에 임신한 사실을 알고 참담했다던 그녀였다. 초음파로 본 아기가 생각보다 커서 놀랐다고 했다. 병원에서는 그녀에게 보건소에 가서 비용이 들지 않는 검사들부터 받고 나서 병원 검진을 추가로 받으라고 일러주었다.

　"보건소에 가서 검사를 받고 〈서울아기 건강 첫걸음 사업〉 임산부 등록 설문지를 작성하라고 해서 솔직하게 질문지에 답을 했어요. 지금 사는 게 힘들다고 답했죠. 그러고 나서 보건소에서 간호사님이 저에게 연락하시고, 여러 달 동안 계속 저를 설득하셨어요.

간호사님으로부터 이런저런 혜택이 있다는 설명을 들었어요. 뭐가 제일 힘드냐고 저한테 물어서 먹는 게 제일 힘들다고 했어요. 임신하고 일을 못 해서 계속 라면만…… 얻어 온 라면만 먹고 있어서 너무 힘들다고 했더니 임신부는 영양을 잘 섭취해야 하는데 라면 같은 걸 먹으면 안 좋으니까 보건소의 영양플러스 신청을 하자고 알려주셨어요. 영양플러스 신청을 해서 다음 달부터 먹을 걸 받거든요. 채소나 우유 같은 것들이요. 그래서 한시름 놨어요. 우유도 되게 먹고 싶었는데, 가게 그만두고 우유 한 번도 못 먹었어요. 우유 비싸잖아요.

집에 물건이 가득 쌓여 있는데 간호사님이 방문을 해야 하고 주민센터의 사회복지사분들도 방문해야 한다고 했어요. 방문도 열어보시냐고 물으니까 방까지는 아니어도 거실까지는 오셔야 한다고, 집을 보셔야 한다고 하더라고요. 그래서 거실을 치우기 시작한 거죠. 시간 되게 많이 걸렸어요. 지지난주에 복지사님도 한 번 왔는데 집에 못 들어오셨어요. 복지사님이 지역 교회에서 반찬 같은 걸 주기도 한다고 하셨어요."

경주 씨는 간호사와의 만남 이후 변하기 시작했다. 간호사는 경주 씨의 집을 다시 방문했고 당장 시급한 음식과 병원비, 출산 준비나 시설 입소와 같은 자원을 얻을 수 있는 방법을 알려주었다. 다시 제대로 된 음식을 먹을 수 있고, 아기를 안전하게 낳을 수 있으며, 일하지 못하는 동안 아기와 살아갈 거주지가 생길 수 있다는 가능성은 경주 씨에게 희망의 끈을 부여잡게 했다. 폐인처럼 살았다던 경주 씨는 거실에 가득 쌓인 물건들을 치웠다. 경주 씨는 죽음에서 삶으로, 절망에서 희망으로 이제 막 몸을 틀었다.

간호사는 경주 씨가 기초생활수급자도 아닌 데다 돈이 한 푼도 없고 완전히 고립되어 집 안에서만 지내고 있다는 사실을 목격했다. 임신했는데 먹고 싶은 음식도 제대로 먹지 못하는 상황이었다. 미혼모라는 이유로 일터에서 해고된 이야기를 듣고 간호사의 눈에 소리 없이 눈물이 고였다. 그 눈물은 경주 씨의 현재 유일한 인간관계이자 세상과의 끈이나 마찬가지인 간호사의 진심이었다. 자신의 말을 들어주고 도움을 주는 간호사의 존재로 인해 경주 씨는 다시 한 번 일어나보려고 작정했다.

"처음부터 주변에 지인이 없었던 건 아니에요. 그동안 저도 일을 꾸준히 했고 주변 사람들을 많이 돕기도 했거든요. 그런데 정작 내가 힘들 때 도와달라고 말을 못 하겠는 거예요. 그래서인지 이렇게 도와주시는 거 보면 신기해요. 전 성격이 폐쇄적이고 사람 만나는 거 안 좋아한다고 그랬는데도 자꾸 길이 열리니까 새로운 만남이 좋아요. 이제는 마음을 안 닫으려고요. 사람들도 조금씩 만나보고요. 지금은 그렇게 사람에 대해 거부감이 크진 않아요. 방문 간호사님이 오셔서 계속 교류를 하잖아요. 출산 준비를 아무것도 안 했는데 이런 게 있다, 저런 게 있다고 알려주고 희망의 끈을 놓지 말라고 이야기해줘요. 그게 엄청 도움이 돼요. 진짜.

보건소에서 하는 임산부 산전 검사가 있고, 엽산제와 철분제 같은 약도 줘요. 국민행복카드로 의료비도 지원될 수 있다니 금전적으로 병원비에 시달리지 않아도 되고요. 간호사님이 미혼모 지원 사항이랑 시설도 한번 알아봐주신다고 하셨어요. 사실 출산 비용이 많이 들 것 같아서 되게 걱정하고 있는데 그것도 어떻게 해결할 수 있을지 알아봐주시고요. 간호사님이 직접 방문해주셔서 그렇게 알려주시잖아요. 또 아기는 어떻게 돌봐야 하고 모유수유는 어떻게 해야 하는지 일일이 다 설명을 해주시니까 좋죠.

간호사님이 주민센터와 연계해서 복지사님이 방문하게끔 해주니까 더 밀착되는 것 같아요. 직접적으로 되게 큰 도움을 주시는 거거든요. 당장 먹을 것 같은 실질적인 부분을 도와주시잖아요. 또, 와서 제 상태를 보시잖아요. 이 사람이 어떤 상태인지 그것도 다 봐주니까. 힘들어서 사람을 안 만나면 무슨 일이 있겠구나 싶어서 계속 연락을 취해주시고요. 극단적인 상황에 놓였을 때 기관이든 경찰이든 구조대든 연락을 해서 조치를 취해주실 거잖아요. 그러니까 많이 든든하고 살 것 같아요. 지방에서 혼자 사는 엄마가 네 살짜리 애랑 자살했다는 뉴스를 봤어요. 저랑 똑같은 상황이에요. 제가 지금 애를 낳으면 마흔 살에 애가 네 살인 거예요. 그분에게도 이런 서비스가 있었다면 죽지 않았을 수 있었을 텐데…….

　간호사님이나 이렇게 방문해주시는 분들이 없었으면 저도 계속 방 안에서만 힘들어했을 거예요. 짐이 높게 쌓인 채로 방 안에만 있다가 무슨 생각을 했을지 모르겠어요. 많이 안 좋은 생각을 했겠죠. 교류도 안 하고 지원도 못 받고 하면요. 이렇게 사람을 만나 이야기도 하고 잘 지낼 수 있게 계속 챙겨주시니까 마음이 놓여요. 걱정을 크게 안 해요. 미혼모인데도 생각보다 지원받을 수 있는 것도 많고요.

　사실 30대 넘어서 혼자 아기 낳는 게 부끄러워요. 20대 때야 철없이 멋모르고 아기 낳을 수도 있지만, 남들은 가정을 꾸려 출산하는데 나는 친정이 있는 것도 아니고 남편이 있는 것도 아니니까요. 그래도 간호사님이 저 스스로를 덜 부끄럽게 해주시는 것 같아요."

　간호사와의 만남은 스스로 수치와 낙인에서 벗어날 수 있는 계기가 되었다. "저 자신이 부끄러웠는데 간호사님 만나고 나서 덜 부끄럽게 되었어요." 물건들에 둘러싸인 채 방에 틀어박혀 있던 생활은 새 식구를 맞이하기 위해 집을 치우고 하루에 한 시간씩 공원을 산책하는 생활로 바뀌었다. 생각할 겨를도 없었던 아기의 태동을 기다리는 순간으로 바뀌었다. 모든 것이 바뀐 것이다.

　"거실을 치우고 나니까 사람 사는 것 같아요. 숨 쉴 것 같아요. 그런데 여전히 물건이 쌓인 방에 들어가면 다시 과거의 모습이라서 방에 안 들어가요. 비어 있는 거실 모습이 되게 좋더라고요. 저는 이게 겹치잖아요. 며칠 안 됐으니까. 지금 모습이랑 물건들을 쌓아놓은 모습이랑요."

그녀는 물건들을 몰아넣고 닫은 방의 문들을 가리키며 그곳에는 자신의 과거의 모습이 있다고 했다. 그리고 물건들을 치워 빈자리가 생긴 거실 공간을 현재의 모습이라고 했다. "이 집에 지금 제 과거와 현재가 같이 있어요." 바닥에는 검은 얼룩이 여기저기 나 있었고 생채기처럼 긁힌 자국들이 있었다. "바닥 내려다보지 마세요!" 그녀는 몇 번이나 외쳤다. 간호사는 그녀의 바람대로 바닥을 보지 않았다. 그녀가 필사적으로 새로운 현재를 만들고 싶어 하는 마음을 느꼈기 때문에 방문을 열어보자고 하지도 않았다. 그녀는 최선을 다해 스스로 변화를 만들고 있었다. 도움을 줄 수 있는 존재로 타인을 믿고, 자신이 누군가에게 도움이 될 거라고 여기며 타인을 만나고, 그 타인에게 자신이 내놓을 수 있는 것을 주고 대접하기 위해 애쓰고 있었다.

경주 씨는 자신이 받은 도움을 다른 사람들에게도 알리고 싶어 했다. 그래서 아이와 함께 죽거나 절망하는 엄마들이 없기를 바랐다. 그것이 간호사뿐 아니라 낯선 작가까지 손님으로 맞이한 이유였다. "진짜 힘든 사람들도 있어요. 저보다 더 가진 게 없는 사람들이 있어요. 라면도 못 먹는 사람이 있잖아요……." 예상치 못한 말에 나는 갑자기 목이 콱 메며 눈물이 나는 것을

1부 어쩌다 엄마가 되어

느꼈다. 울지 않고 말하는 그녀 앞에서 염치없이 눈물을 흘릴 수가 없어서 억지로 눈물을 참았다.


## 눈앞의 일만 생각하기

"지금까지 견디는 게 되게 힘들었어요. 시도를 안 했다뿐이지 거의 뭐 죽으려는 시나리오는 완벽했어요. 그런데 죽는 것도 힘들잖아요. 지금 배 속에 아기까지 있는데 죽기야 하겠어요? 아이 키우면서 살아야죠. 그러면 덜 외롭겠죠. 사실 딸이라는 걸 알고 되게 싫었어요. 엄마가 생각나서요. 그때 기억 때문에 뭔가 겹쳐 보여서 너무너무 싫었거든요. 제가 학대당한 기억 때문에요. 내가 딸이어서, 딸은 싫은 거예요. 엄마와 나를 보면 너무 싫어요. 근데 그쪽은 생각을 닫으려고요. 저랑 아이만 보려고요."

가정폭력을 당하면서 자란 그녀는 자기 아이만은 가정폭력도 정서적인 상처도 없이 자라게 되기를 바란다. 아무도 모르게 학대받던 아이는 아무도 모르게 엄마가 되었다.

앞으로 쉽지 않은 시간이 펼쳐질 거라고 예상하면서 경주 씨는 생각이 많아진다. 하지만 경주 씨는 바로 앞의 일만 생각하자고 마음먹는다. 쌀, 우유, 약, 산책, 물건 치우기 같은 것들. 눈앞의 일만 생각해도 된다는 건 상황이 전보다 나아졌다는 증거였다.

"기초생활수급자가 될 수 있다고 해도, 육아수당이 있어도,

혼자 아이를 키우려면 부족하잖아요. 일을 해야죠. 그 생각이 제일 먼저 들던데요? 아직 아기랑 놀아줄 생각도 못 했네요. 아기를 어디에 어떻게 맡겨놓고 언제 빨리 일을 할 수 있는지, 처음에 간호사님한테 그것만 여쭤봤거든요. 근데 바로는 일 못 한다고 하시더라고요. 아기를 맡길 데도 없어서 그것도 알아보려고요. 사실 아기랑 놀아주고 싶죠. 예쁘게 키우고도 싶죠. 남들 같은 가정을 만들겠다기보다는 아이를 나처럼 외롭게 키우고 싶지 않아요. 근데 현실은 일해야 돼요. 하하하하.

일반적인 가정이라면 모르겠지만, 혼자 아이를 키워야 하는데 아무래도 경제적인 생각을 안 할 수 없잖아요. 간호사님은 아기방에 침대는 없어도 되고 매트 정도만 있어도 된다고, 아기를 방에 눕힐 일이 많을 거라고 하시지만 정말 눕힐 일이 많을까요? 아기 맡겨놓고 돈 벌러 나가야 될 것 같은데요. 나중에 아이가 학교 다닐 때쯤이면 돈도 엄청 많이 들어갈 거잖아요. 그 전에 모아둬야 하잖아요. 그렇죠?

하하하. 생각은 하면 할수록 답이 안 나와요. 사실 그냥 간호사님이 이렇게 방문 때마다 말씀하시는 걸 따라갈 뿐이에요. 산전 검사로 14주에 기형 검사, 20주에 초음파 검사, 24주에 당뇨 선별이랑 빈혈 검사 같은 게 필요하대요. 방문 간호사님이 산전 출산 준비로 지금 뭘 해야 해요, 지금 이걸 준비하셔야 돼요, 하는 걸 들어요. 인터넷은 잘 검색 안 해요. 인터넷 검색하면 출산은 죽는 것만큼 아프다는 둥 그런 소리로 겁만 줘서요. 통증도 겁나지만 준비할 것도 엄청 많아요. 그런데 지금 준비할 수 있는 게 없잖아요. 저도 아기띠나 신생아 필수용품들을 지금부터 준비해놓고 싶어요. 근데 그럴 수가 없으니까 안타까워요. 경제적인 여력이 됐으면 아기방도 정리해놓고 필요한 용품들을 준비할 텐데. 그래도 지금 가지고 있는 것만으로도 감사해야죠.

제가 잘 몰라서 그렇지, 아마 어딘가에 미혼모가 자립할 수 있게 지원해주는 되게 좋은 프로그램들이 분명히 있을 거예요. 제가 아이를 어린이집에 맡기고 자립할 수 있게 경제적인 일을 하고 싶어요. 저도 사실 모르겠어요. 제가 임신기에 받는 서비스가 잘 되어 있으니 출산 후에도 잘 되어 있지 않을까 하고 짐작만 해요. 요즘 저출산 시대라 출산장려정책 좋은 게 많이 생겨나지 않았을까 하고요. 막연하게. 하하하하.

막막하기도 해요. 혼자 아이를 키워야 한다는 중압감이 장난이 아니에요. 나이가 30대 후반이 넘어가고 하니까요. 그런데 깊게 생각하지 않으려고요. 그냥 오늘은 뭐 할지 그 생각만 하려고요. 저도 제가 긍정적이라는 걸 이번에 임신을 하고 나서 처음 알았어요. 그 전에는 제가 되게 우울하고 처져 있는 사람인 줄 알았는데 오히려 임신하고 나서 긍정적으로 바뀌었어요. 생각을 나쁘게 하면 안 되잖아요. 따로 태교도 안 하는데 나쁜 생각까지 하면 안 되겠다 싶어서 생각을 좋게 하려고 그래요."

## 껍데기만 남은 나무에 돋은 새순

경주 씨는 웃었다. 아기를 낳으려고 마음을 먹었기 때문에 인터뷰에 응한다는 경주 씨는 인터뷰 내내 배 속의 아기에 대해 궂은 소리를 한마디도 하지 않았다. 나는 이 빈 거실이 경주 씨의 희망만큼 부풀어 오른 공간이자 경주 씨가 타인에게 도움을 받으려고 마음을 열고 또 타인을 위해주는 마음을 시작한 공간이라는 것을 느꼈다. 자신이 모은 물건들을 기억하고 그 어느 것도 버리지 못해 끌어안고 있던 경주 씨는 그 더미 속에서 자신도 하나의 물건처럼 내팽개쳤는지 모른다. 자신을 그렇게 취급해온 세상에서 그만 자신도 스스로 그렇게 치부했는지 모른다.

그러나 경주 씨는 아기가 이 집에 새 식구로 들어오기 위해서는 공간이 필요하고, 아기가 꼬물거리고 뒤집고 기어 다니고 걸음마를 하기 위해서는 집에 길을 내어야 한다는 점을 받아들였다. 간밤에 잠을 자지 않고 물건을 엉금엉금 치우며 경주 씨는 자신의 어떤 것도 같이 버렸을 거다. 절망이나 불신 같은 스멀스멀하고 오래된 것들을 버리면서 그녀는 어렵게 믿는다. 아직은 길이 있을 거라고. 아직은 막다른 골목이 아니라고. 아직은 무언가 더 같이 해낼 수 있는 게 있을 거라고. 그녀는 이제 더 이상 보이지 않는 사람이 아니다.

"배 속에서 아기가 생각보다 빨리빨리 크는 것 같아요. 아기가 커가니까, 그것도 엄청 빠르게 커가니까 애착이 자꾸 생겨요. 원래 아기 키우고 싶었던 마음이 아예 없었던 것도 아니고

1부 어쩌다 엄마가 되어

요. 지금 나이가 서른여섯인데 사실 혼자 사는 것 되게 외로웠거든요. 그래도 가족이 생기니까……. 그래서 낳아야지 생각을 하니까 지금 같이 만나 뵙고 이야기하는 거예요.

다른 사람들도 이런 걸 알면 덜 좌절할 것 같아요. 사실 아기 잘 안 낳잖아요. 자기도 놔버리고 아기도 놔버리고 하니까요. 하지만 마음만 먹으면 다 도와주시는 것 같아요. 내가 낳겠다는 마음만 먹으면 그렇게 어렵지는 않구나 싶거든요. 지금 생각을 안 하려고 하는 건 고민을 그만큼 덜 하고 있다는 거잖아요, 제가. 너무 좋죠. 덕분에 집 치웠어요. 하하하."

나는 가족이 새로 생기면 어떨 것 같을지 그녀에게 물었다.

"따뜻할 것 같아요. 되게 추웠거든요. 겨울 같았어요. 물건은 많이 쌓였는데 항상 가을, 겨울이었어요. 지금은 좀 봄 같아요. 요즘엔 산책도 나가고 그래요. 뒤에 공원이 있거든요. 30분에서 한 시간 코스로 거의 맨날 걸어요. 간호사님이 걸어야 한다고, 걷는 거 좋다고 해서 잘 걸어 다녀요. 처음 임신인 걸 알았을 때는 정말 답이 안 보이더라고요. 근데 바로 연락해서 와주시고 하니까 그때부터는 숨통이 많이 트이더라고요. '어떻게 낳아? 낳을 수 있나?' 했는데 '어, 이렇게 하면 생활을 할 수 있겠구나. 그러니까 출산을 빨리 해야지, 자리를 잡아야지' 하게 됐어요. 간호사님이 버틸 수 있게끔 해주시니까요. 아기와 나 둘이서, 아빠 없다고 우울한 거 없이 구김 없이 잘 살았으면 좋겠어요. 평범하게. 다른 건 크게 안 바라요. 평범했으면 좋겠어요. 너무 안 평범했거든요. 혼자 있는 거……."

슬리퍼에 닿는 바닥은 좀 끈끈했고 텁텁한 실내 느낌도 남아 있었다. 하지만 이 공간은 곧 경주 씨가 아기와 함께 살 공간이 될 것이다. 아깝다는 이유로 미처 버릴 수가 없어서 이 방 저방 옮겨 다닐 물건들은 조금씩 귀퉁이가 헐리고 사람에게 자리를 내어줄 것이다. 그리고 경주 씨는 자신이 모으던 버림받은 물건들보다 더 나은 것을 요구할 권리가 있다는 것을 알게 될 것이다. 좀 더 나은 몫을 세상에 요구할 권리가 있다는 것을 알게 될 것이다. 사람은 자신이 받는 대접을 통해 함께할 것들을 알게 된다. 사람에게 학대받고 속고 믿음을 빼앗긴 경주 씨는 경청받고 존중받는 경험을 통해서 자신도 존중하고 보살필 수 있는 삶과 함께하게 될 것이다.

경주 씨에게 이때까지의 삶에 대해 어떻게 생각하는지 물었다. 경주 씨가 대답했다.

"나는 지금까지 살면서 풀도 안 나는 나무처럼, 그냥 껍데기만 있는 나무처럼 살았는데, 임신하고 나서 새순이 돋아나는 느낌이에요. 봄이 오는 느낌이요. 그 전까지는 너무 우울하고 다운되었는데, 지금은 아이랑 같이 다시 한 번 살아볼까, 재밌게!"

다행이다. 한 엄마의 봄 새싹이 다른 엄마들의 새싹과 같은 빛이어서. 그렇지 않으면 저 피어나는 연둣빛을 가슴 아파서 어떻게 바로 쳐다볼 것인가. 간호사가 두드린 노크 소리가 누군가의 겨울에 싹을 피우고 있었다. 아기들의 연둣빛을 세상으로 똑같이 밀어 올려 다 같이 자라게 하려는 마음들이 굳게 닫힌 문을 열었다. 껍데기 속에서 오래 추웠던 그녀의 시간이 끝없이 비어 있는 공간으로 새순을 밀어 올리며 봄을 맞기를, 실낱같은 따뜻한 길을 향해 나아가기를 바랐다. 나무가 만드는 봄들이 세상의 봄을 몰고 온다.

배웅하러 일어선 그녀가 마지막 인사를 했다.

"사람을 살리시는 일을 하셨어요. 저도 살고…… 그리고 아기도 살았어요."

# 어머님, 저희 세대가 더 힘들어요

### 아무것도 남은 게 없는 것 같아요

"저희는 사실 결혼할 때 아기 안 가지려고 했어요. 사는 게 너무 팍팍해서. 저 한 몸 먹고살려고 해도 계속 움직여야 하는데, 우리 좋자고 아기를 낳으면 아기한테 짐을 얹어주는 것 같아서요. 우리가 쌓아놓은 재산이 없는데, 굳이 흙수저를 쥐어주면서까지 뭐 하러 낳아요? 신랑도 저도 처음에 아기는 생각도 안 했어요."

채원 씨가 말했다. 새벽까지 가게를 운영하는 남편이 아침에는 집에서 자고 있어서 그녀는 인터뷰를 하려고 아파트 밖의 벤치로 나왔다. 미처 양산을 가져오지 못해 난처해하며 아기의 이마에 손 그늘을 만들어주고는 말을 이어갔다. 쏟아지는 매미

소리와 오가는 사람들 때문일까. 무엇에 쫓기듯 마음이 바빠 보였다. 여러 장소에서 인터뷰를 해왔지만 한여름 땡볕 아래 벤치는 처음이었다. 채원 씨는 서둘러 이야기하고 얼른 들어가고 싶었는지 모른다. 집에는 챙겨줘야 할 남편이 있고, 품에는 돌봐야 할 자식이 있으니 경황이 없어 보였다. 자다 깨는 아기를 내려다보다가 자꾸 말이 끊겼다. "제가 무슨 얘기를 하고 있었죠?" 그녀는 놓친 말을 이으려고 자주 이렇게 말했다. 매미들이 나무에서 한꺼번에 울 때는, 묵묵히 있던 나무가 내는 고함 소리처럼 들렸다.

"결혼하기 전까지 한 시간도 허투루 써본 적 없어요. 계속 일을 하고 또 자기 계발하려고 시간 단위로 뭘 배우느라 번 돈을 다시 투자하는 식으로 살아왔어요. 지방에 있다가 일하러 서울 왔거든요. 미친 듯이 일했어요. 일하고 아르바이트까지 병행하면서 열심히 했어요. 서울에 올라와서 정말 힘들게 일했어요. 돈을 열심히 벌었는데 객지에 나와 있으니까 돈이 안 모여요. 조그마한 쪽방 하나 얻으려고 보증금을 모으고 집세 내고 생활하고 보험금 나가니 돈을 모을 수가 없었어요. 좌절해서 잠시 일을 멈췄더니 하던 일을 다시 하기에는 또 무리가 되는 거예요. 그냥 쉬지 말고 꾸준히 했으면 내가 원하던 성취를 이룰 수 있었을까요? 아쉬움이 커요."

채원 씨는 1983년생이다. 서른일곱 살, 처음 엄마가 된 사람이다. 새롭다는 말이 관습적으로 많이 붙을 때였다. 신혼, 첫아기, 신접살림, 새댁 같은 말들. 그러나 채원 씨는 삶에서 써야 할 에너지를 이미 모두 써버린 듯이 몹시 지쳐 있었다. 국제통화기금IMF 사태 이후 우리 사회가 신자유주의 체제로 본격적으로 들어갈 때 어른이 된 세대이자 울타리 없는 무한경쟁 속에서 생존하기 위해 버틴 이들이었다. 결혼을 하고 아기를 낳았지만 지금부터 아기와 함께 힘차게 출발하는 게 아니라 지쳐서 주저앉고 싶은 마음을 추스르고 이를 물고 겨우 한 걸음씩 떼어가는 형국이었다. 10대 때는 치열한 입시경쟁 속에서 공부하느라 지쳤고, 일을 구하고 도태되지 않으려고 아등바등하면서 20대를 다 보냈다. 집값은 천정부지로 올라 있었고, 먹고사는 문제는 늘 골머리를 앓게 했으며, 앞날은 불안하기만 했다. 그런데 이제는 독박육아라니. 혼자 모든 걸 해결하라고 꾸역꾸역 어깨에 얹어지는 짐에 몸서리를 칠 만하다.

"제가 결혼 전에 사회에서 일할 때 비정규직 프리랜서였어요. 전 한 번도 4대 보험에 가입할 수 없었어요. 대기업이나 공공기관, 일반 직장에서 4대 보험을 보장받는 노동자는 육아휴직도 쓸 수 있고 출산휴가에다 지원금도 받을 수 있잖아요. 전 그런 걸 한 번도 받아본 적이 없어요. 노동자로서 권리가 없으니 대출을 받을 수도 없었어요. 그런 혜택을 받는 사람들이 부러웠어요. 저는 4년제 대학 나왔고 프리랜서지만 전공을 살린 직업을 가졌는데 지금은 아무것도 남은 게 없는 것 같아서 너무 헛헛해요. 내가 그동안 뭘 했나? 앞으로도 그렇게 치열하게 살아갈 건데,

이런 저희를 몰라주는 거 너무 그렇잖아요. 나라가 알아줘야 해요. 지금 엄마들이 얼마나 고생을 많이 하는지.”

아기를 낳고 힘들었던 건 남에게 의존하면서 돈을 벌지 못하는 사람 취급을 당하는 것이었다. ‘놀고먹는’ 존재로 여겨질 때 자존감이 무너졌다. 분노하면서도 스스로 위축되는 마음이 들어 더 속상했다. 일하는 사람으로서 강한 자부심과 정체성을 가지고 있던 그녀가 일의 전망이 끊긴 자리에서 엄마가 됐다. 그녀는 엄마들이 지금 얼마나 죽기 살기로 아이를 낳고 키우고 일하면서 이 자리를 버텨내는지 나라가 알아야 한다고 말했다.

“여자들에게 복지가 이루어져야 해요. 이런 것들이 좀 더 나아지면 남자들도 어깨가 덜 무거워질 거고요. 사실 돈 버는 사람한테 복지가 집중되어 있어서 돈 안 버는 사람들은 혜택을 못 받거든요.”

### 이게 왜 일이 아니야?

“신랑한테 의존하게 돼요. 분명 나도 같이 돈을 벌었지만 했던 게 없는 사람처럼요. 집을 구할 때 제 보증금도 같이 넣었어요. 대출도 같이 갚고 있지만 차도 집도 모두 신랑 명의로 되어 있어요. 난 경제적으로 한 게 아무것도 없는 사람인 거죠.”

남편은 식당을 운영하는 자영업자다. 아기를 낳을 생각을 한 건 남편의 가게가 자리를 잡아갔기 때문이다. 남편은 원래 하던 일을 접고 취직을 해서 3년 동안 요리를 배웠고 그 후 자기 가게를 내면서 '꿈에 다가가기' 시작했다. 남편의 가게가 조금씩 안정되었을 때 비로소 "우리도 아기를 가져볼까?"라는 말이 나왔다. 부모님들의 기대도 컸고 마음의 여유도 약간 생겼기 때문이다.

"한 사람 월급으로는 아기를 키울 수 없겠더라고요. 아무것도 할 수 없어요. 제가 일하지 않는 이상 안 되겠더라고요. 그래서 저도 같이 일하기 시작한 거죠. 가게 보증금 만들고 가게 차리고 같이 일하면서 우리가 할 수 있다는 믿음이 생겼을 때 아기를 가졌어요. 전 임신해서도 신랑이 가게를 하니까 같이 도왔어요. 신랑은 자기가 힘드니까 와이프가 힘든지 몰라요. 와이프가 임신을 해서 일을 하는데, 옆에서 똑같이 하는데. 물론 신랑이 어깨가 무겁고 책임감이 크겠지만, 와이프도 어깨가 무겁고 책임감을 느끼거든요. 짐을 덜어주려고 하는데 남편은 첫아기라 그런지 전혀 이해를 못 했어요. 임신 8개월까지 일하다가 조산기가 있었어요. 두 달은 누워 있었어요. 그러다 진통이 와서 혼자 운전해서 병원 갔어요. 신랑은 일하러 가고 없었으니까요. 진통 오고 양수 터졌는데 운전하면서 애 낳으러 가는 것도 혼자서 해야 했어요."

채원 씨는 감정이 풍부한 눈을 가졌다. 슬픔과 즐거움 같은 감정들이 눈에 빛을 내며 바로 떠올랐다. 섬세하고 다치기 쉬운 눈과 표정이었는데, 그만 눈물이 고이고 목소리가 떨렸다. 민감

한 영혼을 가진 그녀는 그만큼 더 상처받았을 것이다. 최선을 다하는데 현실은 거칠고 무례하게만 느껴졌을 것이다.

"신랑한테 전화했어요. 병원으로 오라고. 아기가 나오는데 아기 아빠가 와야 한다고 해서 나오는 걸 참았어요. 아빠가 아기 낳기 5분 전에 와서 바로 딱 받았거든요. 아빠가 탯줄을 잘랐어요. 저는 이렇게 신랑에게 부담을 덜어주려고 노력하는데 신랑은 그런 부분을 몰라요. 아기 나올 때 산모는 정말 몸이 찢겨서 피가 나고 꿰매고 그런 과정을 거치기 때문에 힘든 부분을 알잖아요. 느꼈기 때문에. 아빠들은 그런 걸 모르고 '다른 엄마들도 다 하는데 왜 너만 힘들어해?' 이렇게 말하죠. '우리 엄마도 다 했어!'라면서. 아기 낳고 나서 6개월까지 아빠들이 어깨가 너무 무거워서 그런지 함께해주지 못해요. 그래서 오롯이 엄마에게 그 부담감이 가요. 너무 남자가 모든 걸 짊어지고 사는 것처럼 얘기하니까. 저도 힘들게 살았는데. 남편은 자기가 버는 액수가 다르고 부담감이 다르대요. 여자가 부담감이 더 컸지 뭐가 달라. 엄마들은 아기 낳고 힘들게 키우지만 결국에는 엄마들도 나가서 일을 해야 하거든요! 아빠들만 그렇게 어깨가 무거운 게 아니에요. 엄마가 짐이 훨씬 무겁고 요새 엄마들이 짐이 더 많아요. 아빠들을 안타깝게 보기 때문에 엄마들이 더 열심히 하는 세상이거든요. 그런 부분들이 인정되지 않는 점이 너무……."

채원 씨는 자신이 아기를 낳고 변한 것들에 대해 말하면서 말끝을 다 맺지 못했다. "변했어요. 신체적인 것도 성격적인 것도요. 참아야 하고 감내해야 하는 게 많아요. 그 전에 저는 되게…… 밝았는데" 힘든 부분을 물었을 때 그녀는 고개를 저으며 이렇게만 말했다. "누군가와 얘기를 한다는 것 자체가…… 밖에 나와서……." 눈물이 눈에 가득 차올랐다가 잦아들곤 했다.

"많이 울었어요. 조산기가 있어 쉴 때도 우울했어요. 난 도움이 못 된다, 신랑 혼자 가정을 꾸려가야 한다는 생각 때문에요. 남자는 그게 부담이지만 여자는 쉬면서 생기는 스트레스가 장난 아니에요. 남자들이 혼자서 받는 부담을 굉장히 내색을 해요. 힘드니까. 내가 이제 이 집을 이끌어야 한다면서. 저도 홀몸 아닌데 엄청 스트레스받았지요. 낳고 나서는 더 말할 나위가 없고요. 아기 낳고 계속 그랬던 거예요. 내가 쉬고 있으니까. 벌고 있는 게 없잖아요. 작아지고 위축되고 큰소리를 낼 수 없었어요. '어, 아닌데. 나 일하고 있는데. 아기 키우고 있는데. 이게 돈으로 환산하면 큰일인데.' 그런데도 작아지는 느낌이 있더라고요. 집안 어른들도 보수적이니까 집에서 며느리가 놀고 있다고 생각하고, 그런 사회적 시선이 있죠."

화폐로 환산되는 것만 일로 여기고 돈 안 되는 일은 열등하다고 여기는 사회의 시선 때문에 그녀는 상처받았다. 화살은 가장 가까운 가족에게서도, 경쟁과 성과 위주에 익숙해진 자신 안에서도 왔다. "아닌데, 이것도 일인데……." 주춤거리며 그녀가 말했다. 자신의 변한 몸과 상황을 몰라주는 데 야속함을 느꼈다.

"전에는 '엄마는 전업주부'라는 생각이 강해서 여자들이 결혼하면 집에서 살림해야 한다는 게 고정관념으로 있었잖아요. 요즘은 그렇지 않아요. 여자들이 살림도 해야 하고 돈도 벌어야 하고 슈퍼우먼이 돼야 해요. 전 남편한테 그랬어요. 아기 키우는 게 월급으로 치면 300만 원은 될 거라고요. 잠도 못 자고 밤새 하는 일인데. 가게 운영하면서 사람 써보고 돈 주는 입장이면 알 거 아니냐고. 난 퇴근도 없다고. 계속 일하고 있다고. 시간으로 따지면 누가 더 일하냐고. 그러니까 나한테 그러지 말라고. 남자라서 뭘 하고, 여자라서 뭘 하는 그런 세상 아니니까 그러지 좀 말라고. 전 지금 아기한테 투자하고 있는데……."


### 오늘은 기분이 어떠세요?

아기를 낳기 전, 철분제를 받으러 보건소에 갔다가 〈서울아기 건강 첫걸음 사업〉 간호사 방문 신청을 했다. 간호사는 보편 방문을 했다가 지속적인 방문을 시작했다. 채원 씨는 스트레스가 심했고 정서적으로 지지해줄 사람 없이 고립되어 있었다.

"아기 낳고 정말 많이 힘들었어요. 암울했는데 간호사님이 오셔서 도움을 받았어요. 아기가 어떻게 자라는지 알려주기도 하고 아기가 계속 울어도 엄마 잘못이 아니라 아기가 커가는 과정 중 하나니까 많이 안아주면 된다고 일러줬어요. 그런데 정말 가장 크게 와닿았던 건 딱 한마디였어요. '오늘은 기분이 어떠세요?' 오시면 저에게 언제나 물어주시는데 이 말에 항상 눈물이 낳어요. 되게 위안이 됐어요. 이때까지 아무도 저한테 그렇게 물어주지 않았어요. 다들 바쁘니까 친구를 만나도 자기 얘기 하기 바쁘지 제 얘기를 궁금해하지 않잖아요. 부모님도 지방에 있어서 얘기 잘 안 해요. 신랑하고 싸운 이야기도 안 해요. 전 자라면서 누구랑 싸우지도 않고 그냥 둥글둥글한 아이였어요. 어떤 일이 있어도 참거나 감내하고 마는 아이였어요. 아기 낳기 전에는 남편과 한 번도 싸운 적이 없어요. 아휴, 그럴 수 있지, 하면서 제가 다 참고 넘겼는데 이제 도저히 넘길 수 없었어요. 아기 낳고 우울증이 오니까 신랑한테 화내고 소리 지르면서 싸웠어요. 내가 감내하는 걸 몰라주니까 죽기 살기로 싸웠어요. 터뜨리고 혼자 끙끙 앓았는데 간호사님이 집에 오셔서 '어떠세요?' 말 한마디로 토닥토닥해주셨어요. 곪은 자리를 이렇게, 이렇게 쓰다듬어주는 느낌이라고 할까요. '오늘은 어때요? 어떤 일 있었어요?' 살면서 아무도 내 마음을 묻지 않았는데 처음으로 물어주신 거예요. 제 깊은 이야기까지, 어떻게 살아왔는지, 무엇 때문에 힘든지도 다 말할 수 있었어요. 그래서 살았어요. 전 간호사 선생님 없었으면 끝이었어요. 아마 이런 도움이 필요한 사람이 많을 거예요."

간호사가 와서 제일 소중했던 순간을 말할 때 그녀는 말을 못 하고 손짓으로 '이렇게, 이렇게' 쓰다듬는 시늉을 하면서 표현했다. 간호사의 말은 보이지 않는 손짓이 되어 채원 씨의 보이지 않는 마음을 어루만져주었다. 그녀의 눈에 눈물이 그렁그렁

했다.

"간호사님이 짚어주고 어떤 부분은 '괜찮아요?' 물어주고 '아기는 어떤 부분이 달라졌어요?' 물어줬어요. 제가 얘기할 데가 없으니까 거기에 했어요. 무슨 말이든 친구처럼 했어요. 진짜 아무도 없었거든요. 저희 부모님도 물질적으로는 도와주려고 하지만 어릴 때부터 미주알고주알 속 얘기는 안 했으니까. 간호사님이 제 마음의 이런 부분을…… 만져준 거예요. 아, 진짜 그게 너무 감사했어요. 제가 맨날 신랑한테 그랬어요. 너 진짜 나한테 잘하라고. 나 그때 간호사님 안 계셨으면 자살했을지도 모른다고, 진짜."

아기가 아토피를 앓고 있어서 종일 신경 써야 했다. 침독이 올라오더니 피부염으로 확확 번져갔다. 피부가 가려워서 계속 우는 아기를 위해, 서늘하게 해주고 환기를 시켜주고 목욕을 시키고 보습을 해주고 기저귀도 갈아주고 잘 먹여주어야 했다. 아기에게 손길이 많이 필요한데 '엄마는 정신이 나가 있고 아빠한테 화내고 싸우고 있는' 상황이었다.

"간호사님 안 오고 저희가 싸우고만 있었으면 어떻게 됐을까요? 남편은 간호사님이 저와 아기를 도와주러 오시는 걸 보고 변했어요. '아, 육아가 그만큼 힘든 거구나. 누군가의 손길이 필요하구나' 알아간 거예요. 만약 주 5일제 회사에 다니고 휴일이 정해져 있으면 와이프 옆에서 많이 도와줄 수도 있었겠지만 자기도 피곤하고 어쩔 수 없었겠죠. 그래도 남편이 육아에 참여하려고 노력했어요. 저는 간호사님과 깊은 얘기를 나눴어요. 되게 소중한 시간이었어요. 이제 남편도 이해해요. 어제는 '우리 와이프 힘들었지?' 하면서 새벽에 꽃을 사 왔어요. 탈수된 빨래를 자기가 널어놓고요. 다행인 게 남편은 저를 이해해주는 사람이었던 거예요."

산후 6개월의 시간이 부부에게는 위태로운 시간이었다. 남편은 아버지가 된다는 것, 돌봄을 같이 해야 한다는 책임을 잘 받아들이지 못했고, 경제적 부담감에 짓눌려 아내의 입장을 살피지 못했다. 아내는 엄마로서 해야 하는 일이 낯설었고 이 새로운 과업이 삶을 온통 점령하는 데 망연자실했다. 아기는 아토피를 앓으면서 밤중에도 자지 않고 계속 보챘다. 인터넷을 검색하고 알아봐도 답이 없었다. 아기를 안고 빈방에 혼자 우두커니 있을 때 그동안 숨죽여 산 삶이 마치 화산이 터지듯 가슴에서 폭발했다. 아무도 관심을 두지 않는 엄마의 자리에 있던 그녀는 그만 미쳐버릴 것 같았다. 자살하고 싶다고 한 건 그냥 한 소리가 아니었다. 살면서 참아야 했던 것, 꾸역꾸역 달려야만 했던 것, 아무렇지 않게 살아온 시간들이 무너지면서 그녀를 낭떠러지에 내몰았다.

"오늘은 기분이 어떠세요?" 간호사가 건넨 한마디 인사가 그녀의 손을 붙잡았다. 남편이 아빠의 역할을 받아들이는 동안, 그녀가 아내로서 남편과 소통할 수 있는 여유를 가지게 될 동안, 아기가 이 가정의 일원으로 자리를 굳힐 동안, 이 외로운 가정이 서로 신뢰를 품고 함께 나아가는 첫발을 뗄 동안, 간호사는 그 손을 잡아주었다.

이렇게 잡아주는 손 하나가 필요했다. 보이지 않는 세상도 보이는 세상만큼 중요하다는 것을 이해하는 손, 아기가 태어나 자라는 일이 무엇보다 소중한 일이라는 걸 공감하는 손, 길이 끝난 자리에서 아직 나아갈 길이 남아 있다고 믿어주는 손, 엄마의 시간과 아기의 시간을 이어 미래로 던져주는 손. 그 손 하나면 살아낼 수 있었다.

### 시어머니와 친정엄마

"사실 시어머니와의 관계나 저희 부모님과의 관계 때문에도 많이 싸웠어요. 제가 살아온 그런 부분도 아기를 낳으면서 뒤죽박죽되었어요. 잘 정렬된 채로 살다가 아기가 태어나니까 펑하고 터졌어요. 남자들은 결혼하면 갑자기 효자가 되더라고요. 시어머님은 1년에 네댓 번 저희 집에 오세요. 우리 부모님은 사위 신경 쓸까 봐 어쩌다 한 번 오는 것도 자제하는데. 제가 초반에 너무 참아서 조율을 하지 못한 부분이에요. 우리 부모님도 이혼한 상태고, 신랑 부모님도 이혼한 상태예요. 똑같이 힘들게 살다 만나서 좀 더 얘기할 곳이 필요했던 것 같아요. 친정엄마는 나쁜 얘기는 안 들으려 해요. '네가 앞을 바라봐야지, 투덜거리지 마라, 그냥 직진해라'라고 해요. 전 서울 와서도 그렇게 살았고 부모님한테 연락 한 번도 안 했어요. 손 벌린 적도 없고요. 진짜로 이를 악물고 아득바득 살았죠."

채원 씨가 아기를 낳고 나서 격렬하게 싸우게 된 건 각자의 부모 때문이기도 했다. 갈등이 극에 달했을 때, 이혼하자는 소리까지 나왔다. 그때 채원 씨는 겁이 나지 않았다고 했다. "이혼? 그래, 이혼해! 난 괜찮아. 이 집 판다고? 팔아! 보증금에 내 것도 있어. 아기는 내가 키울게." 큰소리쳤다.

각자의 부모에게 상대가 소홀히 하고 있다는 감정이 싸움을 증폭시켰다. 남편은 결혼하고 나서 자신의 엄마에게 잘하려고 했고 그 대접의 몫은 아내에게 고스란히 떨어졌다. "우리 아들이 니보다 낫제?" 시어머니는 아들을 치켜세우느라 며느리와 친정 식구에게 싫은 소리를 할 때가 있었다. "어머님 눈에 그럴지 모르지만 고슴도치도 제 새끼 예쁘다고 저희 엄마 눈엔 안 그래요." 채원 씨는 모독을 느끼며 대꾸했다. 가족은 아직 남자 중심으로만, 성차별적으로 꾸려지는 것 같아 속이 더 상했다.

"출산하려는데 시어머니가 저한테 와서 계속 우셨어요. 본인 세대가 제일 힘들다고 하면서요. 자기는 효도를 했는데 못 받고, 끼어 있는 세대라고. 아닌데. 아들이 잘하는데. 정작 내가 힘든데. 그날도 조산기가 있어 힘들었는데, 시어머니 얘기를 들어줄 시간이 없는데 울고만 계시니까, 제가 그랬어요. '어머님, 저희 세대가 더 힘들어요.' 저도 이렇게 힘들게 산 인생인데. 남편은 우리 집이 이상하고 자기 집은 괜찮다고 보는 것 같아요. 근

1부 어쩌다 엄마가 되어

데 왜 여자만 꼭 받아들여야 하는 입장일까요? 왜? 남편은 아기한테 크면 엄마한테 효도하라고 말해요. 저는 싫어요. 전 우리 엄마처럼 자식한테 '네 갈 길 가. 엄만 엄마 인생 살 거야. 힘든 일도 네가 헤쳐 나가.' 이렇게 말할 거예요. 그게 맞아요."

시어머니는 넋두리하며 며느리에게 위로를 받고 싶어 하고 은근히 모든 것을 다 가진 것 같은 채원 씨의 위치를 시기한다. 친정엄마는 채원 씨가 성인이 된 다음 이혼했으니 자신은 할 도리 다했다고 딱 부러지게 말한다. 엄마에게 전화하면 엄마가 말했다. "지금 하려는 얘기가 좋은 얘기가? 나쁜 얘기 하지 마라. 엄마 그런 얘기 들으면 마음 찢어진다. 그런 얘기 하는 거 아니다." 채원 씨는 친정엄마가 대단하고 여전사 같다고 했지만, 엄마는 딸의 힘든 얘기를 듣지 않겠다고 훈육하듯이 말했다. 엄마의 말투가 사위와의 갈등 요인이 되기도 했다. 채원 씨는 엄마가 고되었던 삶에 압도되면서도 엄마의 자리를 지켜준 것이 고마워서 그녀도 자신의 아이에게 그런 엄마가 되겠다고 다짐했다.

"우리 엄마야말로 슈퍼우먼, 원더우먼이에요. 저희 부모님이 가게를 하셨는데 엄마가 오빠를 임신하고 저를 임신한 상태에서도 계속 일을 하시고, 낳고 키우면서 일하고, 여전사처럼 살았어요. 보고 자라 그런지 그렇게 해야 하는 게 당연한 거예요. 파이터처럼. 죽기 살기로 일하고 키우는 거, 모든 여자들이 다 그런 것 같아요. 가게 일을 하면서 우리 먹일 거 다 먹이고 재우고 학교 갈 때 도시락 싸주고 아빠가 '뭐 갖고 와!' 하면 척척 대령하고 제사 다 지내고, 큰며느리 노릇 다하고. 엄마는 한 번도 쉬지 않고 살았어요. 전 유치원 다닐 때부터 가게 봤어요. 보이거든요. 엄마가 어떻게 살았는지 다 봤거든요."

채원 씨는 그런 엄마를 떠올리면 뿌듯한데 남편이 그 마음을 이해하지 않고 친정엄마에 대해 자기 식대로 말하면 감정적으로 북받친다. 시어머니는 당당하게 집에 와서 출산 당일에도, 삼칠일에도, 백일에도, 명절에도 며느리의 대접을 받으며 자고 가는데 출산할 때 보러 온 친정 식구는 부랴부랴 자리를 비켜주기 바빴다. 친정아버지는 출산 때 축하하러 왔지만 친정어머니는 오지 않았다. 그걸 두고 남편은 이해할 수 없다고 싫은 소리를 했다. 그때 채원 씨의 마음이 무너졌다.

"우리 엄마가 마음이 없어서 출산 때 와보지 않은 거라고 남편이 얘기해서 싸웠어요. 우리 집이 왜 이상해? 다른 것일 뿐인데 틀렸다고 하니까, 어른이 아니라고 하니까. 곪았던 게 펑 하고 터졌어요. 나는 우리 엄마를 너무 존경하는데 그런 얘기 듣기 싫거든요. 엄마가 힘들게 살아온 걸 아니까요. 분명히 남편도 자기 엄마가 힘들게 살아온 걸 알기 때문에 자기 엄마한테 잘하려고 하는 거 이해하는데. 나도 해주려 했는데 우리 엄마를 비난해? 왜 비난하지? 우리 엄마가 나를 키웠으니까 우리가 융화해서 사는 건데. 난 우리 엄마가 멘토예요. 엄마는 제가 대학을 딱 졸업하고 사회에 자리 잡았다 생각할 때 이혼하시고 '난 너한테 다 해줬다'라고 떳떳하게 이야기했어요. 멋있어요. 안 해준 게 없는데. 난 사람들한테 말하고 싶어요. '우리 엄마예요!'라고요. 당당한 엄마가 멘토인데 우리 엄마를 그렇게 욕하니까 무너져내리는 거죠. 우리도 이혼할 수 있고 누구나 할 수 있지만 딸이 아기를 낳았는데 못 오는 엄마 마음이 얼마나 찢어져요. 우리 엄마는 부끄럽다고 생각해요. 이혼한 걸 자기 오점이라고 생각하기 때문에. 이렇게 생각하는 사람은 부끄러워서 밖에 못 다녀요. 얼마나 불쌍한 거예요. 모르는 거예요. 그걸. 자긴 몰라. 장모님이 얼마나 대단한 사람인지."

채원 씨는 눈물을 흘리고 울먹이며 말했다. '우리 새끼'를 낳고 '자기 새끼'를 낳았는데 이제 자식을 우선해야 하는데 남편이 왜 자신의 엄마에게 마음이 쏠리는지 모르겠다며 한숨을 쉬었다.

"중간에 삐끗하긴 했지만 돌아서 잘 가고 있어요. 신랑이랑 많이 싸우고요. 내가 참아야지. 내가 더 위해줘야지. 내가 잘해야지. 그죠? 우리 아기 아빠인데. 내가 이겨 뭐할까. 근데 아기 낳으니 성질이 안 참아지는 거예요. 별것도 아닌데 울컥울컥하고요. 이제 아기한테 더 좋은 모습 보여주려고 살아야지요. 엄마는 이런 사람이었다고 보여주고요. 너네 엄마 이상하다고 누가 욕해도 아이는 그게 아니라고, 우리 엄마가 최고라고 말할 수 있게끔 노력해야죠. 우리 엄마가 잘 살았으니까 저도 잘 살아야죠."

## 엄마들의 엄마들

인터뷰를 하다 보면 지금 엄마가 된 이들의 엄마 이야기를 듣게 된다. 그 엄마들은 딸들이 엄마가 되는 데 깊은 영향을 미치고 있었다. 그 자리를 지켰든 지키지 않았든. 채원 씨의 엄마 세대는 우리나라 수출 성장기에 공장 등의 직업 세계에서 일하고 자식을 건사한 억척스러운 여성들이다. 지금보다 더 가부장적인 사회에서 대가족 속에서의 역할도 해내야 했다.

이 엄마들은 딸의 진짜 고통을 알기 어려워했다. 새로운 환경에서 엄마가 된 딸에게, 직업이나 삶의 문제에 직면한 딸들에게 조언해줄 말이 딱히 없었다. 딸들은 엄마 세대가 받지 못한 교육을 받았고 경제적 풍요로움을 누린 것 같지만 소외된 환경에 처했다. 핵가족, 경쟁사회, 경제 양극화의 시대에서 새로 엄마가 되었지만 제각기 문제를 해결해야 한다는 짐을 안고 집 안에 고립되었다. 딸은 엄마보다 더 배웠지만 엄마가 보기에 딸은 삶에 더 무지하다. 딸들은 이곳에서 다른 엄마, 다른 아내, 다른 개인이 되어야 한다. 나침반이 없는 상태에서.

한 세대 전의 엄마들은 사실 자신들이 살아낸 세월만으로도 벅차다. 자식의 감정에 공감하기보다는 당장 생존하는 것이 우선이었다. 친인척까지 건사하며 가족의 생존을 위해 일하며 바친 시간을 기억하는 이전 세대 엄마들은 이 시대의 젊은 엄마, 고립된 엄마들이 무얼 어려워하고 어떤 점이 자신과 다른지 이해하지 못했다. 자기가 그랬던 것처럼 강인하게 살라고만 한다.

# 메이커스

**손으로 즐기는 과학 매거진 《메이커스: 어른의 과학》**
직접 키트를 조립하며 과학의 즐거움을 느껴보세요

회원전용 쇼핑몰에서
할인 쿠폰 증정

| www.makersmagazine.net | 🔍 |

**이메일 주소 하나만 입력**하시면
《메이커스: 어른의 과학》의 회원이 될 수 있습니다
네이버 카페: cafe.naver.com/makersmagazine

# 메이커스
어른의 과학
**회원가입**

동아시아

70쪽 | 값 48,000원

천체투영기로 별하늘을 즐기세요!
이정모 서울시립과학관장의
'손으로 배우는 과학'

**make it!** **신형 핀홀식 플라네타리움**

86쪽 | 값 38,000원

나만의 카메라로 촬영해보세요!
사진작가 권혁재의
포토에세이 사진인류

**make it!** **35mm 이안리플렉스 카메라**

**Vol.03-A** 라즈베리파이 포함 | 66쪽 | 값 118,000원
**Vol.03-B** 라즈베리파이 미포함 | 66쪽 | 값 48,000원
(라즈베리파이를 이미 가지고 계신 분만 구매)

라즈베리파이로 만드는
음성인식 스피커

**make it!** **내맘대로 AI스피커**

74쪽 | 값 65,000원

바람의 힘으로 걷는 인공 생명체
키네틱 아티스트
테오 얀센의 작품세계

**make it!** **테오 얀센의 미니비스트**

74쪽 | 값 188,000원

사람의 운전을 따라 배운다!
AI의 학습을 눈으로 확인하는
딥러닝 자율주행자동차

**make it!** **AI자율주행자동차**

평생 공감받지 못한 자식들은 자신의 감정은 숨겨두고 채찍질을 당하듯 또 열심히 살려고 애쓰지만 마음은 벌써 지쳐 있다. 이 사회에서 살아남기 위해 치른 대가들에, 정서적 고갈에, 책임만 있고 위로는 없는 현실에, 가까운 가족에게도 깊은 말을 할 수 없다는 외로움에. 더 열심히 산다는 게 가능한 일인지도 알 수 없지만 더 열심히 살려고 애쓴다. 어디서부터 문제인지 모르겠지만 모든 것이 전에 없이 헝클어졌다고 느끼지만 그래도 살려고 한다.

사실 엄마들의 엄마들도 울고 싶을 것이다. 위로받고 싶을 것이다. 한껏 달려온 세월에 목까지 숨이 찼을 것이다. 아무도 돌봐주지 않으면서 어떻게든 살아내라고 한 세월이 힘겨웠을 것이다. 가진 것이 없었다고 느낄수록 이제는 자원이 된 자식의 가족을 움켜쥐고 위로해달라고 보상해달라고 말하고 싶을 것이다. 하지만 엄마가 된다는 건 자신의 손에 가까스로 들어온 호기로운 행세마저 놓고 떠나보낼 줄도 알아야 한다는 것이다. 그리고 이 외로운 엄마들을 돌보는 건, 살아낼 수 있게 지탱해주는 건 가족의 좁은 울타리가 아니라 사회의 몫이 되어야 한다. 그래야 모든 엄마들의 숨통이 트일 것이다.

채원 씨 부부의 두 엄마들이 각자 자식들을 놓지 않고 이 가정에 끼어들어 독립적이어야 할 가정에 분란이 된다면, 자식들도 마음으로 부모를 떠나보내지 않는다면, 이 가정은 열등감과 시기, 애정에 대한 갈망과 착취로 얼룩질 수도 있지 않을까. 만약 남편이 어렸을 때 자신의 엄마에게 충분히 받지 못했던 사랑을 찾고, 채원 씨는 자기 엄마만 한 엄마가 될 수 있을지 벌써 주눅 들고, 시어머니는 며느리보다 아들이 낫다며 억하심정을 달래고, 친정어머니는 내가 이때까지 못한 게 뭐가 있냐고 엄포를 놓는다면 말이다. 엄마들이 제각기 자식들을 독점하고 자신의 말을 들어야 한다고 위엄을 부리면서 집착한다면 자식들이 새로운 엄마와 아빠가 되기는 더 요원해지는 게 아닐까.

새로 이룬 가정이 어떻게 부모 세대와 제대로 작별하고 더 나아갈지, 새로운 가족이 될 수 있을지는 숙제로 남겨져 있다. 사회에서 어떻게 돌봄을 제도화하고 이들의 삶을 지탱할 수 있을지도 과제로 남아 있다.

채원 씨의 아기는 덩치가 큰 사내아이였는데 엄마 품에 안겨 순하게 잘 자고 있었다. 깨어났을 때 옹알이도 하지 않고 조용히 있었다. 엄마는 아기가 더울까 신경을 쓰면서 아기띠를 풀고 손부채를 하고 품에 바로 안았다. 얇은 여름 내의를 입고 있었는데 팔다리는 피부염으로 얼룩져 있었다. 엄마는 혀 짧은 소리로 아기에게 말을 걸었고 겨드랑이를 잡고 세워 "좀 큰 것 같아요?"라며 나에게 묻기도 했다. 자랑스럽게 물으면서 아기를 보여주고 싶어 했다.

"저는 아기가 저에게 와준 것만도 고마워요. 너무 예쁘고 내가 이런 아름다운 일을 했구나 하는 생각이 들어요. 제가 나이가 있어서 안 생길 줄 알았어요. 아기 생각 없다가 신랑하고 계획 임신했는데 정말 얘가 하늘에서 딱 와서 너무 감사해요. 주변에는 임신이 안 되는 친구들도 많아요. 힘들어서 울고 있는 친구도 많아요. 다른 친구 임신해도 축하 전화도 못 하는 친구가 많아요. 거기에 비하면 감사하죠. 저는 여자고 나이도 있어서. 신랑은 이 마음을 몰라요. 전 아기가 너무 예뻐요."


## 우리 집 지킴이

여윈 참새가 포르르 날아올라 덩굴에 잠시 앉아 줄기를 휘청거리게 했다가 곧 멀리 날아갔다. 담 너머 초등학교에는 아이들이 활기차게 왁자지껄 외치며 운동장으로 뛰어가는 소리가 들렸다. 어느새 벤치들에는 노인들이 자리를 잡고 앉아 비닐봉지에 싸 온 과일 조각을 나눠 먹으며 나오니 좋다고 말했다. 바닥의 블록 사이로는 왕개미들이 분주하게 기어 다니고 나무에서는 가느다란 바람이 불어왔다. 폭염이었다. 한여름의 찌는 듯한 날씨 속에는 무언가 멈춘 듯한 정적이 있다. 땡볕을 환하게 받은 풍경은 고스란히 드러난 사물의 민낯 같다. 더위는 고요하지만 자신만의 색감을 지니고 있다. 멈춰 있는 시간을 품은 풍경이 활짝 펼쳐지면 그 한적함과 지루함, 고요함 속에서 경탄을 느끼게 하는 힘도 드러난다. 자라고 있기 때문이다. 멈춘 듯한 한여름의 시간 속에서 나무는, 아이들은, 여린 것들은 왕성하고 거침없이 뻗어가고 있기 때문이다. 푸른 하늘에서 희디희게 뚜렷하게 피어나는 둥근 구름마저도.

"아기가 태어나기 전에는 뭐가 뭔지 몰라요. 이 아기가 어떻게 될까 불안해요. 아기가 세상에 나온 지금은 이런 노래가 떠올라요. '내 목숨 다 바쳐서 널 지킬 거야.' 그런 가사가 있는데 너무 와닿았어요. 아, 그래서 엄마가 강해지는구나 싶어요. 신랑은 이제 '당신, 쉬엄쉬엄하고 일 안 해도 돼'라고 해요. 마음이 바뀐 부분이 있지만 사실 자기도 일이 엄청 무거워 죽을 지경이죠. 너무 삶이 팍팍하니까. 신랑을 잘 만났어요. 그래도 책임을 지려는 사람이니까요. 제가 결혼하고 아르바이트를 많이 했어요. 나이가 많으니까 프리랜서라고는 하지만 전공했던 일을 제대로 맡는 건 잘 안 돼요. 그동안 내가 했던 전공 분야에서 이미 쇠퇴해지고 역할을 받아도 소화를 못 하고 있어요. 일적인 부분에서 제일 좋은 일감은 안 오고 그 밑의 할 것들이 와요. 그때가 진짜 힘들었는데 아기 키우고 나가면 또 그 상황이에요. 두려워요. 모든 엄마들이 겪어야 되는 부분이겠죠. 자존심이 있어서 아르바이트하는 걸 부끄러워했는데, 다시 찾아가야죠. 내 일을."

더운 날 안겨 있던 아기의 등이 축축해졌다. 살이 비치는 옷이 땀으로 젖었다. 아기는 젖병에 든 보리차 물을 빨대로 마셨다. 이유식을 시작한 지 한 달이 되었다고 했다. 공갈 젖꼭지를 입에 물렸는데 그 젖꼭지가 떨어져 흙이 묻었다. 엄마는 아기를 앞에 끌어안고 엎드려 그것을 주웠다. 깡마른 그녀는 단정하면서도 창백한 모습으로 아기를 보물처럼 안고 있었다.

"앞으로 아기한테 바라는 거요? 손가락이 길어서 피아노를 치거나 목소리가 우렁차니 성악을 해도 좋을 거 같아요. 아이 아빠는 공무원을 시키자고 해요. 고등학교 마치면 그냥 공무원 시험 보라고 하자고. 난 그냥 하고 싶은 거, 자기가 하고 싶은 거 다 했으면 좋겠는데. 저의 부모님이 제가 하고 싶은 거 다 해주고 배우고 싶은 거도 다 해준 만큼. 저도 그렇게 커와서 더 감사함을 느껴요. 아기가 아프지 않고 하고 싶은 것 마음껏 할 수 있는…… 그러려면 아빠만 너무 힘든 세상이 아니었으면…… 그런데 아휴, 엄마들도 힘듭니다. 신랑도 저도 정말 원하는 꿈을 못 펼친 것 같아서 그런 아쉬움이 있어요."

돌이 안 된 아기를 안고 그녀는 자신의 일에 대한 생각을 많이 하고 있었다. 아기가 크면 다시 일을 해야 하니까. 자신의 부모님도 그렇게 살았으니까. 열심히 살아온 게 아까우니까. '굳이 최고가 아닌데, 하고 싶은 일을 찾아서 해야 하나?' 그런 생각이 들다가도 다시 반문한다. '최고가 아니면 하면 안 되는 건가?' 그녀가 일에 대해 깊이 생각하는 데에는 또 다른 이유가 있었다.

"엄마는 이런 일을 했던 사람이라고 자랑스럽게, 아기한테 보여주고 싶어요. 그런 삶을 살았으면 좋겠어요. 우리 엄마가 나한테 했던 것처럼요. 아기한테 엄마는 이런 일을 해왔다고, 그러니까 엄마를 자랑스럽게 생각해야 한다고 꼭 보여주고 싶어요. 아기 키우면서 그게 될지는 모르겠어요. 제가 일하려면 남편도 많이 도와줘야 해요. 내가 사회 나가서 일하려면 사회에서 제도적인 것도 뒷받침되어야 하고요. 10년 뒤에 이 사회가 그렇게 바뀔까요?"

채원 씨가 물었다. 그녀는 아기를 지키고 싶어 한다. 엄마로서의 자리와 일하는 사람으로서의 자리도 지켜내고 싶어 한다. 그래서 자신과 자식에게 존중받고 싶다. 그녀의 엄마가 보여준 자식에 대한 헌신이 아로새겨져 그녀 역시 마찬가지로 엄마의 역할을 수행하고자 한다.

"아기를 낳았으니까 이 아기의 엄마잖아요. 끝까지 책임져야 해요. 엄마라고 하면 강한 거, 지켜야 하는 거, 이런 게 떠올라요. 아빠들은 돈을 벌어 와서 우리 집을 가꿀 수 있지만 결국 지키는 건 엄마예요. 희생해야 하고 돌봐야 하고 참아야 하는 우리집 지킴이인 거죠. 지키는 게 당연하고요."

한평생 한여름의 땡볕 아래서 달리듯 살아온 그녀는 앞으로도 뜨거운 시간을 달릴 것 같다. 지금처럼 아기를 안고, 또 걸음마 하는 아기 손을 잡고, 책가방을 멘 아이와 함께 식지 않는 대낮을 달려나갈 것 같다. 이번 여름을 거치면서 그녀의 가슴에는 지켜내겠다는 약속이 새빨갛게 달구어져 새겨졌다. 지켜내기 위해 그녀는 벌써 뛰고 있었다. 결심을 한 그녀는 오래된 출발선 같은 엄마의 자리에서 아기와 함께 새 출발을 시작했다.

그녀가 아기를 안고, 나올 때와 마찬가지로 종종걸음 치며 아파트로 들어가는 뒷모습을 보며 배웅했다. 지하철역으로 와서 전철을 기다리고 있는데 유리문에 쓰인 시가 눈에 들어왔다. 릴

케의 〈가을〉이라는 시였다. 시의 마지막 부분이다. "우리들 모두
가 떨어진다. 이 손이 떨어진다. 보라, 다른 것들을. 모두가 떨어
진다. 그러나 어느 한 사람이 있어, 이들 낙하를 한없이 너그러
이 그의 양손에다 받아들인다."

　　그렇게 믿고 싶다. 무엇인가 우리를 위해 두 손을 벌리고 있
다고. 나뭇가지에 붙어 있는 것 말고는 길이 없다고 여긴 나뭇잎
들도, 끝없는 노동에 지친 손들도, 아기를 온몸으로 끌어안은 엄
마들도 그 자리를 떠나 떨어질 때, 우리 발밑에, 세상의 바닥에
무엇인가가 더 있어 우리를 안아줄 수 있다고. 긴 여름에 달궈진
바싹 마른 몸뚱이를 출렁이며 받아줄 수 있다고. 안도감에 눈뜨
게 해줄 수 있다고. 사람들이 이제 그런 가을을 불러올 수 있다
고 나는 믿고 싶다.

# 아기를 낳고 모든 게 엉망진창이 되었어요

### 둘째가 태어났다

처음엔 아무 일도 일어나지 않는 것 같았다. 평범한 나날처럼 보였고 모든 게 완벽했다. 벽에는 둘째 아기를 가졌을 때 찍은, 몸의 굴곡이 비치는 망사 드레스를 입고 환하게 남편을 보고 웃고 있는 사진이 걸려 있었다. 커다란 액자 속의 신랑 신부는 빛바래지 않은 웃음을 짓고 있었다. 큰아이도 건강하게 유치원에 잘 다녔다. 무럭무럭 자라는 아이는 속 썩인 적이 없었다. 30평이 넘는 널찍한 아파트는 결혼한 이후 줄곧 보금자리로 삼던 곳이다. 이따금 새소리가 시원스레 들려왔다. 창밖으로 보이는 산세가 한결같은 것처럼 앞으로의 삶도 그럴 것 같았다.

둘째 아기가 태어났다. 갓 태어난 아기는 몸무게도 제법 나갔고 건강했다. 산후조리원에 있을 때 초유도 잘 나와 다른 엄마들의 부러움을 샀다. 주변에서 훈수를 두느라 "딸이 둘이니 이젠 아들 하나 더 낳아야지"라고 하면 "낳을 순 있어요. 댁이 키워주실래요?" 하고 웃으며 받아칠 만큼 여유도 있었다. 당당하게 아기를 안고 집으로 돌아왔고 아기가 백일도 되기 전에 데리고 외출을 하기도 했다. 이미 큰아이를 키워본 적이 있어서 거칠 것 없이 키울 수 있다고 생각하는 자신감에 찬 엄마였다. 조기교육 같은 것으로 아이들을 닦달할 만큼 욕심 많은 부모도 아니었다. 아이들은 무엇보다 밝게 크면 그만이라는 소박한 꿈을 가진 부모였다.

그런데 갑자기 모든 것이 어그러지기 시작했다. 시작은 심상치 않은 아기의 울음에서부터였다. 아기는 저녁 여덟 시만 되면 몇 시간 동안 자지러지게 울었다. 아무리 달래도 그치지 않고 울어댔다. 온몸이 빨개지고 경련을 하듯 울어대는 아기를 보노라면 가슴이 두근거렸다. 울다가 아기가 어떻게 되지는 않을까 염려도 되었다. 잘 먹던 젖도 먹지 않았다. 우는 아기를 데리고 병원으로 갔다. 의사는 간단하게 영아산통이라고 했다. 이유 없이 아기가 울어대면 부모는 뭔가 잘못했나 싶어 죄책감과 두려움에 사로잡힌다. 병원에서는 오히려 무덤덤하게 일러주었다. "6개월쯤 시간이 지나면 저절로 괜찮아질 거예요." 우는 이유는 알았지만 계속 신경이 쓰였다. 종일 육아에 시달린 엄마와 퇴근하고 온 아빠는 그치지 않는 아기의 울음 앞에 어쩔 줄 몰랐다.

문제는 그다음에 일어났다. 백일 무렵 병원에서 영유아 건강검진을 받다가 뜻밖의 말을 들었다. 아기의 몸무게가 하위 0.1퍼센트에 속한다는 것이었다. 순한 아기였고 별 탈 없다고 생각했는데 그게 무슨 뜻일까? 엄마 미진 씨는 입이 벌어졌다. 의사는 말했다. "아기가 먹는 게 부족하니 분유로 바꿔보세요." 둘째는 아무래도 이상했다. 첫째 때랑은 달라도 너무 달랐다. '모유만 먹이면 불충분하다니, 몸무게가 하위 0.1퍼센트라니, 영아산통도 심한데, 어쩌지?' 주변 엄마들은 그럴 때 외국 분유가 좋다고 했다. 어렵사리 해외 사이트에서 분유를 구입했는데 이번엔 아기가 분유를 먹지 않는다. 굶는 통에 마음이 다급해져 젖꼭지를 아기 입에 대봤지만 어찌 된 일인지 이젠 젖도 물지 않는다. 분유도 모유도 먹지 않고 밤마다 울기만 하는 통에 아기는 급격하게 건강이 나빠졌다.

최악이었다. 그해 겨울, 아기는 심하게 아파 보였다. 영아산통을 하면서 잠을 못 자고 먹지도 않는 아기는 덩달아 아토피까지 생겼다. 귀의 껍질이 벗겨지면서 진물이 흘러내렸다. 연고를 발라주어도 낫지 않았다. 의사는 이렇게 말했다. "아기들은 배고프면 알아서 본능적으로 먹게 되어 있어요. 걱정 마세요." 하지만 아기는 본능적으로 먹지 않았다. 다른 아기들이 먹는 양의 10분의 1도 먹을까 말까였다. 미진 씨는 좌절했다. 유난히 아기가 더 보채는 날, 다시 병원에 데려가보았더니 이번에는 폐렴이라고 했다. "기침도 콧물도 안 나는데 폐렴이라고요?" 엎친 데 덮친 격이라 망연자실한 미진 씨의 말이 의심하는 말처럼 들렸나 보다. "당장 입원을 시켜야 해요. 어떻게 하시겠어요?" 주말이라 병실도 잘 없다면서 오히려 퉁명스레 구는 의료진 앞에서 그녀는 선택의 여지가 없었다. 입원하자마자 아기는 링거를 맞았고 일주일 동안 1인실에 있었다. 아기를 내려다보았다. 깡마른 아기가 입에 대는 것도 없이 링거를 맞고 누워 있었다. 그때였다. 미진 씨의 마음에서 무언가 무너지는 소리가 들린 것이.

아기는 얼굴에서 진물이 줄줄 흐르는 채 눈을 내리감고 있고, 병실에는 미진 씨 혼자였다. 문득 이런 생각이 들었다. '이러다 우리 아기가 죽으면 어떡하지?' 생각은 꼬리에 꼬리를 물었다. '아기는 죽을지도 몰라. 왜 내 아기한테 이런 일이 생겼지? 내가 무슨 죄를 지었을까? 왜, 왜, 왜 이렇게 엉망진창이 됐지?' 그 외딴 병실에서 그녀는 엄마로서 아무것도 할 수 없다는 데에 절망했다. 아무리 노력해도 해결해줄 수 있는 일이 없었다. 인생에서 처음 맞닥뜨린 완전한 무력감이었다. 퇴원하고 병원을 나섰을 때, 품 안에 아기를 안은 미진 씨는 '완전히 얼이 빠진 사람'처럼 되어버렸다.

산후우울증은 그렇게 예상하지 못하게 미진 씨를 습격했다.

미진 씨의 집은 아파트의 고층에 있었다. 미진 씨는 매일 베란다의 창문을 열어놓고 아기를 안고 서 있었다. "너는 왜 태어났니……." 눈물을 흘리며 아기에게 물었다. "엄마 미친년 만들고. 나랑 같이 죽자. 같이 떨어져 죽자." 미진 씨의 입에서 쉴 새

없이 나오는 말이었다. 태어난 지 얼마 안 된 아기는 가만히 그 말을 듣고만 있었다. 미진 씨의 눈에서 눈물이 하염없이 주르륵 주르륵 흘러내렸다. 울겠다고 마음먹은 게 아닌데 그냥 눈물이 흘렀다. 어차피 다 끝났으니 정말 끝내버려야 되겠다는 생각밖에 들지 않았다.

"우리만 죽고 없어지면 다들 잘 살 거야. 그렇지?" 아기에게 물었다. 그녀가 없어도 남편이 알아서 큰아이를 잘 키울 것 같았다. 품에 있던 아기는 울었다. 못 먹어서 울고, 얼굴에 진물이 나서 가려워서 울었다. 무슨 일이 벌어지는지 모르고 울었다. 마지막으로 허공에 내디디려는 걸음이 주춤거렸다. 아기의 울음소리에 마음이 흔들렸다. '내가 낳았으니 책임져야지. 아기가 이렇게 힘들어하는데, 나도 죽을 만큼 힘들지만 아기가 아파하는 걸 해결해줘야 하는 게 아닐까?' 하는 생각이 문득 스쳤다. 날마다 '엄마랑 같이 죽자'와 '엄마가 살려줄게' 사이에서 그녀는 마음이 부대꼈다.

휘청거리는 걸음으로 아파트 옥상에도 올라갔다. 먹고 자는 게 전부인 아기인데 먹이고 재우는 게 안 되니 자신의 인생마저 다 망쳐버린 것 같았다. 옥상에서 바라보니 까마득하게 높은 곳에 있었다. 건너편 산조차 낮아 보였고 땅에 지나다니는 차나 사람들은 벌레처럼 작았다. 아기를 안은 손에 힘이 들어갔다. 순간 어디선가 비웃는 목소리가 들렸다. '왜 못 죽어? 너 무서워서 못 죽니? 그렇게 죽고 싶다면 죽어야지. 죽어! 어서 죽어!' 그 자리에서 못 죽는다고 채찍질하는 목소리는 다름 아닌 자신의 목소리였다.

베란다에서, 옥상에서, 수없이 망설이다 후들거리며 걸음을 돌리는 것이 반복되었다. 문득 정신이 돌아올 때면 미진 씨는 걷잡을 수 없이 무서워졌다. 그녀는 대학을 졸업했고 사회복지에 대한 지식도 있었다. 어느 날 그녀는 정신보건센터에 전화해 두 손으로 휴대폰을 붙잡고 외쳤다. "살려주세요. 저 좀 살려주세요!" 절박하게 외치는 그녀의 품 안에는 얼굴이 벌겋게 달아오른 아기가 있었다.


### 엄마 잘못이 아니에요

담당 간호사는 그때를 기억한다.

"산모가 다시 문의를 해 왔어요. 아기가 6개월인데 이유식이 잘 안 되어 몸무게가 안 는다고요. 겉으로는 아기의 이유식 문제였지만 사실 상황은 더 심각했어요. 그분이 간호사와의 관계를 끊지 않고 연락을 다시 해 온 건 대단한 일이죠."

간호사는 미진 씨의 아기가 태어났을 때 보편방문을 한 간호사였다. 미진 씨는 보건소에 가서 임산부 등록을 할 때 영유아건강 간호사의 보편방문 신청을 한 적이 있었다. 간호사가 보편방문을 갔을 때 산후도우미가 미진 씨의 일상을 돕고 있었고 미진 씨는 아기에게 젖을 물리고 있었다. 건강하게 태어난 아기는 당시만 해도 발달에 문제가 없었다. 산부인과 진료도 적절히 받았고 사회심리적인 문제도 없었으며 산후우울도 없었다. 유복한 환경에 있는 건강한 모녀였다. 그런데 6개월 후 다시 연락이 왔을 때 상황은 뒤바뀌어 있었다. 산후우울증이 걷잡을 수 없이 그녀의 일상을 파괴하고 있었다. 에딘버러 산후우울 검사에서 그녀의 우울증 지수는 높게 나왔고 자살 충동까지 있었다. 아기가 방치될 수 있고 자칫 산모의 생명까지 위태로워질 수 있는 상황이었다. 간호사는 상황의 심각성을 알아차렸다.

미진 씨는 이제 몸을 씻지도 않고 머리도 감지 않았다. 오로지 죽어야 한다는 생각에 사로잡혀 있었다. 그녀가 말했다. "저는 그냥 여기에서 끝내고 싶다는 생각밖에 없어요. 내가 아기를 위해 해줄 수 있는 게 전혀 없으니까요." 간호사가 대답했다. "그렇지 않아요. 아기가 안 먹는 건 억지로 될 수 있는 문제가 아니에요. 엄마 잘못이 아니에요. 절대로." 그 말이 미진 씨의 귀에 들려오지 않았다. 간호사가 오는 것도 당연하게 받아들이며 특별히 의식하지 못하게 되는 지경에 이르렀다.

게다가 산후우울증으로 인해 다른 증상들이 나타났다. 감염에 대한 공포와 세균을 없애야 한다는 강박이었다. 아기에게 먹이는 젖병을 소독할 때면 세균이 젖병에 들어가서 아기가 안 먹는 게 아닐까 하는 생각이 들기 시작했다. '혹시 오염된 젖병 때문에 아기가 진물이 나게 된 것은 아닐까? 젖병이 더러웠을까? 내가 뭔가 잘못했나? 실수했나?' 위생에 대한 '이상한 집착'이

생겼다. 남편이 젖병을 닦아도, 친정엄마가 젖병을 닦아도 믿을
수 없었다. 미진 씨는 싱크대에서 몇 시간 동안이나 젖병을 닦아
대기 시작했다. 아기가 울어도 눈에 들어오지 않았다. 젖병을 완
벽하게 닦기 전에는 다른 것을 할 수 없었다. 그다음에 이유식을
만들려고 책을 펼치면 식재료의 숫자와 그램 표시가 이상하게
크게 들어왔다. 그 숫자에만 시선이 꽂혀 얼어붙은 듯 쳐다보느
라 정작 이유식은 만들 수가 없었다.

　망상 같은 것이 언뜻 눈앞을 스쳐 갔다. 아기를 쳐다보면 작
은 아기가 일그러져 이상하게 보이기 시작했다. 아기가 크면 길
에서 이따금 보는 '꼽추 같은 할머니'가 될 것 같았다. 친구들에
게 놀림을 받는 아이의 모습이 벌써 그려져 아이가 이렇게 살아
서 뭐 하나 싶은 자포자기의 마음이 들었다. 목욕을 하지 않은
지 오래되었다. '어차피 죽을 건데 왜 씻어?' 생각은 온통 죽는
데에만 쏠려 있었다.

　영유아 건강 간호사는 지속적으로 미진 씨 집을 방문했다.
간호사는 미진 씨와 이야기를 나누려고 했다. 그녀는 때로 횡설
수설하는 듯한 이야기를 하기도 하고 감정의 기복이 가파른 이
야기도 했다. 미진 씨는 우울증으로 잠을 하루에 한두 시간밖에
못 잤다. 매일 잠을 못 자고 뜬눈으로 지새우다 보니 아기를 돌
볼 수 있는 상황이 아니었다. 간호사는 아침 시간에 방문했다.
미진 씨는 졸음이 쏟아져서 아무 대화를 나눌 수가 없었다. 간호
사의 말도 들리지 않았다.

간호사는 오면 아기를 안아주었다. 아기를 안고 분유도 먹여주었다. 엄마가 차츰 놓아버리는 아기를 안고 건강을 살펴보았다. 올 때마다 아기의 성장을 확인하고 아기가 그사이 얼마나 컸는지, 우유는 얼마나 먹는지 꾸준히 알려주었다. 그리고 아기를 보여주며 물었다. "예쁘지 않아요?" 미진 씨는 아기가 하나도 예쁘지 않았다. 그런데도 간호사는 규칙적으로 와서 아기를 살펴보았고 아기에게 웃어주었고 먹여주었고 재우면서 예쁘다고 말해주었다. 조금씩 잘 자라고 있다고도 말해주었다. 하지만 미진 씨는 비관적이었다. "너무 극소량을 먹으니까 언젠간 아기도 죽을 거예요. 이렇게 조금씩 먹어서는 죽어버릴 거예요." 미진 씨는 아기가 먹다가 대부분 남긴 분유를 쏟아버리며 말했다. 아주 천천히 커가는 어떤 움직임이 그녀의 눈에는 들어오지 않았다.

산후우울증이 심한 산모를 지속적으로 만나기 위해 간호사는 노력하고 있었다. 영유아 건강 간호사 일은 쉽지 않다. 병원에서 오래 일한 간호사들은 명확하게 주어지는 업무와 환자에 대한 정확한 처방에 익숙해져 있다. 지역사회에서 낯선 가정에 직접 방문해 한 가족과 파트너십을 가지고 지속방문을 진행하는 일 자체가 그들에게 낯선 모험인 셈이다. 더군다나 미진 씨는 '자살'의 위험도가 높은 산모가 아닌가. 간호사는 내심 자신이 돌보는 산모가 자살하지는 않을까 걱정했다. 간호사도 그 자리를 견뎌내기가 쉽지 않았다. 그 자리를 벗어나고 싶고, 떠나고 싶은 마음과 싸워야 했다. 타인의 우울한 이야기를 듣고 그 정서에 공감한다는 것은 누구라도 쉽지 않다. 어쩌면 그 일에 더 부정적인 건 미진 씨였다. '어차피 공공기관에서 형식적으로 오는 간호사일 텐데, 이 사람한테 내가 뭘 바랄 수 있겠어? 이 사람도 등을 돌리면 끝이겠지' 하고 생각했다. 미진 씨는 이렇다 할 이유도 설명하지 않고 간호사와의 연락을 먼저 끊어버렸다.

미진 씨가 만남을 거부하니 간호사는 더 이상 방문을 계속할 수 없었다. 간호사가 전화를 하거나 문자를 보내도 연락이 닿지 않았다. 간호사는 이 산모를 붙들어야 했다. '한 번만 만나요.' '괜찮아요?' '좀 어떠세요?' 묵묵부답인데도 염려가 되어 계속 안부 문자를 보냈다.

친정엄마도 딸이 얼마나 심각한 상태인지 잘 몰랐다. 딸이 우울증을 앓는다는 소리에 주말이면 딸네 집에 와서 살림을 도왔다. 잠깐 바람이라도 쐬고 오라고 딸의 등을 떠밀며 밖으로 내보내기도 했다. 그러면 미진 씨는 터덜터덜 지하철역으로 향했다. 그리고 지하철이 들어오는 자리에 우두커니 서 있었다. '한순간에 죽으면 안 아프겠지. 떨어져 죽는 것보다 낫겠지.' 그렇게 매번 지하철역에 두 시간씩 서 있었다. 이번에는 죽어야지 생각하면서.

"위기 상황이었어요." 간호사는 미진 씨가 휴대폰 메신저에 올려놓은 글을 보고 자살을 예고한다는 것을 직감적으로 알았다. 산모와 파트너십을 맺을 수 없으니 가족의 문제를 해결하기 위해 미진 씨의 남편과 파트너십을 가지기로 했다. 간호사는 남편에게 연락했다. 상황을 설명하고 나서 산모는 무사한지, 어떻게 지내고 있는지 물었다. 가족들이 잘 지켜봐야 한다고 당부도 했다.

남편은 무언가 잘못되고 있다는 것을 뼈저리게 느끼던 참이었다. 새벽에 깨어보면 아내가 곁에 없을 때가 있었다. 거실에 나와보면 아내가 식탁 아래에 웅크리고 있었다. 번쩍이는 눈으로 이유식 책을 읽고 있었다. "고기 500그램에 야채 200그램⋯⋯." 중얼중얼거리는 아내가 제정신이 아닌 것 같았다. 저울까지 사두고도 저울을 쓰지 못했고, 유기농 이유식 재료를 다 준비해놓고도 단 한 번도 이유식을 만들지 못했다. 남편은 이제 아내의 건강이 극도로 악화되었고 아내가 건강을 회복하지 못하면 아기도, 가족도 지켜낼 수 없다는 것을 느꼈다. 남편은 출근길에 차 안에서 음악을 틀어놓고 소리 내어 울었다. 평범하고 단란했던 가정이었다. 산후우울증이 이 가족의 모든 걸 앗아 가고 있었다. '왜 우리 와이프한테 이런 몹쓸 병을 주었나'라고 생각하면서 남편은 혼자 울었다.

간호사는 남편과 연락을 취하며 미진 씨의 안전을 확보하게 했고, 전화와 문자로 꾸준히 연락을 시도했다. 간호사는 자신이 지쳐서는 안 된다는 것을 알았다. 그렇게 기다린 지 3개월이 지났을 때였다. 간호사는 무작정 미진 씨의 집으로 달려갔다.

간호사가 아파트 현관문 앞까지 갔지만 문은 굳게 닫혀 있었다. 초인종을 눌러도 소리가 없었다. 전화를 해봐도 통화가 되지 않았다. 간호사는 문을 두드리기 시작했다. 복도에 쿵쿵 주먹으로 문을 두드리는 소리만 울려 퍼졌다.

"괜찮으세요?"

간호사는 큰 소리로 외쳤다. 아무 대답이 없었다. 안에 사람이 있는 건지, 있다면 어떤 상태인 건지 가늠할 수 없는 정적만 맴돌았다.

"안에 계시죠?"

작지만 자라려고 애쓰던 아기는, 그 아기를 안고 울던 미진 씨는 아직 그 모습으로 있는 것일까.

"한 번만 만나주세요!"

꽉 쥔 주먹이 아파 왔고 소리치는 목청의 끝이 저도 모르게 떨려 왔다. 문은 절대로 열리지 않을 것 같았다. 미진 씨는 안에서 묵묵히 돌처럼 굳은 채 웅크리고 있는 것일까. 절망감을 고개를 흔들어 뿌리치고 다시 문을 두드리며 외쳐 불렀다.

"한 번만 봐요. 한 번만 문을 열어주세요!"

침묵이었다. 제발 돌아가라고 말하는 것 같은 침묵, 죽든 말든 그냥 내버려두라고 항변하는 듯한 침묵, 귀찮게 하지 말라거나 누구도 만나고 싶지 않다고 단언하는 침묵. 그 침묵의 냉기, 그러니까 사람을 얼어붙게 하고 외롭게 죽음에 이르게까지 하는 냉기가 스멀스멀 새어 나오는 것 같았다.

그러나 간호사는 안다. 문 안에 사람이 있다는 것을. 한 엄마와 아기가 있다는 것을. 아기는 살아 있고 산모는 자신의 말을 듣고 있는 것이다. 이 문을 사이에 두고 저편에는 엄마와 아기가 있다. 그래서 간호사는 몸을 문에 바짝 붙이고 손바닥으로 두드려대며 자신의 목소리를 더 잘 들을 수 있게 외쳤다.

"안에 계시죠? 제 목소리 들리시죠?"

몇 번이나 더 외치고 또 두드리고 외쳤다. 그리고 갑자기, 그 문이 열렸다.

미진 씨가 문 앞에 서 있었다. 머리는 부스스 엉클어져 있었고, 옷차림도 흐트러져 있었다. 간호사와 미진 씨는 서로 마주 보았다. 그 문 안으로 간호사가 들어섰다.


### 문을 열어준 날

그 열린 문으로 들어가서 이제부터 무언가를 하게 되는 것이다. 간호사는 미진 씨를 끝까지 붙들었다. 간호사가 떠나지 않는다는 걸 알게 된 미진 씨가 마음의 문을 열었다. 이제 미진 씨는 간호사를 내쫓지 않았다. 간호사가 하는 말에 귀를 기울이고 마음으로 받아들이기 시작했다. 한 사람에 대한 믿음이 빙판 같은 우울에 금을 내기 시작했다. 그런 믿음을 쌓는 시간이, 신뢰가 생기는 순간이 필요했다.

"문을 열어준 건 미진 씨였어요. 대단하죠. 그때부터 미진 씨가 제가 하는 말을 귀 기울여 듣고 따르기 시작했어요. 마치 초등학생처럼 하나하나 따르며 변하는 것이 눈에 보였어요."

아기를 돌보기. 타인과 만나기. 집에만 있지 않고 밖으로 나가기. 마음에 쌓인 이야기하기. 간호사는 미진 씨에게 빛과 새로운 공기를 쐬어주려고 했다. 미진 씨에게 같이 나가서 산책하자고 곧잘 제안했다. "싫어요. 집에서 얘기해요. 피곤해요." 미진 씨는 거절하다가도 간호사를 따라 바깥으로 나와서 길을 걸었다. 햇빛을 받으면 기분이 조금 더 나아졌다. 밖에서 커피 한 잔을 마시고 나도 기분이 조금 가벼워지는 것 같았다. 간호사는 아기의 성장을 살펴주고 건강을 돌봐주며 아기의 월령 수에 맞는 발달 놀이 내용과 엄마가 어떻게 놀아주면 좋은지에 대한 방법도 일러주었다. 내용을 프린트해서 가져다주면서 하나하나 설명했다. 이유식을 어떻게 먹이면 되는지 제대로 알려주었고, 신경정신과를 예약해 미진 씨와 같이 가주기도 했다. 미진 씨는 의사가 미덥지 않다는 둥 이런저런 이유를 대면서 병원을 바꾸기도 했다. 미진 씨의 우울증 치료가 중요했기 때문에 간호사는 병원을 바꿀 때도 같이 가주고 그 과정을 함께해주었다. 우울증 치료제를 처방받았는데 처음엔 잘 먹기 어려워해서 남편이 직접 미진 씨가 약을 복용하는 것을 체크했다. 꾸준한 간호사의 방문을 받고, 남편과 아이, 시가와 친정의 지지와 응원을 받으면서 미진 씨는 우울의 늪에서 한발 한발 걸어 나왔다. 아기를 낳고 한순간에 찾아왔던 산후우울증은, 끝나지 않을 것 같았지만 주변의 지지와 도움 덕분에 서서히 좋아지기 시작했다.

그때 아기가 미진 씨의 눈에 들어왔다. 아기는 조금 더 자라 있었고, 눈을 마주친 엄마를 보고 웃어 보였다. '왜 아기가 먹지 않는다고 내가 삶을 포기하려고 했을까? 아기는 자기가 알아서 먹어야지. 안 먹는 애 때문에 왜 내가 죽으려 하나? 나라도 정신 차리고 살자. 아기는 계속 자라겠지. 남들보다 좀 작아도 나 때문인 건 아닌데 내가 죽을 필요는 없어.' 아기의 작은 손이 따뜻하게 손아귀에 잡혔다. 일그러진 주변의 풍경이 서서히 제자리로 돌아왔다. 보이지 않던 얼굴들이 눈에 들어왔다. 엄마가 아픈 동안 유치원과 집을 오가면서 엄마를 걱정한 큰아이의 얼굴도 눈에 들어왔다. 조금씩 집안일이 손에 잡히고 가족을 위해 돌봄을 할 수 있는 여력이 생겨났다.

남편은 변화의 기미를 느꼈고 간호사의 조언대로 이 기회를 놓치지 않았다. 회사의 다른 직원들에게 물어 이유식을 살 수 있는 사이트 주소를 알아와 아내의 부담을 덜어주려 했다. 아내가 예전에 친하게 지냈던 친구를 집에 초대해 말벗이 될 수 있도록 했다. 친구는 안타까워하며 소독하지 않고도 쓸 수 있는 편리한 아기용품에 대한 정보를 주고 직접 갖다주기까지 했다. 시가에서는 매번 반찬을 해서 날라주었고 친정에서는 어머니뿐 아니라 아버지까지 합세해 청소 같은 집안일과 육아를 도와주었다.

간호사에게 문을 열어준 날, 미진 씨의 마음속 그 무엇인가가 꿈틀거리기 시작했다. "사람들이 내 생명을 살렸어요." 그녀의 말이었다. 우울증을 앓고 바닥까지 갔는데 아무도 그녀를 버리지 않았고 떠나지 않았다. 자기도 모르는 사이 곁을 지켜주는 사람들이 있었다는 것, 비난받기는커녕 오히려 돌봄을 받았다는 사실을 깨닫자 자신을 보는 시각도 바뀌었다. 미진 씨가 혼잣말했다.

"내가 그래도 복이 많은 사람이구나. 주변에 나를 도와줄 수 있는 사람들도 있었고. 아니면 내가 이 자리에 없을 수도 있는데……."

간호사는 미진 씨가 집 안에서만 고립되지 않고 지속방문이 끝난 후에도 지역사회 속에서 계속 힘을 얻을 수 있는 관계를 만들어주려고 했다. 양육이나 건강 유지에 도움을 받을 수 있는 지역 기관이나 보건소의 프로그램들을 권했다. 해당 지역의 도서관이나 보건소 등에서 그림책을 선물하는 북스타트 프로그램이나 아기와 함께하는 엄마들의 모임을 소개했다. 여러 번의 망설임 끝에 미진 씨가 스스로 모임에 참석한 날, 간호사는 그 변화가 반갑고 놀라웠다.

"지역 모임에 관심을 갖고 스스로 참석한다는 건 처음 상황에선 상상할 수 없는 일이었어요. 그런데 변화가 일어난 거죠. 이제 서서히 힘을 회복하면서 자신을 위해 스스로 필요한 것을 찾아 움직일 수 있게 된 거예요."


### 바다를 가로지르다

남편은 미진 씨에게 섬으로 여행을 가자고 했다. "여행은 무슨 여행." 미진 씨는 시큰둥한 반응을 보였지만 남편은 자기가 아기도 돌보고 분유며 이유식도 다 챙겨갈 테니 같이 가족 여행을 가자고 했다. 그러고 보니 가족 모두가 긴장을 풀고 바깥바람을 쐰 지 오래되었다. 미진 씨는 복용 중인 우울증 치료제와 수면제까지 챙겨 가족과 함께 여행을 나섰다. 남편이 숙소를 보여주며 들떴을 때도 그녀는 사실 별 관심이 없었다. 여행지에서 남편은 해변을 잇는 짚라인을 타자고 했다. 관심이 없다고 했는데도 무조건 타보자고 남편이 부추겼다. 남편은 자신이 아기를 안고 움직일 테니 미진 씨에게 큰아이와 함께 짚라인을 타라고 했다. 이곳의 짚라인은 해변을 가로지른 줄을 타고 바다를 건너 건너편 섬의 돌에 닿았다가 다시 줄을 타고 돌아오는 식이었다. 남편은 앞장서서 아기를 안고 성큼성큼 걸어가 먼저 출발했다. 주변에는 즐거운 얼굴로 걸어가는 사람들이 있었다.

'그래, 한번 해볼까?' 미진 씨가 짚라인을 타기 위해 올라가는데 갑자기 다리가 후들거렸다. 꽤 높은 곳에서 바닥을 내려다보았다. '야, 죽겠다는 애가 이걸 왜 무서워하니?' 속으로 반문했다. '그럼 너 어떻게 죽으려고 했어? 이게 무서운데?' 무섬증이 와락 덮쳤다. 그녀가 그만두고 싶다고 말했다. "난 그만 내려갈게." 그땐 몰랐지만 큰아이도 높은 곳이 무서웠는지 앞에서 떨고 있었다. 그런데 큰아이가 울면서 이렇게 말했다. "엄마, 그냥 타." 사실 미진 씨는 내려가고 싶었지만 큰아이가 올라가고 있는 걸 보고 아이를 그냥 두고 내려갈 수 없었다. "엄마, 그냥 올라와 봐! 내려가는 게 더 무서워." 아이의 울음 섞인 말에 미진 씨가 따라 올라갔다. '눈 딱 감고 타면 되겠지.' 그런데 정말 이상한 기분이 들었다. '난 죽겠다고 했는데 왜 이게 무섭지?' 스스로 계속 물었다. '정말 죽고 싶은 게 아니었을까? 현실도피였을까? 난 죽고 싶은 걸까, 살고 싶은 걸까?' 무수한 생각을 하면서 꼭대기에 올라가 줄에 몸을 실었다. 다리를 떼라는데 다리가 차마 시작점에서 떨어지지 않았다. 다리를 떼는 순간 아래로 내려갈 거라 생각하니 무서웠다. 몇 번 재촉을 받고 나서야 마침내 마음을 먹고 발을 뗐다.

바다를 가로질러 가면서 그녀는 외쳤다. "난 할 수 있어!" 아무도 없는 바다 위, 혼자 자신의 이름을 소리 내어 부르며 외쳤다. "난…… 난…… 뭐든지 할 수 있어!" "김미진! 넌 다 이겨낼 거야. 우울증 다 이겨낼 수 있어!" 그런데 맞은편에서 어떤 소리가 작게 들려왔다. "그래, 미진아, 파이팅!" 먼저 바다를 건너간 남편이 아기를 안은 채 외치고 있었다. 남편도 그녀의 이름을 목청껏 부르고 있었다. "김미진! 너 다 이겨낼 수 있어! 넌 할 수 있어!" 아기띠에 안긴 작은 아기의 모습을, 그 아기를 안고 외치는 남편의 모습을, 아기가 엄마를 쳐다보면서 방긋 웃고 있는 것을 보았다. 그녀는 눈물을 흘렸다. 눈이 크게 떠졌다. 내려가는 것이 무서워 눈을 꼭 감거나 실눈을 뜨고 있었는데 두 눈을 활짝 뜨자 주변의 풍경이 한눈에 들어왔다.

입때껏 본 적이 없는 푸르른 바다였다. 세상을 가득 채운 푸른 바다가 자신에게 힘껏 다가오며 안아주고 있었다. 푸른색이 일렁이는 눈부신 파도와 숨결처럼 와닿는 시원한 바람, 아무런 막힘이 없이 탁 트인 물결이 밀려왔다. 그날, 눈이 부시게 푸른 바다가 그녀에게 달려왔다. 마치 처음처럼. 바다가 와락 그녀를 안아주듯이, 낳아주듯이. 바다를 통과해 몸이 빠져나오며 그녀는 이 세상의 푸른 속내와 처음 만났다.

그때 세상이 다르게 보였다. 모든 것이 제자리로, 더 빛나는 색채를 뿜으며 돌아오고 있었다. 그녀는 속으로 많이 울었다. 바다와 남편과 아기가 한 모습으로 어우러지며, 울고 있는 그녀가 어서 도착하기를 기다렸다. 그들은 섬에 도착한 그녀를 꼭 안아주었다. 새로 땅에 발을 디딜 수 있게 응원해주었다.


**산후우울증은 누구에게나 올 수 있다**

지속방문이 끝난 후 미진 씨는 간호사를 본 적이 없다. 이제 제정신으로 돌아왔으니 차 한 잔, 밥 한 끼라도 대접하고 싶다고 했지만, 간호사는 끝내 사양을 하고 단지 "더 좋은 프로그램이 있으면 초대할게요"라고 인사했다. 지금은 보건소에서 하는 우울증 관련 프로그램이나 아이의 발달에 필요한 좋은 프로그램 같은 것이 있으면 그 정보들을 휴대폰 메신저로 보내준다. 남편과 미진 씨는 가정이 위기에 처했을 때 간호사가 어떤 역할을 했는지 기억하고 있다. 이제 미진 씨의 큰아이는 열 살이고 둘째는

다섯 살이 되었다. 둘째 아이는 여전히 또래보다 키가 작지만 활발하고 까불거리는 꼬마가 되었다. 주변에서 언제 저렇게 컸냐고 대견해하는 말을 들을 만큼 자랐다. 그 아이를 보면 갓난아기 때 그 아기에게 했던 절망적인 말들이 생각나서 마음이 아프다. 하지만 다행히 구김살 없이 잘 자란 아이를 보고 있으면 위로가 된다. 그건 미진 씨가 건강을 회복했기 때문에 가능한 일이기도 했다.

미진 씨는 우울증을 통해 바닥을 쳤다고 생각한다. 이제는 바닥까지는 치지 않고 살 자신이 생겼다. 건강을 돌보기 위해 지금도 날마다 운동을 하러 다니고 혼자 산책을 하고 자신을 위해 영화도 보고 책도 읽는다. 그녀는 산후우울증에서 회복된 후 주변의 다른 엄마들과 이야기하면서 산후우울증을 앓는 엄마들이 생각보다 많이 있고, 제각기 혼자서 앓고 있다는 것을 알고 놀랐다.

"정말 모든 엄마들에게 그렇게 우울증이 올 수 있어요. 제가 낫고 나서 주변 엄마들에게 말했어요. 생각보다 빨리 괜찮아졌지만 그런 일이 있었다고 했더니, 다들 거의 다 겪었다는 거예요. 아기 낳고 산후우울증이 온 엄마들이 되게 많더라고요. 난 말해주고 싶어요. 우울증이 육아에서도 올 수 있고 출산에서도 올 수 있고, 살면서 자기가 헤쳐 나가지 못하는 상황에서 올 수 있다고. 누구든 우울증을 겪을 수 있는 거라고요."

지금 베란다에는 빨래 건조대와 큰 화분이 놓여 있었다. '너는 가장 소중하고 특별한 아이야'라고 손글씨로 쓰인 엽서

가 벽에 붙어 있었고, 아이들의 방에는 책상과 책과 장난감 같은 것이 가지런히 있었다. 이따금 아이들이 받아 온 상장은 방문에 빼곡히 붙여놓았다. 꼭대기에 있는 집은 환했고 말끔히 정돈되어 있었다. 이 집에는 결혼 후 13년째 살아온 그녀의 삶의 무늬가 새겨져 있다. 자신의 자리를 지켜낸 엄마로서의 분투가 있다. 삶과 죽음의 경계가 어른거린 두 개의 세계가 있었던 자리였다. 산후우울증 때문에 빛과 어둠의 두 개의 시선으로 세상을 동시에 바라보았고 자신이 이해받지 못할 거라는 두려움 때문에 어떤 말은 삼켰고 어떤 말은 속울음으로 묻어두었다. 그녀가 어떤 절망의 시간을 겪었는지 간호사는 목격했고, 그녀가 하고 싶은 깊은 말을 모두 들었다. 그리고 그녀가 스스로의 힘으로 그 아픈 시간에서 빠져나올 수 있게 조력했다.

"우울증에 걸리면 누구의 말도 믿을 수 없어요. 내 아픔을 그 사람들이 경험해보지 못했다고 생각하기 때문에 이해하지 못할 거라는 불신이 너무 크거든요. 저는 산후우울증에 걸리고 나서부터 견딜 수 없는 아픔이 생겼을 때 사람이 앞뒤 안 가리고 어떻게 되는지 알게 되었어요. 죽고 싶은 건 이기적인 게 아니라 그 현실에서 너무 도피하고 싶은 마음이 있기 때문이에요. 산후우울증이 저한테는 굉장히 큰 삶의 고비였는데 또 한편으론 성장하는 계기가 되었어요. 저는 제 인생에 있어서 그 간호사분이 정말 가장 기억에 남아요. 간호사님 만나고 인생은 조금씩 나누면서 살 필요가 있다는 것도 알았어요. 나도 누군가를 돕고 싶다는 생각이 들었고요. 그리고 이 모든 게 아기를 통해 알게 된 거예요."

그녀는 쾌활하게 말했다. 아이들에 대해 이야기할 때는 염려와 애정을 담고 있었다. 현실을 떠나지 않았고, 이 자리를 자신의 현실로 받아들였다. 그리고 스스로 받아들이고 가꾼 현실을 이제 소중히 여기고 있었다. 한편 삶의 고비에서 언제 다시 찾아올지 모르는 우울증을 생각하며 몸과 마음을 건강하게 만들고자 지금도 노력한다. 아기의 엄마가 되는 자리를 포함한 모든 것을 놓으려고 했던 그 순간에, 자신을 지지하고 버텨준 사람들을 그녀는 기억한다. 자신을 지켜낸 이들에게 진심으로 감사했고, 타인과 함께 산다는 건 날을 세워 지레 판단하고 체념하는 것이 아니라 서로 부족한 점을 메우며 공존하는 일이라는 것도 알게 되었다.

미진 씨의 일과는 바쁘다. 가정을 책임져야 하기 때문이다. 어린이집에서 돌아오는 둘째 아이를 맞기 위해 오후 두 시 반에는 아파트를 나서고 초등학생인 큰아이를 위해 네 시에는 어김없이 집에서 기다린다. 둘째 아이를 데리러 가는 시간에 늦지 않기 위해 미진 씨는 종종걸음을 친다. 간밤에 내린 비로 작은 관목에서 떨어진 꽃봉오리가 아파트 화단에 있었다. 어떤 꽃봉오리는 떨어지지만 어떤 꽃봉오리는 여전히 남아 꽃을 피운다. 어디선가 아이들의 노랫소리가 들려오고 개가 짖는 소리도 들렸다. 아파트는 집집마다의 사연을 감춘 채 입을 꾹 다물고 묵묵히 사방을 둘러싸고 있는 듯했다. 때로 웃음을, 때로 슬픔을, 때로 절망을, 때로 희망을 감추고 묵묵히 있는 아파트의 층을 하나하나 눈으로 세면서 꼭대기까지 올려다보았다.

그리고 어느 한때, 어느 한 집 안에서 웅크리고 묵묵히 문을 두드리는 소리를 듣고 있다가 나와서 문을 열어준 여자의 모습을 떠올렸다. 아기를 안고 옥상에 가고 베란다 앞에 서 있었지만 기어코 몸을 돌린 여자, 휘청거리며 일어나 마침내 닫힌 문을 손수 열었던 여자를 떠올린다. 그녀는 문을 열고 들어온 간호사에게 인사했다.

"포기하지 않아주셔서 감사합니다."

간호사는 기억한다. 그 문을 연 건 미진 씨였다고. 모든 건 그녀가 스스로의 힘으로 해낸 것이라고. 자신과의 만남을 통해 좋아졌다면 미진 씨에게 되레 감사하다고. 그것은 간호사에게도 이 일을 계속할 수 있는 힘이 되었다. "우리에겐 여러 산모들 중의 한 사람일지 모르지만 그 산모에게 저는 세상으로 열려 있는 유일한 사람일 수 있어요. 엄마들에게는 유일한 기회고 어떤 엄마에게 우리를 만난 건 유일한 세상을 만난 거니까요."

그렇게 미진 씨는 그날, 자신을 떠나지 않는 한 사람이 있다는 걸 알았다. 문을 두드리는 소리를 듣고 고민하며 일어나고, 주춤거리며 걸어가다가 문 앞에서 잠시 숨을 멈추고 망설였다. 여전히 문을 두드리는 소리가 들렸다. 그때 울컥 쏟아지는 눈물과 함께 문고리가 딸칵 돌아가며 한 발이 성큼 문밖으로 내디뎌

졌다. 그녀는 문을 열었고, 떠나지 않은 간호사가 문 앞에 있었다. 그리고 그 순간 모든 것이 시작되었다.

2부

──────

‘엄마 자격’을
말하는 사람들

# 엄마 없이 엄마가 되는 방법

### 집에서 낳은 아기

반지하 집에 들어가니 벽에 크레파스로 낙서해놓은 자국들이 보였다. 문을 열어준 소은 씨는 곧장 안에 들어와 말없이 싱크대에서 양치질을 했다. 그러고는 방의 구석진 곳에 다리를 세워 모아 웅크렸다. 옆에 있는 장롱의 맨 아래 서랍은 닫아도 자꾸 스르르 열렸고 그 안으로는 뭉쳐진 옷들이 보였다. 낯을 가린다는 그녀는 부끄러워 어떻게 말해야 할지 모르겠다며 나를 물끄러미 보더니 작은 목소리로 말을 시작했다.

"얘기해도 돼요? 제가 지적 장애가 있어요. 모르는 사람이랑 얘기하면 말을 좀 더듬어요……. 제가 첫애를 낳고 우울증이 왔어요. 첫애가 배 속에 있을 때 갈 데가 없었어요. 일도 안 하고 있었고요. 찜질방이나 피시방에서 많이 잤어요. 그러면 몸이 되게 안 좋죠. 아기가 배를 발로 차거나 배가 뭉쳐서 의자에 기대잔 적도 있어요.

아기 낳기 직전에 시어머니가 방을 얻어줬어요. 가슴이 아팠던 게 아주버님이 누구 아기냐고 그러는 거예요. '누구의 씨앗인 줄도 모르고 어디서 놀다 왔는지도 모르는 사람의 애'라는 말을 들었을 때 벙쪘죠. 우리 신랑을 죽이고 싶었어요. 남편이 자기 아이라고 정확하게 얘기해야 하는데 형이 무서우니까 아무말도 못 하고 대가리만 숙이고 가만히 있었거든요. 나쁜 거죠.

첫아이 낳을 때, 잠자다가 아침 한 일곱 시 넘어서 배가 아팠어요. 그냥 배가 아프다고 생각하고 화장실에 갔는데 피가 비치는 거예요. 이게 뭘까, 싶었어요. 근데 배가 계속 아픈 게 아니라 통증이 갑자기 왔다 안 왔다 하는 게 5분 간격으로 지속이 되더라고요. '자기야, 나 애 나오려나 봐. 배 아파.' 그랬어요. 나는 화장실 안에 있고 신랑은 밖에 있으니까 안아달라 그랬던 것 같아요. 한 몇 분 있으니까 도저히 안 되겠다고, 너무 아프다고 그냥 앉은 상태에서 애를 두 손으로 이렇게 받았어요. 바닥에 떨어지면 머리 다칠까 봐 두 손으로 받았어요. 그런데 탯줄이랑 태반까지 다 나와버린 거예요. 탯줄을 잘못 자르면 아기가 죽을 거같아서 손도 대지 못했어요. 태반이 둥그래서 들면 무겁잖아요. 이걸 놓으면 아기 배꼽이 어떻게 될 것 같은 생각이 들어서 아기 안을 때 태반도 올려달라 해서 같이 안고, 뭐를 덮어줘야 할 것 같아 아기를 이불에 싸고 저는 몸을 숙이고 있었어요. 씻길 수도 없었어요. 그럴 정신이 없었어요. 무조건 애를 감싸고 있었어요. 집에서 씻겼다가 무슨 일 생기면 어떻게 할까 싶어서. 통째로 애를 안으면서 그것까지 같이 안고 병원에 갔어요. 119 구조대가 와서 병원에 갔어요.

아기가 양수를 많이 먹어서 호흡이 잘 안 된다고 인큐베이터에 들어갔어요. 아기가 일주일 정도 병원에 있었어요. 저는 아기보다 먼저 퇴원을 했어요. 그때 밤에는 쌀쌀했는데 아기 낳은 지 얼마 안 돼서 그런지 너무 추웠어요. 신랑이 저보고 애를 놔두고 나가라고 했어요. 몸조리해야 하는데 혼자 집에 쪼그리고 있으니까 5만 원 달랑 주고 가라고. 어이가 없어서. 에휴……. 아기 얼굴도 제대로 못 봤는데 가라고 하니까 신경질 난 거죠. 옷을 얇게 입혀서 나가라고, 10월인데. 저는 신랑 하나만 보고 여길 왔는데. 첫애 낳고 병원에서 퇴원한 지 하루도 안 돼서 너 기어 나가라 하면 누가 좋아하겠어요? 나는 아기 없이 못 사니까 아기를 달라고 그랬어요.

저는 첫애를 낳고 신랑이랑 무지 많이 싸웠어요. 진짜 피를 봐야 끝나는 게임이었어요. 말로만 그러는 게 아니라 정말 물어뜯고 할퀴고 피가 나요. 남편은 시어머니만 찾고 시어머니는 제 욕을 하고 그러니까 너무 싫고. 그래서 더 우울증이 왔던 것 같아요."

시어머니는 아기를 입양 보내라고 했고 남편은 집에서 나

　　　　　　　　2부 '엄마 자격'을 말하는 사람들

가라고 했지만 아이 없이 살 수 없었던 소은 씨는 아이를 지켰다. 첫애를 낳고 나서 기분이 어땠는지 물었다. 그 질문에 소은 씨는 눈물을 글썽이며 목소리가 떨렸다.

"되게 미안했어요. 돈이 있었으면 안전하게 낳을 수 있었는데, 첫애한테 너무 미안했어요. 그래서 계속 걔를 안고 울었어요. 미안하다고. 다른 부모한테서 태어났으면 사랑도 더 많이 받았을 텐데 저희한테 온 게 너무…… 감사했어요. 미안, 진짜 많이 미안해서……."


## 지옥보다 힘들었던 현실

"제가 결혼 생각이 없었어요. 결혼은 절대 안 한다고 처음에 그랬어요. 왜냐하면 엄마처럼 될 것 같은 예감이 있으니까. 이혼하는 건 둘째치고, 나도 엄마처럼 애들을 버리고 갈까 봐, 그게 더 무서운 거예요. 내가 낳은 새끼들을 버리고 니네가 알아서 살라고 하고 갈까 봐 더 무서웠던 거죠. 나도 당해봤는데 내 새끼들한테 그걸 물려주면 똑같이 되풀이되는 거잖아요. 얘네들도 똑같이 자기 애들 버리고 자기 살길 가고, 그게 뭐 하는 짓이에요? 그니까 나는 그게 되풀이가 될까 봐 그걸 나에서, 아니 우리 엄마에서 끊자 이 생각을 하고 있었거든요. 시어머니가 너희들 이혼하고 아기를 입양 보내라는 식으로 얘기했어요. 근데 절대 안 된다고 버텼어요. 차라리 이혼을 할게요. 이혼하고 애만 내가 키울게요. 내가 그 소리 했었어요."

"그 힘은 어디서 나왔을까요?"

"제 눈엔 아기가 너무 예뻤어요. 눈에 진짜 넣어도 안 아플 정도로. 혼자 낳고 그래서. 얘가 제 아픈 손가락이라고 해야 하나? 얘가 울면 같이 울었어요. 아기를 들어 안고 많이 울었어요. 신랑이 화가 나서 나가면 집에 아기랑 저 둘이 남잖아요. 안고 우는 거예요. 한번은 이렇게 생각한 적 있었어요. 엄마랑 같이 죽자. 엄마는 네 아빠랑 같이 못 살겠어. 엄마랑 같이 죽자. 너 놔 두고 갈 수도 없으니까 같이 가자……. 이런 생각도 했었어요."

"정말 힘들어서 그랬던 거죠?"

"정말 자살하고 싶었던 거죠. 어차피 너도 있어봤자 힘들게 살 것 같으니까 같이 가자. 왜냐하면 힘들다는 건 대충 알잖아요. 이 세상이 얼마나 살기 힘든지 아니까 그냥 싫었어요. 차라리 그냥 막말로 자살해서 지옥 간다면 차라리 거기가 이 세상보다는 나을 거라고 생각했어요."

나는 소은 씨에게 "힘든 시간을 견디고 넘겼네요"라고 말할 수밖에 없었다. 아기를 어떻게 키울지 알 수 없었고 가족의 지지는커녕 무시와 폭력을 당하는 일상에서 산후우울은 더 깊어만 갔다. 그래도 그녀는 아기를 키워야 했기 때문에 자주 아기를 업고 교회로 달려갔다. 곁이 없는 소은 씨가 아기를 키우기 위해 할 수 있는 최선의 방법이었다.

"큰애 같은 경우는 교회에서 다 키워졌어요. 집사님들이 돌아가면서 애 업고. 밤에 잠을 못 잤으니까 교회에 가서 제가 자면 집사님들이 알아서 애들 봐주시고 이랬단 말이에요. 그러다가 솔직히 우울증이 오니까 나중에는…… 아기가 보기 싫어졌어요.

남편이랑 같이 게임했어요. 솔직히 우울증이 오니까 아기 보기가 싫잖아요. 게임도 했다가 애도 봤다가 그랬던 것 같아요. 아기 때는 기저귀 갈아주고 분유만 먹이고 재우면 되니까. 첫째 아이는 분유와 모유 같이 먹였는데 모유를 너무 좋아해서 모유를 많이 먹였어요. 그리고 밤새 게임했어요. 24시간 내내 게임이 틀어져 있었어요. 아기 잘 때 같이 자고 일어날 때 같이 일어나고. 아기 데리고 교회 가면 저는 자고 다른 분들이 아기를 봐주고요. 지금은 그렇게 못 하죠. 그때니까 그렇게 한 거죠."

### 고아원, 가출, 아빠의 질문

"엄마는 없다고 하셨는데 그 전에는 어떻게 살아오셨어요?"

"제가 세 살 때 엄마랑 아빠가 이혼을 했어요. 제가 세 살 때고 오빠가 다섯 살 때였어요. 위로 오빠 둘이 더 있었는데 아기 때 죽었어요. 이웃들 말로는 아빠가 엄마를 두들겨 패서 나갔다고 하는데 나이가 어렸으니까 상황은 잘 몰라요. 저희는 어렸을 때 아빠한테 정말 많이 맞았어요. 어흐. 아빠가 술 먹고 들어오시면 잠 안 재우고 벌주고 이게 반복이 되다 보니까. 그게 그때는 되게 싫었어요. 이 고통에서 벗어나고 싶다, 그런 생각이 들어서 오빠랑 도망친 적도 있어요. '빨가벗고 너 나가!' 이러면 진짜 나가서 연탄 쌓아놓은 천막 같은 데서 잠도 자고. 고생을 좀 많이 했어요. 힘들게 살았어요.

아홉 살 때 오빠랑 같이 고아원에 보내졌어요. 오빠는 남자 고아원으로, 저는 여자 고아원으로. 너무 어린 나이였고 아빠랑 오빠가 너무 보고 싶어서 화장실에서 울었어요. 몇 시간을 울었는지 모르겠는데 '화장실에서 너무 늦게 나온다, 너 아빠 못 만나게 한다, 오빠 못 나오게 한다' 이런 협박을 많이 받았어요. 고아원에 있는 다른 언니들은 소풍 간다고 김밥 도시락 싸들고 가는데 저만 빼놓고 나갔어요. 저는 청소하고요. 너무 서러웠어요. 제가 아홉 살 때였는데 이렇게 못 살겠다 하고 고아원에서 도망나간 거예요. 공원에서 밤늦게까지 놀고 있는데 누군가가 길 잃은 아이라고 파출소에 데려다줘서 다시 집으로 왔어요. 그리고 1년 후에 다른 고아원으로 보내졌어요.

열네 살 때 아빠랑 오빠가 제가 있는 고아원에 잠깐 왔어요. 아빠가 왔다는 소리에 마구 뛰어 내려갔어요. 꿈에 그리던 오빠하고 아빠잖아요. 그런데 아빠가 살이 쪽 빠져 있어서 너무 낯설었어요. 아빠가 왜 이렇게 늙었지 생각했어요. 그래도 반가웠는데 좀 앉아 있다가 곧 간다고 했어요. 저를 데리러 온 줄 알았는데 둘이서만 간다고 하니까 위층에 올라가서 엉엉 울었어요. 너무 서글퍼서 많이 울었죠. 그 고아원에서 열다섯 살까지 있었어요.

세상 사람들이 다 나쁘다고 생각했어요. 하늘도 마찬가지고 땅도 마찬가지고. 나쁜 사람들이 많다고 생각했어요. 왜냐하면 좋은 사람들 만나본 기억이 별로 없으니까. 고아원에서는 구타도 많이 당했고 뭐 하면 맞기만 하고 그랬던 기억밖에 없어요. 너무 맞아서 지치니까 그냥 막 나가는 거 같아요. 그때부터는 쌓였던 게 막 나가는 거 같았어요.”

열다섯 살 때 집으로 돌아왔을 때부터 그녀는 '막 나가게' 살았다고 했다. 자신이 아빠한테 불효자라는 말도 했다. 그녀는 아빠에 대한 미움이나 원망이 없다고 했다. 아빠가 나쁜 게 아니라 남자 혼자 아이 둘을 키우려니 어쩔 수 없었다고, 그건 좋은 아빠의 또 다른 모습일 뿐이라고 했다. 또 남을 미워할 만큼 자신이 머리가 좋지 못하다고 했다.

“제가 말썽을 많이 부렸어요. 열다섯 살 때 나쁜 아이들하고 어울리고 10대가 하지 말아야 할 걸 되게 많이 했어요. 그때는 몰랐어요. 아빠가 평생 살아 계실 거라고 생각했어요. 다 그렇잖아요? 그때는 친구가 우선이었던 거죠. 나쁜 친구들인 줄 알면서도 나는 그 애들이 좋았어요. 우리 가족보다도 그 애들이 좋았고 친구들이랑 놀다 보면 시간 가는 줄도 모르겠고. 집에 있다 보면 맨날 밥해야 하지, 빨래해야 하지, 너무 싫으니까. 맨날 아빠는 아프다고 병원 가고 퇴원하면 술 먹고, 너무 보기 싫은 거예요.

다른 부모님들은 딸이 친구 집에서 몇 날 며칠 있겠다 하면 솔직히 다 걱정하잖아요. 근데 우리 아빠는 태평이야. 제가 집에 안 들어가고 친구 집에 잔다고 하면 '가서 있고 싶은 만큼 있다가 와. 돈 필요하면 전화해.' 그런 거예요. 전 우리 오빠를 무서워하니까 집에 못 들어가는 거예요. 우리 오빠가 때릴 때도 무섭고 안 때릴 때는 말로 엄하게 그러거든요. 그때 저는 우리 오빠가 너무 무서웠어요. 그래서 계속 습관처럼 집을 나가는 거예요. 그게 너무 웃긴 거예요. 나는 나가기 싫은데 자꾸 나가게 되는 그 마음. 머리로는 나가면 안 된다는 걸 아는데 마음은 계속 나가고 싶어. 그 두근두근함 때문에 더 나가게 됐어요.

아빠가 당뇨 합병증으로 돌아가셨는데 제가 열다섯 살 때 고아원에서 탈출해서 아빠랑 살면서 아빠가 아프다는 걸 알게 된 거예요. 나는 놀고 싶어, 병원에 있으면 심심해, 이 생각이 드는 거죠. 맨날 가출하고 나가서 친구들 만나 술 먹고 담배 피우고 그랬어요. 열여섯 살에 장애인 시설에 갔다가 열일곱 살에 나왔다가. 돈이 없어서 경찰서도 되게 많이 들락날락거렸어요. 구치소까지 다니고 그랬거든요. 좋은 딸은 아니에요. 그게 마음에 무지 걸려요.

아빠가 항상 그러셨거든요. '넌 아빠 없으면 어떻게 할래? 어떻게 살래?' '아빠가 있는데 뭔 걱정이야.' 저는 그랬죠. '아빠가 없으면, 예를 들어 아빠가 없으면……' '아빠가 없긴 왜 없어. 여기 눈 뜨고 잘 있네!' 그랬거든요. 아빠하고 늘 주고받은 말이 '소은이 결혼할 때 웨딩드레스 입고 아빠랑 같이 팔짱 끼고 들어가자'라고 그랬거든요. 그게 아빠 입에서 버릇처럼 나왔어요. '그래! 그래야지, 당연히. 우리 아빤데.' 그런데 그렇게 빨리 돌아가실 거라고 생각 못 했어요. 되게 서글퍼요……. 마음이 아파요."


## 옥상에서 나를 잡아당긴 사람

"스무 살 넘어서 정신 차렸어요. 노숙도 해보고 그냥 막살았던 것 같아요. 오빠들이랑 같이 어울리다 경찰서 가서 조사받기도 했어요. 같이 있다 보니까 엮이는 거예요. 처음 열다섯 살 땐 친구들 때문에 본드 불어서 걸렸고 또 어떨 땐 소매치기하다가 걸리고, 제가 한 건 아닌데 사건들에 엮이다 보니까 사람들 인식에는 제가 손버릇이 안 좋은 나쁜 아이라는 게 있었어요. 제가 한 건 아니잖아요. 그래도 어쨌든 어울렸잖아요. 훔친 건 몰랐지만 그 돈을 같이 썼잖아요. 그니까 공범은 되는 거죠. 아니라고 할 수도 없고 맞다고 하기도 그렇고 애매해요. 법에서는 하여튼, 연관 있다고 하시니까.

저희 아빠는 어른들을 공경해야 된다, 도둑질은 절대 안 된다고 말씀하셨어요. 그리고 사람을 먼저 때리면 안 되지만 내가 정말 죽을 것처럼 맞게 되면 그때는 폭력을 쓰래요. 너무 웃기지 않아요? 집행유예에 봉사활동 시간 받았어요. 그런데 주소도 두 번이나 말소가 됐어요. 집도 없이 떠돌다 보니 주소도 없어졌어요.

노숙하는데 하루는 길에서 아이들과 있는 어떤 여자를 봤어요. 박스를 하나 깔고 거기다 아이를 놔두는 거예요. 한 아이는 엄마가 안고 있고 두 명은 엄마 옆에 앉아 있는데 아이들이 너무 배고파했어요. 도와줄 수 없는 거예요. 나도 아무것도 없으니까. 애들이 뭔 고생이에요? 꾀죄죄해가지고 거기 길에 앉아서. 학교 갈 나이에 학교 안 가고, 어린이집 가야 할 나이에 어린이집 안 가고. 엄마가 그러고 앉아서. 오죽하면 그러겠어요. 있는 사람들 말고 없는 사람들 도와주면 얼마나 좋을까요? 국가에서 저런 사람들 좀 도와주지. 그런 생각 했어요.

　　마치 나를 보는 것 같았어요. 왜냐하면 불쌍하잖아요. 저도 빨가벗고 쫓겨나서 오빠랑 둘이 노숙한 적 있었다고 말했잖아요. 그런 식인 거잖아요. 근데 저 아이들은 엄마가 있는데도 불구하고. 살려면 일을 해야 하는데 애들 두고 일할 수 있으려면 집이 있어야 해요. 약한 애들 봐주는 어린이집도 있어야 해요. 누구든 도와주면 좋을 텐데. 아이들 자체가 안쓰러운 거죠. 그 아이들이 그렇게 자라다가 나중에 커서 자기 엄마랑 똑같이 닮아갈까 봐 그게 더 걱정인 거죠. 제일 많이 붙어 있는 게 엄마니까. 엄마의 모습을 많이 닮아갈까 봐…….

　　그렇게 길에서 살았어요. 길에서 만난 사람들이 어떻게 보면 나한테 가족이었어요. 나는 가족이 없었다고 했잖아요. 오빠랑도 연락이 끊긴 상태고 아빠는 돌아가셨잖아요. 내 옆에 아무도 없고 혼자잖아요. 그래서 걔네들이 나한테는 가족이었어요. 가족이 없으니까 외롭겠죠? 그러니까 많이 나갔겠죠? 외로우니까. 그러니까 노숙을 했던 거고요."

　열아홉 살, 그녀가 집을 나가 있었을 때 아버지가 돌아가셨다. 소은 씨는 꿈을 꾸었다. 푸른 숲에서 아버지는 평소에 입던 옷을 입고 앞으로 계속 가고 있었다. "아빠, 어디 가요? 같이 가요." 그녀가 말했지만 아버지는 빨리 앞으로 계속 걸어가고 있었다. 잡으려고 하는데 잡히지 않았다. 그러다 문득 저 멀리서 아버지가 돌아서며 말했다. "잘 지내라, 아빠는 간다." 아버지는 그 말만 남기고 가버렸다. 눈을 떴을 때 소은 씨는 아버지가 돌아가셨다는 걸 알았다. 소은 씨의 이름을 마지막으로 부르면서 돌아가셨다는 말을 나중에 들었다.

　"아빠 돌아가시고 나서 내가 세상을 잘못 살았구나, 깨닫게 된 거죠. 그러다 보니까 나 같은 사람이 있으면 안 되겠다 생각을 한 거예요. 솔직한 말로. 좀 많이 했어요. 첫애 낳았을 때 자살시도를 처음 한 게 아니라 그 전부터 해오긴 했어요. 실패하고 실패하고 실패하고 실패하고……. 그런 거예요.

　전 아빠가 계속 살아 있다고 생각을 해요. 제가 열아홉 살 때 아는 언니, 오빠들이랑 돈이 없어서 빈집에 들어가서 잠을 잔 적이 있어요. 겨울에 추워서 불을 피워놓았는데 언니, 오빠들이 싸우다가 그 재를 발로 차서 이불에 불이 붙었어요. 근데 꿈에서 계속 누가 깨워요. '일어나라, 너 안 일어나면 죽는다.' '아빠, 조금만 조금만.' 일어나보니 거기 있던 오빠가 절 깨우는데 '아, 아빠가 나를 살렸구나' 생각이 들더라고요. 아빠가 돌아가시고 나서 저를 계속 죽지 못하게 막는 거 같아요. 계속 막으니까 무슨 일 생기면 막고 하니까 죽을 수가 없는 거예요.

첫애랑 같이 죽어야겠다고 생각했어요. 아이를 데리고 높은 옥상에 갔어요. 같이 뛰어내리려고, 동반자살하려고 했던 거였어요. 큰애를 안고 뛰어내릴 수 있는 공간을 만들었어요. 그 공간 안에서 발을 요만큼만 밖으로 떼면 떨어지는 거예요. 그 찰나에 떨어지는 게 정상인데 안 떨어지는 거예요. 뒤에서 누가 잡아당기는 그런 느낌이 있었어요. 떨어져야 되는데 안 떨어지고 떨어질락 말락 계속 매달려 있으니까. 애는 울고 어흐흐……. 그래서 실패했어요. 그런 식으로 아빠가 저를 많이 막았어요. 아빠한테는 얘가 첫 손주잖아요. 저희 아빠도 죽도록 내버려둘 수 없나 봐요. 아빠가 막아서 실패했어요.

항상 혼자 있을 때 떠들거든요. '아빠가 있을 거야, 아빠가 있어? 아빠가 도와주나?' 이런 생각을 떠들면서 얘기를 해요. 제가 위험에 처했거나 아이들에게 위험이 닥칠 때쯤 되면 아빠가 꿈속에 나타나서 도와주는 거예요. 아빠를 너무 크게 여겨서 그런지, 아빠가 신은 아니지만…… 그런 꿈 많이 꿔요."

소은 씨는 언제나 죽고 싶었지만 가까스로 살아내었다. 아기와 함께 죽고 싶었던 이유에 대해 그녀는 이렇게 말했다.

"사람들이 저를 무시하는 것뿐만 아니라 제 새끼한테까지 그랬어요. '부모 잘못 만나서 참 너도.' 태어난 아기한테 '너도 네 엄마 닮아서 참 고생한다' 이런 식으로 얘기하니까. 저한테만 하면 되는데, 이게 문제였어요. 그게 싫은 거죠. 솔직히 두려웠어요! 내가 멍청하니까 내 새끼들이 무시당할까 봐. 내가 내 새끼를 버리진 않았는데 내 새끼도 똑같이 무시당할까 봐 그게 싫었어요. 엄마처럼 무시당하지 말고 엄마랑 같이 가자고 아기한테도 말했어요. 그래서 죽고 싶었던 거죠."

### 언니, 어떻게 하면 돼요?

소은 씨는 둘째를 가졌다. 그사이 시어머니가 돌아가셨다. 육아도우미를 찾다가 교회에서 보건소를 한번 가보라고 해서 보건소에 가서 임산부로 등록했다.

"첫째는 대충 키웠어요. 어떻게 키워야 할지 모르니까. 둘째 낳고는 제가 엄마가 없다 보니까 보건소에서 오는 영유아 건강 간호사 언니한테 많이 의지했어요. 모르는 게 있으면 간호사 언니한테 전화해서 '언니, 어떻게 하면 돼요? 애가 우는데 어떻게 하면 돼요?' 이런 질문을 많이 했어요. 언니 귀찮게. 큰애는 교회 사람들이 거의 돌봐줬지 둘째 아이 때처럼 간호사 언니한테 받은 돌봄을 받아보진 못했어요. 만약 그 전에 간호사 언니를 만났다면 정말 좋았겠죠.

예방접종도 둘째 때 처음 했어요. 큰애는 제가 잘 몰라서 빼먹은 게 많았어요. 작은애는 간호사 언니가 보건소 예방접종도 알려주고, 집에 직접 와서 아기 상태 봐주시고 이야기할 시간도 내줬어요. 되게 언니처럼 챙겨주셨던 것 같아요.

아기가 영양결핍이 있었어요. 1년 동안 6개월간 두 번 받는 영양플러스라고 있었는데 6개월 동안 음식이 나왔어요. 콩, 호박, 감자 같은 채소가 주로 나오고 우유도 나오고요. 그때 아기가 좀 많이 먹었어요. 그렇게 먹고 나니까 영양결핍이 사라졌어요.

제가 원래 집에 사람 오는 거 안 좋아해요. 예전에 무시를 많이 당했어요. 장애가 있다고 했잖아요. 사회에서 생활하다 보니까 무시를 많이 당했어요. 남편도 저한테 하지 말았어야 할 말을 내뱉었거든요. '모자란 년' 같은 말들요. 쓰면 안 되는 말인데. 그 말에 상처 엄청 받았어요.

그런데 간호사 언니는 달랐어요. 되게 든든했어요. 간호사 언니가 집에 온다 하면 제가 오지 말라고 한 적 없어요. '언니, 저 교회에 있어요. 교회로 오세요' 하면 교회로도 왔어요. 언니는 저를 진짜 친동생처럼 대해주었어요. 저도 친언니처럼 대했고요. 제가 사람 칭찬 안 하는데 우리 간호사 언니 같은 사람 없다고 모임 때 칭찬하고 그랬어요. 2년 동안 지속방문해주고 끝날 때는 이제 언니 못 본다고 생각하니까 울었어요. 진짜 남 일인데, 자기 일처럼 뛰어다니는 사람 몇 안 돼요. 우리 교회에도 그런 사람 없어요. 그렇게 친언니처럼 뛰어다니면서 해주는 사람이 몇 명이나 있겠어요? 저희 오빠도 안 하는데.

만약 무슨 일이 있다고 하면 언니가 '지금은 시간이 안 되니까 언제 갈게요'라고 얘기해주시고 약속한 날에 와주셔서 편하게 얘기해요. '언니, 언제 와요?' 자꾸 물어도 언니는 귀찮은 내색이 하나도 없었어요. 다른 사람들 같으면 귀찮아서 안 만나 줄 법도 한데 언니는 그런 게 없었어요. 그런 사람을 처음 만난 거예요. '언니, 애가 우는데 어떻게 해요?' 하면 설명해주시고요. 그래서 되게 편했어요."

〈서울아기 건강 첫걸음 사업〉을 통해 간호사와 함께 소은 씨를 지원했던 박은영 사회복지사는 당시 자신이 마주친 풍경을 이렇게 써놓았다.

"골목으로 들어서면 오르막 계단이 끝없이 이어졌고 거의 산꼭대기에 다다르면 그 집이 있었다. 땅 위로 반쯤 나 있는 창문으로 들어오는 빛이 전부인 어두운 집이었다. 어지럽게 물건이 놓인 책상과 다 닫히지 않는 서랍장, 여기저기서 받았다는 옷가지들이 쌓여 있는 방. 좁은 주방 옆 공간에도, 방 안에도 문이 열리지 않을 정도로 물건들이 가득 쌓여 있었다. 때가 찌든 이불과 베개, 기저귀와 쓰레기들이 나뒹굴었고 쓰레기봉투에서는 쿰쿰한 냄새가 났다. 그 집에서 부부와 두 여자아이가 함께 지내고 있었다. 첫째 아이는 어린이집에 다니고 둘째 아이는 엄마가 교회에 데리고 가서 거기서 살다시피 하였다. 간호사는 간호사대로, 나는 나대로 그 집에 수도 없이 드나들었다. 환경을 바꿔주려고 지원을 받아 도배와 장판을 새로 해주고, 물건도 정리해서 버리게 하고, 적십자에서 쌀과 지원 물품들도 받아다 주었다. 주민센터에 갔다가 그냥 돌아오기만 하는 부부와 함께 가서 기초

생활수급 신청을 하고, 은행에 같이 가서 청약통장도 만들었다. 남편의 형이 부부를 아동학대로 신고하여 기관에서 나왔다고 전화가 와서 달려간 적도 있었다. 남편은 장애인 활동보조인인데 받는 돈 일부를 장애인들에게 보내줘서 통장으로 들어오는 돈의 일부만 자기의 수입이었다. …… 나중에 산모가 돈이 없어서 병원에 가지 못해 아이에게 미안해했다는 이야기, 지금도 아이는 엄마만 찾는다고 하는 이야기를 들으며 우리의 2년간의 발품이 헛되지 않았구나 하는 생각이 들었다."

소은 씨는 간호사를 만나 처음으로 안전한 양육을 경험할 수 있었다. 영양이 부족한 아이가 제대로 음식을 섭취할 수 있도록 서비스를 연계받았고 기초생활수급자 제도를 통해 절대적인 궁핍에서 벗어날 수 있었다. 그러나 가장 중요한 것은 간호사와 사회복지사가 그녀를 엄마로 인정했다는 것이다. 가족과 친척, 교회 사람들 모두 조금씩 도와는 줄지언정 한편으로 아이의 엄마 자격이 없다고 상처를 주었을 때, 간호사는 소은 씨가 아이의 엄마라는 점을 인정하고 충분히 엄마로서 잘할 수 있다고 믿어주었다. 부족한 점을 비난하는 대신 사회자원을 연계해줌으로써 그녀가 엄마의 자리를 지킬 수 있도록 지지해주었다. 간호사를 만나면서 소은 씨는 자신이 엄마라는 것, 아이를 돌보는 방법을 익히면 자신도 할 수 있다는 것, 아이의 보호자로서 책임을 져야 한다는 것을 배우게 되었다.

## 신기해, 꿈은 아닐까?

"제가 살면서 사랑을 못 받았다고 했잖아요. 사랑을 못 받은 사람은 사랑을 줄 수 없다고 얘기를 많이 하더라고요. 사랑을 받아본 사람들은 사랑을 줄 줄 알아요. 사랑을 받아보지 못한 사람들은 아이들을 어떻게 사랑해줘야 하는지 모르는 것 같아요. 저희 신랑이나 저도 사랑을 받아본 적이 없으니까 사랑을 하는 데 어떻게 사랑을 하는지에 대해서 모르는 거예요. 솔직히 지금도 어려워요. 일단 누가 가르쳐주지도 않았고 애들을 이렇게 키우는 것만 가르쳐주니까 그렇게만 키우면 되는 줄 알았죠. 근데 그게 아니잖아요. 아이들은 부모의 사랑을 먹고 자라면서 성인이 되잖아요. 그 지점에서 어떻게 해줘야 할지 모르겠어요. 그게 제일 어려워요."

그녀는 이제 아이들에게 어떤 엄마가 되어야 하는지 고민하면서 사랑을 주는 방법에 대해 생각해본다. 자신이 좋은 엄마가 아니라는 자책도 한다. 이 모든 것이 지금 그녀가 더 나아지려고 노력한다는 뜻일 것이다.

"제가 되게 좋은 엄마는 아니에요. 하루 세 번 음식을 차려주는 엄마도 아니에요. 학교에서 점심 먹고 오면 저녁은 한참 늦게 먹거든요. 여덟 시나 아홉 시, 열 시에도 먹고 열한 시에도 먹고 그러거든요. 아빠가 와야 먹으니까요. 근데 애들이 밥을 되게 잘 먹어요. 저는 어렸을 때 아빠랑 맨날 밥을 따로 먹었어요. 오빠랑 둘밖에 없으니까 컵라면으로 때우거나 그랬어요. 저희 아

131

빠는 항상 술에 취해서 오잖아요. 저희 신랑은 술은 안 먹고 와요. 그래서 애들한테 어른들하고 같이 밥을 먹는 버릇도 길러줘야 하지 않나 싶어서요. 내가 이렇게 컸으니 너네도 막 자라, 이런 건 아니잖아요.

우리 아이들이 꾀죄죄하게 돌아다니다가 밖에서 엄마 없냐는 소리 들을까 봐 걱정돼요. 그런 말을 많이 들으니까 내가 지금 뭐 하는 짓이지, 이런 혼잣말을 많이 해요. 뭐 하는 짓이지, 엄마가. 근데 힘들어요. 엄마란 존재가 뭔지 잘 모르겠어요. 무한한 책임이 있다는 건 알겠는데 어떻게 키워야 좋은 건지 이런 걸 잘 모르겠어요. 저는 엄마가 없었으니까요. 가끔 스스로 물어요. '나 엄마 맞나' 하고요. '내가 엄마는 무슨 엄마야' 그런 생각도 해요. 솔직히 짜증 나요. 난 한다고 하는데 티는 안 나고 청소를 해도 티도 안 나고. '난 대체 우리 아빠한테 뭘 배웠나?' 이 생각 해요. 엄마한테 뭘 배웠는지가 아니라. 우리 아빠가 내가 성인이 되기도 전에 돌아가셨는데 어떻게 하라고. 서글퍼요. 뭘 알아요, 모르지. 다른 엄마들을 보면 그냥 어려워요. 말 걸기도 친해지기도 어렵고 내가 그 자리에 끼는 것도 어려워요. 고아원에서 많이 맞았던 기억 때문인지 사람들 모임이 있다고 해도 잘 안 가요. 아이 학교에도 잘 안 가요. 어렸을 때 많이 맞아서 아프다는 걸 아니까 애들한테 폭력을 잘 안 써요."

아이들이 커갈수록 소은 씨가 두려운 건 자신이 학창 시절에 했던 행동을 아이들이 따라 하는 것이다. '부모가 거울이다'

라는 말을 들으면 소은 씨는 자신이 했던 것까지 아이들이 물려받을까 봐, 그럼 감당할 수 없을 것 같아서 걱정한다. '울보'인 큰아이가 자주 울어서 어떨 때는 짜증이 난다고 했다. 둘째는 안정적으로 돌봄을 받아서 그런지 밝고 활발하다고 했다. 남편은 그런 둘째를 예뻐하지만 그녀는 큰아이에게 마음이 더 쓰인다.

"큰아이가 예닐곱 살 때 한번은 아이가 보는 앞에서 제가 운 적이 있었어요. 근데 아이가 눈물을 닦아주더라고요. 제가 울면 아이도 같이 울어요. '엄마, 울지 마. 울지 마' 하면서요. 아이를 보고 많이 힘을 내요. 큰애는 지금도 학교 갔다 와서 제가 누워 있으면 '엄마 아파? 엄마 힘들어?' 물어봐요. 힘들다고 하면 '엄마 쉬어. 내가 동생 볼게. 엄마 쉬어'라고 말해요.

그런데 엄마라는 자리가 되게 무거워요. 힘들 때가 많아요. 가끔은 버리고 싶을 때도 있고요. 하지만 부모 마음은 다 그런 것 같아요. '엄마!' 하면서 막 나한테 달려오거나, 휴대폰으로 전화 오면 '아, 내 자식이구나!' 하는 생각이 들어요. 아이가 친구들한테 자연스럽게 '우리 엄마야'라고 할 때 되게 기뻤어요. 왜냐하면 나는, 우리 애들이 엄마를 창피해할까 봐 걱정했는데 나를 보면서 '우리 엄마야!' 하고 달려오는 거예요. 그게 너무 감동이었어요."

아이들은 그녀를 무시하지 않았다. 주눅 든 엄마를 향해 활짝 웃으며 '엄마'라는 말을 선사했다. 자식 앞에서 그녀는 온전한 엄마였다. 아이가 자기를 보고 '엄마'라고 했다고 말할 때 그녀는 잔잔하고 행복한 웃음을 짓고 있었다. 그녀는 아이들에게 어떤 식으로 사랑을 주기 위해 노력하고 있을까?

"아이한테 괜찮다고 말해주고 달래줘요. 첫 번째로 달래주고 얼러주고 안아줘요. 그러면서 '사랑해'라고 말을 많이 해주고요. '엄마가 사랑하는 것 알지?'라고 하면서 표현 많이 해요. 그럼 아이들은 '엄마 사랑해, 나도 엄마 사랑해. 우리 엄마가 최고야'라고 해요. 저는 많이 받아보지 못했으니까 제 방식대로 주는 거예요. 저는 그런 말을 들어본 적 없어요. 그냥…… 써보는 거예요. 그냥 애들한테 '사랑해, 아, 오늘 예쁘네.' 이런 것들요. 왜냐하면 나도 간단한 인사 정도는 아니까. 하하. 내 입에서 이런 말이 나온다는 게 너무 신기해요. 대체 난 이런 말을 어디서 배웠을까? 이런 생각도 들어요. 솔직히 '사랑해'라는 말을 들으면 들을수록 새록새록하잖아요. 좋아요. 가족이라는 울타리가 저는 없었잖아요. 이렇게 만들어놓으니까 좀 웃기긴 해요. 신기하기도 하고 웃기기도 하고. '아이들이 진짜…… 꿈은 아닐까? 내일 되면 꿈 깨지 않을까?' 이런 생각도 해요. 저는 그럴 수 있는 사람이 아니었어요. 내가 이런 생각을 한 적이 없었어요. 애를 낳고 살림을 차리고. 아, 신기해.

앞으로 아이들이 좋은 친구들, 자기한테 필요한 친구들, 그런 친구들만 만났으면 좋겠어요. 저는 세상에 다 나쁜 사람들만 있다고 생각했어요. 근데 그렇지도 않더라고요. 그 와중에 정말 좋은 사람들도 있어요. 나쁜 사람들 때문에 좋은 사람들이 피해를 보는 거잖아요. 엄마로서 힘든 건 있어요. 그래도 괜찮아요. 어쨌든 아이들이 있으니까. 아이들 하나만 믿고 지금까지 버틴 것 같아요."

그녀는 아이들이 잘 자라기를, 자신이 겪지 않은 좋은 세상으로 나가기를 바란다. 그녀는 세상에 아직 좋은 사람들이 있고 좋은 것이 있을 거라는 믿음을 키워가고 있었다. 사랑을 받아보지 못한 그녀가 그런 생각을 한 것은 그동안 받은 관심의 경험 때문일 것이다. 때리긴 했지만 그녀를 자식으로서 완전히 놓지는 않은 아버지, 노숙하던 그녀에게 관심 가져준 이들, 폭언과 냉대를 했지만 집을 얻을 돈과 교회라는 자원을 물려준 시어머니, 힘들 때 양육을 도와준 교회 사람들의 관심, 그리고 그녀의 일을 자기 일처럼 챙겨주고 아이를 돌봐준 간호사의 도움. 이런 것들이 여러 번 자살을 시도한 그녀가 끝내 추락하지 않고 더 좋은 세상을 꿈꾸며 아이들과 마주 보게 된 원인일 것이다. 그녀는 학대 속에서 세상을 불신하며 자랐지만 이제 조금씩 신뢰하기 시작했다. 자식들이 그 신뢰를 가지고 더 좋은 세상과 사람들을 만나기를 바란다. 주변에 좋은 사람들이 있는 삶. 좀 더 건강하게 살 수 있는 삶. 좀 더 좋은 기회를 누릴 수 있는 삶. 그것이 지금 엄마가 된 그녀의 가장 큰 바람이다.

## 처음 하는 말

인터뷰가 끝났다고 생각했다. 그녀가 나를 물끄러미 보더니 다시 이야기를 시작했다. 그런 순간이 있다. 아무도 예상하지 못하게 타인의 깊은 마음속으로 들어가게 되는, 그것을 허락받는 순간. 나는 오늘 내가 모르는, 언어를 통해서는 알 수 없는 세계에 대해 경청하는 이가 되었다. 한 인간의 삶에서 가장 그다운 어떤 비밀을 만나게 되었다. 기록되지 않고 드러나지 않는 곳에서 시간은 정지되어 여전히 빈곤과 고통이 오래전 그 모습으로 남아 있었다. 인터뷰 전에 나는 어떻게 물어야 할지, 이야기를 들으면 어떻게 감당해야 할지 걱정했는데, 알지 못하는 깊은 슬픔과 마주하면 단지 같이 슬퍼해야 한다는 것을 배웠다.

"사실은 제가 아이가 하나 더 있어요. 그 아이는 지금 다른데 있어요. 얘기했었죠. 아이를 예뻐하지만 키울 수 없는 상황이 있다고요. 내가 아이를 데리고 노숙할 수는 없잖아요. 그래서 그 애를 맡겼어요. 생명이니까 지우지는 못하겠고 고생만 하지 않았으면 하고 보육원에 보냈어요. 제가 18일 동안 데리고 있다가 보냈어요. 지금 아이들은 양호한 편인데 그 애 같은 경우는 고생을 많이 했어요. 노숙하고 있었는데 몇 주 동안 쪽방 같은 데서 같이 지냈어요. 한겨울에 쪽방은 바람 불고 너무 춥잖아요. 그러니까 아기를 놔둘 수가 없었어요. 징징대고 울고 하는데 마음이 너무 아프잖아요. 아기가 너무 어리니까 얘를 어떻게 해야 할지 모르겠는 거예요. 키워본 적도 없고 안아본 것도 처음이라 당황해서 어떻게 해야 할지 몰라서……. 애간장이 탔어요. 씻겨야 하는데 샤워도 못 시켜주고. 길에서 아이들 셋 데리고 있는 아기 엄마를 보면서 나도 애를 저렇게 키울까 봐 불안했어요.

그래서 보낸 거거든요. 돈도 없는 데다가 같이 살 형편도 안 되다 보니까. 18일 된 아기가 어떻게 될 줄 알고. 신생아인데. 그러니까 보냈죠. 아기를 데리고 있을 환경이 아니라서 보낸 거예요. 엄청 보고 싶었어요. 한동안은 보고 싶어서 많이 울었어요. 그 애를 낳은 날짜도 기억해요. 미안하죠……. 그 아이도 고생해서 낳았어요. 큰애랑 두 살 차이에요. 스물네 살에 낳았어요. 그 역…… 킥킥킥. 기차역에서 혼자…….

아이가 세 살 때 보육원에 가봤어요. 처음 보자마자 아이가 저보고 '엄마'라고 하는데 당황했어요. 그 애한테 엄마란 말 처음 들었어요. 내가 자기 엄마인 걸 어떻게 알았을까요. 그런데 저도 아이를 알아보겠더라고요. 아기 때 모습이 그대로 있더라고요. 다른 엄마들은 애가 크면 티가 안 난다는데 그 아이는 티가 확 났어요. 아이도 저한테만 엄마라고 불렀어요. 되게 신기했어요. 잠깐 앉아 있다가 동화책 읽어달라고 꺼내 왔는데 읽어주지 못하겠는 거예요. 웃음만 나오고 말이 안 떨어졌어요. 입이 안 떨어져서, 읽어주고는 싶은데 말이 안 나가니까. 그건 겪어본 사람들만 아는 거예요……. 저 같은 경우에는 말이 아예 안 나왔어요. 그 사이에서 웃어야 하는지 울어야 하는지 그것도 잘 모르겠고. 감이 잘 안 왔어요. 그냥 머리가 하얘졌어요. 애를 훔쳐서 데려가고 싶다는 생각만 들었어요. 내 새낀데, 내가 엄만데, 내가 데려가도 되지 않나 싶었어요.

데리고 오려고 간 거였는데 그때는 시설에서 안 된다고 하더라고요. 아이를 키울 만한 능력이나 환경이 있어야 되는데 없다고. 아이를 데리고 오려고 간 거였는데…… 돈을 얼마나 모았는지, 통장에 얼마가 있는지, 이것저것 다 캐묻는데 머리가 하얘졌어요. 잠깐만 맡긴다고 했었는데, 몇 년이 넘었는데 지금도 안 되나 싶어서. 나는 애를 맡겨놓으면 내가 언제든 데리고 올 수 있을 줄 알았는데 내 생각이랑 완전히 빗나갔으니까 머리가 하얘졌죠. 돌아올 때 마음이 무거웠어요. 진짜 하늘이 무너진 것 같았어요. 그렇게 아이가 세 살 때 한 번 가고 그 뒤로 한 번도 안 갔어요. 그 아이는 이제 열한 살이 되었어요.

그 아이는 엄마가 자기를 버렸다고 생각할 거예요. 그건 아닌데…… 저와 똑같은 것 같아요. 저도 엄마가 안 버렸잖아요. 근데 버렸든 안 버렸든 다시 찾아오진 않았어요. 근데 나는 다시 만나면 내가 네 엄마라고 그 아이한테 얘기할 것 같아요. '엄마가 돈 이만큼 벌어서 너 데리러 왔어. 엄마랑 집으로 가자'라고 당당하게 얘기할 수 있으면요. 이제는 안 돼요. 괜히 내가 가서 혼란만 주는 것 아닌가 싶기도 하고요. 보고 싶긴 해요. 엊그저께도 내가 걔를 어떻게 낳았는데, 이런 생각을 했어요. 제가 가면 아이가 당황할까 봐 그게 제일 걱정이에요. 아이는 어떻게 받아들일지 여러 가지 생각이 들어요.

　　　　　　　　　　2부 '엄마 자격'을 말하는 사람들

이 이야기는 하지 않으려고 했는데 그냥 생각이 나서. 아이들 얘기가 자꾸 나오다 보니까. 그 아이도 내 아이여서. 내가 키우지만 않는다뿐이지 마음에는 항상 있거든요. 안 그래도 그 애도 충분히 고생하고 힘들어하고 있을 텐데. 다시 만날 수 있다면 제일 먼저 미안하다고 할 것 같아요. 미안해⋯⋯. 그 아이를 보는 순간 그냥 눈물이 날 것 같아요.

하지만 지금 아픈 손가락은 둘이죠. 우리 큰애랑 우리 둘째⋯⋯. 아이들에게 애정을 쏟으려고 해요. 지금은 두 아이가 있으니까 냉정하게 얘기한다면 그 아이를 데리고 와서 키우는 것보다 우선은 거기 있는 게 나을 것 같아요. 우리 애들도 당황할 거고 내가 아주 잘된 것도 아니어서요. 애가 확실히 어디 있는지도 모르고. 안다 해도 갑자기 찾아가서 '내가 네 엄마다'라고 하면 당황해서 예전의 나처럼 또 삐딱선 탈까 봐 걱정도 돼요. 사실은 성인이 되기 전에 찾아가서 내가 엄마라고 말하고 싶지만. 지금 있는 두 아이도 잘 키우는 엄마가 아닌데, 난 진짜 좋은 엄마가 아닌데, 다 고생시킬 바에는⋯⋯."

그녀의 처연한 얼굴과 나직한 목소리와 말로도 표현되지 않는 상실감을 마주했다. 아무도 보아주지 않는 자리에도 엄마들이 있다. 보육원에 달려간 그녀, 쪽방에서 울면서 아이를 끌어안고 있던 그녀, 길에 있는 엄마들과 아이들, 여자들⋯⋯. 그녀는 자신이 아이들을 지킬 수 있게 해준 것들을 만나고 나서 그것들이 없어서 아이를 잃어야 했던 때를 혼자 떠올린다. 자신을 처음 엄마라고 불러준 아이를 기억하며, 그 아이에게 해주지 못한 것들을 하나하나 생각한다. 아이들을 만날 수 있게 하는 것과 헤어지게 하는 것을 생각한다. 자신이 가지고 있는 것과 가지고 있지 않은 것을 생각한다. 곁에 사람이 아무도 없고, 누구의 눈에도 띄지 않고, 가진 것이 없었을 때 그녀는 아기를 낳았지만 아무리 노력해도 엄마가 될 수 없었다. 지금 엄마라고 불리는 그녀는 자신의 꿈 같은 울타리를 느끼며 깨지 않으려고 조심하고 노력하면서, 한편으로는 더는 안아볼 수 없는 자식에 대한 그리움도 접어놓는다. 그렇게 그 아이의 엄마가 되지 못한 그녀는 속으로 눈물을 삼키지만, 언젠가 다시 만난다면 "내가 엄마야!"하고 말해줄 거라고 보이지 않게 마음속에서 자라는 자식을 끝끝내 끌어안고 있다.

소은 씨의 아이들이 기억하면 좋겠다. 자신과는 다른 삶을 물려주기 위해 엄마가 얼마나 애썼는지를. 그렇게 미안해하고 몸 둘 바 모르는 사랑을 선물로 안을 수 있었으면 좋겠다. 아기가 얼마나 피투성이로 태어났는지, 얼마나 작고 여렸는지, 얼마나 울었는지, 얼마나 배고파했는지 지금도 기억하고 가슴 아파하는 엄마를 "우리 엄마"라고 언제까지나 불러줬으면 좋겠다. 그때 엄마가 아기를 이불에 올려놓고 따뜻해지길 바라고, 허겁지겁 분유를 태우며 배부르게 먹길 바라고, 작은 웃음 하나에도 남몰래 뿌듯해하고 행복해했다는 걸, 그게 엄마가 할 수 있는 최선의 사랑이었다는 걸, 아주아주 나중에라도 알았으면 좋겠다. 언젠가 아이들은 엄마가 가난하고 춥고 외로웠다는 사실을, 그런데도 필사적으로 엄마의 자리를 지켰다는 걸 알게 될지 모른다.

세상의 몫은 손가락질이 아니라 그 곁에서 함께 아기를 안고 걷는 것이 아니었을까. 그녀가 혼자 "사랑해"라는 말을 하며 아이를 어색하게 끌어안을 때, 그다음에 무엇을 더 해야 하는지 몰라서 쭈뼛쭈뼛할 때, 그네들 또한 안겨 있을 품이 이 세상에 더 있어야 했던 게 아닐까. 세상은 아직 좋은 것이라는, 소은 씨가 가까스로 만들어낸 희망을 지킬 수 있게. 그 희망 속에 태어난 모든 아기를 저버리지 않게.

"제가 잘하겠다는 건 자신 없고요. 엄마가 너희를 정말 사랑한다고 그거 하나만 알아췄으면 좋겠어요. 그래도 엄마가 열심히 살아췄구나, 이런 일도 저런 일도 있었지만 그래도 우리 엄마가 열심히 살았구나 하고요."

# 저는 왜 아기를 낳으면 안 되죠?

## 걱정이 많은 엄마

초인종 소리에 문을 연 정화 씨는 묵묵하고 덤덤한 모습이었다. "설거지를 하고 있으니 잠시 기다려주세요"라는 말에 나는 엉거주춤 서 있었다. 설거짓거리는 젖병뿐이었고 식기는 없었다. 정화 씨의 집은 사다리꼴 모양의 원룸이었다. 문 입구에 있는 싱크대에는 젖병 두 개, 분유 두 통이 놓여 있었다. 밥솥 하나, 작은 냄비 두 개가 텅 비어 있었다. 방 안쪽에 창 하나가 있었지만 닫혀 있었고 공기는 눅눅했다. 수납 박스가 양쪽 벽에 높이 쌓여 있었고 그 안에는 기저귀와 옷가지들이 들어 있었다. 침대는 오른쪽 벽에 붙어 있고 왼편의 빨래 건조대에는 내의며 싸개들이 널려 있었다. 아기는 침대와 빨래 건조대 사이에 있는 바운

서에 누워 있었다. 태어난 지 백일이 가까워진 아기는 머리카락이 숱 많게 나 있고 흰 얼굴에 살집이 올라 있었다. 아기는 레이스 달린 빨간 티를 입고 새근새근 잠들어 있었다. 아기가 편안히 잠든 모습에 어쩐지 안심이 되었다.

처음에는 어디에 앉아야 할지 망설였다. 정화 씨가 침대에 등을 기대어 앉고 내가 그 앞에 앉았는데 그녀가 나 때문에 다리를 모으고 있는 게 불편해 보였다. 내가 비켜 앉자 정화 씨가 다리를 폈는데 왼쪽 발끝에 발가락 세 개가 없는 모습이 눈에 들어왔다. 남은 발가락 두 개는 신경이 마비되었다고 했다.

"일곱 살 때 교통사고를 당했어요. 발가락 신경이 죽어 움직이지 못하고, 새끼발가락 살도 허벅지에서 이식한 거거든요. 발등이 갈아졌죠. 오른쪽 팔은 반마비예요. 어릴 때 뇌수막염을 앓았어요. 그래서 전 잘 넘어져요. 중심 못 잡고."

걷기 불편하니 아기를 안고 씻기거나 이동하기가 힘들다고 했다. 내려온 머리카락은 눈을 찔렀고 흐트러져 있었는데 정수리가 허옇게 드러나 있었다. 뇌수막염으로 시력이 떨어져 안경을 쓰지 않으면 거의 보이지 않는다고 했다. 잠옷 차림이었고 눈썹과 눈은 처져 있었다. 그녀는 표정이 굳은 채 무표정하게 천천히 말을 시작했다. 초등학생 이후부터 머리카락이 빠졌다며 아기도 그럴까 봐 걱정이 된다고 했다.

"전 기본적인 것밖에 안 하니까요. 놀아주고 뭐 해야 하는데 힘드니까 애가 찡얼대지 않으면 바운서 켜주고 이거밖에 안

해요. 다른 건 못 하겠어요. 내가 힘드니까. 예전에는 잠을 깊게 못 자고 일찍 일어났는데 요즘에는 얘 찡얼대는 소리에 늦게 깨요. 몸이 피곤하고 힘들어서 못 하겠어요. 놀아줘야 하는데 저는 놀아주는 것까지는 잘 못 하겠어요. 찡얼대면 안아주고."

하루에 네 시간, 복지관에서 홈헬퍼(노인이나 장애인의 가정을 방문하여 가사와 개인활동 등을 돕는 이)가 와서 아기 돌보는 것을 도와준다고 했다. 이른 아침에 인터뷰 시간을 잡은 것도 오후에 오는 홈헬퍼와 시간이 겹치지 않게 하기 위해서였다. 냄비와 밥솥을 가리키며 홈헬퍼가 안 쓰는 것이라며 가져다주었다고 했다.

"저희 집에는 냄비도 밥솥도 저거밖에 없어요. 밥을 안 해 먹으니까. 아기 분유 물을 끓여줘야 하니까 이사 오면서 먼저 전기포트만 챙겼어요. 다른 건 없어도 된다는 생각에. 저 냄비가 안 좋아요. 저렴한 건 잘 타잖아요."

젖병은 단 두 개라 빨리 씻어야 해서 아까도 젖병을 씻던 중이라고 했다. 쓰지 않는 냄비가 가스레인지에 올려져 있었다. 가스레인지를 켜면 가스 냄새가 많이 나서 밥을 해 먹지 않는다고 했다. 수돗물에서 소독약 냄새가 나서 사람을 불러 검사했고 안전하다는 말을 들었지만 수돗물을 먹지 않고 생수를 구해 먹었다. 분유를 탈 때 생수로 끓인 물을 아기에게 주고 그녀는 물을 아끼느라 잘 먹지 않는다. 정화 씨는 우울했고 많은 것들이 안전한지 걱정하고 의심했다. 병원에서 아기에게 준 약을 띄엄띄엄 먹이다가 병원마다 처방이 다르다고 의심하면서 어느 병원에 갈

2부 '엄마 자격'을 말하는 사람들

지 저울질한다. 올해 이사한 이 집이 외풍이 세고 바닥이 습하다며 다시 이사 가야 한다고 집을 내어놓았다. 자기는 산후풍이 있어 잘 때 추운데 아기에게는 이 온도가 괜찮다고 간호사가 말했다며 어떻게 온도를 맞출지 고민한다. 보일러를 틀면 가스비가 많이 나오고, 아기의 등과 배에 땀띠가 날까 봐 걱정한다. 아기가 예방접종을 하고 나서 감기까지 겹쳐 열이 났을 때는 겁이 나 119를 불러 병원에 가기도 했다. 미열이니 괜찮다는 말을 들었지만 그때는 아이가 자기처럼 아프게 될까 봐 119를 부를 수밖에 없었다고 한다. 걱정은 꼬리를 물고 잇따랐다. 창밖에서 학생들이 피우는 담배 연기가 올라온다고 꽁꽁 창문을 닫아놓고 환기를 하지 못해 걱정한다. 아기가 얼굴을 긁어 손 싸개를 했는데 땀이 찬 손에서 식초같이 시큼한 냄새가 난다고 염려한다. 간호사는 아기가 답답할 수 있으니 손 싸개를 하지 말라고 했는데 어떻게 할지 망설여져 씌웠다 벗겼다 반복한다. 홈헬퍼가 일부러 가져다준 냄비는 잘 탄다고 트집을 잡았고, 밥솥은 내버려둔 채였다. 밥을 잘 먹지 않아 기운이 없고 모유도 나오지 않고 빈혈이 있지만 커피포트로 끓인 생수로 분유를 타서 꼬박꼬박 아기를 챙겨준다. 날마다 먹는 양을 확인하고 몸무게가 얼마나 더 늘었는지 잘 크는지 살펴본다. 가만히 있고 싶고 뭘 하고 싶지 않다고 하면서도.

**다들 왜 지우지 않았냐고 했어요**

"힘들다는 생각만 들어요. 왜 낙태 안 했냐고, 중절수술 안 했냐고, 다들 저보고 그랬어요. 나는 그러고 싶지 않다는 생각 먼저 했죠. 중절수술 하기 싫다, 아기가 생겼는데 그러고 싶지 않다는 생각만 있었고 시간 지날수록 배 속의 아기가 커질수록 그땐 불안감만 커졌죠. 내가 잘 낳아서 키울 수 있을까. 편안한 날이 없었던 것 같아요. 사실은 아기가 나오고 나서 보고 기뻐해야 하는데 그런 건 조금 없었던 것 같아요. 힘들었던 게 더 많았으니까. 제가 복지관에서 산후조리를 받았거든요. 퇴원할 때 엄마가 한 번 병원에 왔어요. 엄마가 휴대폰으로 아기 사진 찍었는데 그게 유일한 신생아 때 사진이에요. 그 사진을 가지고 엄마가 집에 돌아갔는데 아빠가 보고 지워버렸대요. 아기 낳아서 기분이 좋았던 날은 없었던 것 같아요. 전에 언니랑 같이 한집에 살았는데 제가 아기 낳는다니까 너랑 같이 안 산다고 그 집을 내놨어요. 그래서 이 집을 구해 나온 거죠. 가족들이 다 싫어했어요."

그녀는 임신했다고 축복하는 말을 들어보지 못했다. 가족관계는 그녀가 임신을 하고 출산을 결정하자 끊어졌다. 그녀는 장애인이었고 미혼모였다. 가족들은 다짜고짜 낙태를 하라고 했으며, 출산을 하자 입양을 보내라고 했다.

"그때 엄마는 새벽에 내가 아기 낳고 나서 왔어요. 엄마가 오자마자 한 말이 입양을 보내라는 이야기였어요. 하, 왜 왔냐고. 난 웃겼어요. 복지관에서 산후도우미 해주시는 분이 옆에서 보다 못해 '애 엄마가 잘 키울 거예요. 아기를 못 키우면 알아서 어떻게 하겠죠'라고 거들 정도로요. 하, 진짜 너무너무 싫었어요. 차라리 엄마가 안 오는 게 좋았을걸. 아빠가 엄마한테 전화해서 왜 집에 안 오고 복지관에 있냐고 해서 엄마는 바로 갔어요. 저 혼자 있었어요. 다른 사람들은 남편 있어서 같이 밥 먹고 얘기하고 그러는데 저는 밥 혼자 먹었어요. 혼자 있으니까 힘들었어요. 마음이 울컥하고. 늘 혼자인 게 그랬으니까."

임신을 했을 때는 주변의 강압 속에서 배 속 아기를 잃지 않게 지켜야 했고, 출산하고 나서는 입양 보내지 않고 그녀가 직접 아이를 키우기 위해 가족과 연락을 끊고 부랴부랴 아무도 모르는 곳으로 이사해야 했다.

"아빠가 폭력적이어서……. 저희 아빠가 아기 지우라고 했잖아요. 지금은 입양 안 보내려면 엄마한테 연락하지도 말라고 저한테 문자까지 보냈어요. 오늘은 안 좋은 꿈도 꿨어요. 꿈에서 아빠가 아기를 안다가 바닥에 던졌어요. 꿈에서 제가 가족들이랑 만났는데, 아빠가 아기를 바닥으로 던졌어요. 불안하니까 매일 이런 꿈을 꿔요. 엄마, 아빠가 여기서 가까운 데 사는데 엄마한테 한 번도 연락 안 했어요. 알려주고 싶지도 않아요. 아빠가 쫓아올까 봐요. 그게 너무 무서워서……."

지금도 이사 온 주소를 알려주지 않았다. 그녀는 보이지 않는 부모에게 늘 쫓기는 심정으로 혼자 외딴 방에서 아기를 지키고 있다. 그녀의 마음은 두려움과 원망으로 차오른다. 부모에 대한 감정을 토로할 때 목소리가 빨라졌다.

"임신 사실을 알리려고 엄마한테 할 말이 있다고 말을 꺼냈더니 엄마가 직감으로 딱 '너 임신했냐?' 되물었어요. 깜짝 놀랐어요. 근데 엄마가 그때는 '네가 어떻게 낳을 수 있냐' 걱정을 하더니만 집에 가서 아빠한테 얘기하고 바로 태도가 달라졌어요. 엄마는 아빠에게 의존적이어서 모든 걸 아빠 의견에 따르는 분이에요. 다시 전화해서는 '너 왜 엄마 하는 말 안 들어? 중절수술 왜 안 했어? 어른 말 왜 안 들어?' 갑자기 돌변해서 그랬어요. 전날까지는 제 걱정하더니. 전날에 밥도 같이 먹었거든요. 내가 밥 잘 못 챙겨 먹으니까 엄마가 밥 사줬어요. 엄마랑 같이 밖에서 밥을 먹은 것도 그때가 처음이었어요. 그런데 다음 날 바로…… 너무 싫었어요."

중절수술할 수 없는 시기까지 기다렸다가 마음먹고 엄마에게 얘기했더랬다. 처음 엄마와 밥을 먹은 단란한 시간, 그것이 바로 다음 날 아빠의 강압으로 엄마의 비난이 되어 되돌아온 것이다. 엄마가 자기를 편들거나 지켜주지 못한다는 사실을 재확인하는 것이 그녀에게는 쓰라렸다. 제왕절개를 걱정했던 것도 일주일 동안 자신의 곁에서 도와줄 가족이 없었기 때문이었다. 그래서 병원에서 빨리 퇴원할 수 있는 자연분만을 원했다. 모든 과정에서 엄마에게 위로와 지지를 구하고 싶었지만 아빠의 폭력에 억눌린 엄마는 용기 있게 그녀의 편이 되지 못했다.

"아기 낳고 나서 남동생이 한참 만에 '잘 지내나?' 문자 한

통 보내고 끝이에요. 잘 지내고 있겠어요? 제가? 솔직히 힘든데. 엄마가 와서 아기 한 번이라도 봐줄 수도 있지만 그런 것도 전혀 없는데. 아기가 지금 거의 80일이 다 되어가거든요. 언니도 남동생도 오지도 않고. 다들 자기 생활하기 바쁘니까 연락 안 하고. 아기는 어떤지 물어봐줄 수도 있는데 아무도 저한테 안부를 안 물었어요. 우리 아기 어떤지 궁금할 수 있잖아요. '얘는 그럼 손녀딸 아닌가? 남편 없이 낳았으니까, 낳지 말라는데 낳은 아기니까 얘는 손녀딸도 아닌가?'라는 생각이 들어요. 너무 무관심하니까. 그렇게 무관심한 사람들이 진짜 너무너무 싫은 거 있죠."

남들끼리는 자랑하고 서로 칭찬하는 출산이었다. 장애가 없고 남편이 있고 결혼을 하고, 이른바 정상가족 울타리에 들어가면 말이다. 언니들과 남동생과 올케는 서로 자기 아이들의 사진을 주고받고 잘 키운다고 추어올리며 잘들 누리는 즐거운 육아의 시간이었다. 차를 타고 다니며 어울려 쇼핑하기도 하는 가족의 자리에 그녀는 빠져 있었다. 늘 그랬다.

가족을 잃는 대가를 치르며 아기를 낳은 이유를 그녀는 이렇게 말했다.

"전 아기를 되게 좋아했어요. 원래 아기를 예뻐했어요. 언니가 아기 낳았을 때 아기 양말 같은 걸 나도 갖고 싶고 그런 마음이 있었어요. 낳고 나서는 몸이 너무 힘드니까 지금은 모르겠어요. 아기를 잘 키울 수 있나 하는 생각 때문에……. 하지만 어릴 때부터 아기를 좋아했으니까. 엄마, 아빠가 사이가 안 좋았고 부부싸움이 심했고 아빠가 폭력적이었어요. 그런 것 때문에 솔직히 남편 같은 건 생각하지 않고 아이만 키우고 싶다는 생각이 있었어요."

언니와 같이 살 때 언니가 '당연히' 독차지해 쓰는 큰방에 그녀가 들어간 적이 있었다. "왜 허락받지 않고 들어오냐?" 화를 내는 언니에게 그녀는 왜 자기는 큰방을 쓰면 안 되냐고 물었다. 그걸 허락받아야 하냐고, 그냥 쓰겠다고 말하면 안 되는 거냐고 언니에게 묻던 것처럼, 그녀는 묻고 싶다. 왜 자신에게는 이 자리가 허락되지 않느냐고. 왜 세상의 관심을 받는 엄마가 될 권리가 주어지지 않는 거냐고 되묻고 싶다. 세상에 부탁하지 않고 권리를 말하고 싶다. 주어진 것을 받아들일 수밖에 없으면서 자신에게 더 나은 것이 주어지지 않아 속상해하고 터무니없이 훨씬 더 나은 것을 바라기도 하는 것이야말로 지금 정화 씨를 엄마로 있게 한 힘인지도 모르겠다.


**저도 그 서비스를 받을 수 있나요?**

아기는 바운서에서 내내 잤다. "방바닥에 바로 눕히면 좋다고 하는데 이렇게 해야 아기가 잘 자고 버둥대지 않아요." 그녀가 말했다. 아기의 이름도 직접 지었단다. 인터넷을 보고 예쁜 이름을 찾아 지었다고 했다. 좋은 뜻들로 모인 말, 아기에게 좋은 날만 이어지기를 바라면서 그녀가 지은 이름을 불러본다. 아기는 눈을 가느스름하게 뜨다가 엄마가 흔들어주는 통에 다시 스르르 눈을 감고 잠든다. 입술을 쫑긋쫑긋 내밀거나, 미간에 힘을 주고 찌푸리거나, 자다가 방긋방긋 웃으며 배냇짓을 한다. 우리는 인터뷰 사이 아기를 살피고 잘 잔다는 말을 나눴다. 그녀는 아기의 통통한 다리 아래로 흘러내린 싸개를 올려 덮어주었다. "나쁜 년." 그녀가 작은 소리로 말했다.

"처음엔 아기 가진 걸 몰랐어요. 병원에 가서 알았어요. 아기 아빠하고는 연락이 안 됐어요. 전화번호가 바뀌었는지 연락 안 됐어요. 알리고 싶었는지는 모르겠어요. 그건 반반인 것 같아요. 오래 만난 건 아니고……. 애 가지고 나서 갑상선에 혹도 생겼어요. 건강이 좋지 않아요."

그녀는 자신이 없다고 했다. 하지만 아기를 위해서 하는 많은 일들이 있다. 끼니를 제대로 챙겨 먹지 않을지언정 아기를 위해 분유를 타주는 것을 잊지 않고, 방 온도와 습도를 신경 쓰고, 아플 때는 병원에 데려가고, 아기의 배변을 살핀다. 침대에 있던 아기가 바닥에 있던 그녀 위로 떨어진 다음에는 지인의 도움으로 인터넷에서 고무매트를 구입해 바닥에 깔고 그 위에서 아기와 같이 잔다. 천장에는 컬러 모빌이 걸려 있었다. 기운이 달려 잘 놀아주지 못하니 천장을 보면서 놀라고 모빌을 걸어두었다고 했다.

"홈헬퍼가 하루에 네 시간만 도와줘요. 그러니까 힘들어요. 주말에 혼자 아기를 봐야 하니까. 토요일, 일요일은 둘만 있으니 힘들죠. 집에만 있는다고 쉬는 것도 아니에요. 홈헬퍼가 깔끔하게 안 하니까 나는 싫어요. 아기 씻는 것도 대충 씻기는 것 같아요. 목에 먼지가 붙어 있어요. 닦아줘야 되는데 안 닦여서 같이 씻겨요. 주말에는 혼자 씻기기 힘들죠. 손을 아주 못 쓰는 건 아니지만 반마비라 손에 힘이 없어서 분유통 닦을 때도 스트레스 받아요."

그녀는 시간이 필요하고, 홈헬퍼의 도움이 지금 꼭 필요하지만, 처음 일한다는 홈헬퍼가 아기를 꼼꼼히 돌보지 못하고 제대로 씻기지 못한다고 볼멘소리를 한다. 젖병 소독을 제대로 하는지 걱정하며 자기가 없을 때 분유 양을 지나치게 많이, 자주 주는 건 아닌지 의심하기도 한다. 홈헬퍼와 같이 아기를 씻기고 아기가 제대로 돌봄을 받는지 늘 신경 써 살핀다. 한편 자기가 엄마인데 아기가 하루에 몇 시간만 오는 홈헬퍼와 더 잘 노는 것을 질투 어린 눈으로 본다. 자기는 그렇게 놀아주지 못하는데 다른 사람은 아기와 잘 놀아줄 수 있으니까. 아기가 어쩐지 자기보다 다른 사람을 더 좋아하는 것처럼 보이니까.

하지만 아기가 자기 앞에서 똥을 눈다며, 더 편한 사람 앞에서 누는 것 아닌가 하고 의기양양하게 말했다. 얻어 온 기저귀가 작아 똥이 넘쳐 흰 바지를 다 적시고 그 바지를 빨다가 얼룩이 지워지지 않아서 낡은 바지를 버려야 했지만 그래도 그녀는 흐뭇했다. 입가를 훔치며 뭐가 묻지 않았냐고 내게 불쑥 묻기도 했다. "입가에 음식을 묻히고 다니고 나도 아줌마가 다 되었다"라

2부 '엄마 자격'을 말하는 사람들

는 말을 하고 싶었던 거다. 엄마가 되어서 아줌마가 되어서 그녀는 즐겁다.

그녀가 걱정하는 것들은 우울함 때문에 깊어지기도 했지만, 양육에 대해 관심의 끈을 놓지 않는 것이기도 했다. 한숨을 쉬며 그녀의 어린 시절이나 부모에 대해 힘없이 말하다가도 아기에 대해 말할 때는 목소리에 힘이 들어갔고 뿌듯한 표정을 지었다. 자고 있는 아기를 보는 눈길에 잔잔한 애정이 깃들었다. 이런 것들이 그녀가 아기를 위해 해주는 것이다.

정화 씨가 나에게 물을 한 잔 주겠다고 했다. 아기에게 주려고 그녀는 잘 먹지도 않는 생수였다. 그녀가 할 수 있는 최선의 대접이었다.

"제가 지금 이야기할 상대가 필요해요. 이렇게 들어줄 사람, 그런 사람이 필요한 것 같아요. 정신적으로 힘드니까 그런 사람이 필요한 거죠. 이렇게 제 상황을 누구한테 얘기하는 것 자체만으로도 조금은 나아져요. 원래 말이 많았어요. 학교 다녔을 때 엄마랑 얘기를 많이 하는 스타일이었어요. 무슨 일이 있었다고 엄마한테는 얘기하고 그랬거든요. 누구랑 얘기하는 거 되게 좋아해요. 지금 아기하고 둘밖에 없잖아요. 둘만 얘기하잖아요. 그러니까 말할 상대가 있는 거 자체가 좋은 거죠. 지원을 받아도 그게 큰 지원이 아니기 때문에."

그녀는 한부모이고 장애인이고 가난하지만 많은 도움을 받지는 못한다고 말했다. 장애 4급이어서 다른 중증장애인들보다 혜택받는 것이 거의 없다고 했다. 어떤 것은 지원이 되고 어떤 것은 되지 않는다고 줄줄이 꼽아 말했다. 한부모인데도 전기세와 가스세 일부만 지원받고 있어서 큰 도움은 되지 않는다고 말했다. 매입임대주택에 가고 싶은데 경쟁률이 높아 어려울 것 같다고 했다. 된다고 해도 아파트라면 관리비가 많이 들까 봐 걱정된단다. 몇십만 원이 월세처럼 들어가는데 그걸 감당할 수 있을지 미리 걱정한다. 조금이라도 지원을 받아야 하지만 그 지원들에는 항상 조건이 붙는다. 장애든 가난이든 자신이 시간과 비용을 들여 입증을 해야 하는 것이다. 그런 절차들은 몹시 신경 쓰이는 일이다. 혼자 아이를 기르는 와중에 많은 시간을 일부러 내고 신청해서 도달해야 하는 높은 관문이 된다. 영양플러스 서비스는 빈혈 수치가 12가 되어야 하는데 그녀는 그 수치에 겨우 달해서 지원받을 수 있게 되었다고 했다. 음식을 지원받게 되어 다행이었지만 좋다고 해야 할지 힘겹다고 해야 할지 목소리에 피로가 실려 있었다.

"철분제 받으러 보건소에 갔다가 팸플릿을 봤어요. 〈서울아기 건강 첫걸음 사업〉을 보고 등록 신청하고 나서 간호사님한테서 전화가 왔어요. 그래서 간호사님이 정기적으로 오고 계세요. 제가 힘든 거 처음에 얘기 다 들어주셨어요. 지금 아기가 건강하게 잘 자라는지 와서 체크해주고 상담같이 얘기도 해주세요. 그러면 기분이 좀 나아져요. 지금도 힘들면 울컥해요."

산전에 방문을 시작한 간호사는 그녀가 감정을 표현하고

이야기할 수 있도록 경청했다. 출산 준비물을 같이 점검해 챙겨 주었고, 육아에 대한 정보를 주었으며, 우울증 상담을 받도록 정신건강증진센터를 안내해주었다. 간호사는 출산에 대해 그녀가 자신감을 가질 수 있게 지지해준 유일한 사람이었다. 아기를 낳고 키우는 게 어떤 일인지 제대로 알려주었다. 그녀가 엄마 역할에 자신감을 가질 수 있도록 뒷받침해주었다. 또한 아기뿐 아니라 그녀 스스로 잘 돌볼 수 있도록 늘 격려했다. 간호사는 그녀가 아기의 좋은 엄마가 될 수 있다고 말했고 또 그렇게 믿었다. 남편이 없어도 장애가 있어도 가난하고 편견 속에 버림받았어도 그녀가 아기를 기를 수 있도록 그녀를 지탱했다. 간호사는 그녀의 장점도 볼 줄 알았다. 그녀가 부지런하고 깔끔하고 생활력이 강하다고 간호사는 이해했다. 그녀의 그 장점이 우울과 고립을 넘어서 앞으로 아기를 키워낼 힘이 될 거라고 흔들림 없이 믿어 주었다.

아기를 잘 키웠다는 내 말에 그녀는 이렇게 말했다.

"옆에서 도와준 사람이 있어서 그런 거예요. 혼자 외딴곳에 아기하고 나하고만 있었다면 어려웠을 거예요. 쉽지 않아요. 전 맨날 힘들면 우는데요. 옆에서 도와주는 사람이 집에 와주어서 키워낼 수 있었어요."

### 시간과 돈에 대한 이야기

"힘든 생각만 하고 살았어요. 솔직히 예전에는 자살하고 싶은 마음도 있었어요. 옛날에는 이불 뒤집어쓰고 숨을 못 쉬면 죽는다는 생각을 하고 살았어요, 어린애가. 어렸을 때도 엄마한테 너무 관심받지 못하고 있다는 생각이 강했기 때문에 그런 생각을 참 많이 하고 살았어요. 여태까지 자라면서 힘든 생각밖에 한 게 없어요. 어려서 아프기도 많이 하고 학교생활 잘 못 하는데 부모님은 관심 없었고……."

학교에 다녔을 때 친구들이 그녀를 두고 놀려댔다. 남동생들도 누나를 놀렸다. 다친 발을 두고 '닭발'이라고 손가락질하며 놀린 것이 상처가 되어 지금도 기억에 남아 있다. 아버지의 가정폭력은 떠올리고 싶지도 않은 것이다.

"제가 셋째예요. 아들 낳으려고 했는데 제가 딸로 태어났대요. 그래서 아버지가 싫어했어요. 남 준다고 했어요. 딸로 태어났다고. 어른들은 남동생들만 귀하게 여겼어요. 초등학생 때부터 애들이 놀려서 학교 가기 싫었는데요. 그때 신경성 위염도 생겼어요. 내성적이었으니까 놀리면 학교 가기 싫잖아요. 발가락이 없다고 애들이 되게 놀렸어요. 중학생 때도 놀림당하고 고등학교 때도. 저급학교라고 불리는 고등학교를 다녔는데 제가 공부를 잘하지 못했죠. 적응하지 못했어요. 졸업하고 직장 알아보고 해야 하는데 결핵성 임파선염을 앓았거든요. 결핵약을 1년 동안 먹었어요. 그다음 해에 장애인 복지관에 가게 됐어요. 컴퓨터 활용 능력을 거기서 배워 자격증을 땄고 전산회계 자격증도 땄어요. 학교 다녔을 때보다 장애인 복지관에서 배운 게 더 많았죠.

스물여섯 살에 독립했거든요. 독립하고 싶어서 나온 건 아니었어요. 엄마, 아빠 싸우는데 불똥이 저한테 튀어서 '돈도 안 벌면서 집에서 빈둥빈둥한다, 너 물 많이 쓴다, 뭐 어쩐다' 그래서 바로 나왔어요. 나오고 싶었던 게 아니고 나가라고 하니까 나왔어요. 반지하 방을 구하고 고생도 많이 하고 부모님에 대한 원망이 진짜 컸어요. 직장생활을 15년 가까이 했어요. 복지관에서 일하고 장애인 활동보조인으로 일하기도 했어요. 꾸준히 한곳에 있지는 못해도 계속 일 다니고 실업급여도 받고, 노는 거는 없었어요. 여기 전세금도 제가 모은 돈이에요. 작년에 임신해서 최근까지 1년 동안 논 게 제일 길죠. 지금은 저금했던 돈을 쓰면서 생활하는 거예요."

15년 동안 일을 하면서 최대한 돈을 아꼈다. 먹는 것도 제대로 먹지 않았다. 원룸 전세금도 그녀가 직접 모은 돈이다. 복지관의 장애인들은 가족보다 가깝게 그녀를 지지해주었다. 어떤 이는 전동휠체어를 타고 멀리서 지하철을 타고 와서 그녀를 불러내 집 앞에서 샌드위치나 설렁탕을 건네고 돌아간다. 엘리베이터가 없어 집에 들어오지도 못하고 돌아가는데 그이들이 건네준 음식이 몇 끼 식사가 된다.

그녀는 이야기하면서 시계를 올려다보았다. 오후에 홈헬퍼가 오면 바로 나가서 해야 할 일들이 많다. 집에는 컴퓨터가 없고 와이파이도 안 되니 주민센터에 가서 컴퓨터를 사용해야 한다. 앞으로 일을 하려면 어린이집에 아기를 보낼 수 있게 미리 신청해두어야 하기 때문이다. 아이돌봄서비스 신청도 해야 했다. 빨리 일을 시작해 돈을 벌어야 한다는 초조함이 시곗바늘 소리와 함께 째깍째깍 가고 있었다.

"홈헬퍼가 오는 네 시간 동안 밖에 나가서 지원받을 수 있는 걸 알아보고 신청해야 해요. 오늘은 보건소에 가서 영양플러스 교육도 받아야 해요. 보건소 갔다가 주민센터에 가서 컴퓨터도 써야 해요. 어린이집에 맡기고 제가 돈을 벌어야 되니까요. 돈을 안 벌 수 없잖아요. 여유가 없어요. 시간이 없어요. 아이돌봄서비스 신청하면 1년에 600시간을 지원받는데, 정부 지원을 받을 수 있으면 제가 시간당 1,600원을 내면 된대요. 네 시간 동안 보건소도 가고 주민센터도 가려면 이동하는 거리도 있고 해서 시간이 없어요."

그녀는 시간과 돈에 대한 이야기를 많이 했다. 장애 1급에서 3급까지는 지원을 받을 수 있는데 경증장애에 대한 지원은 거의 없다는 것, 장애 재검사를 하고 싶지만 병원비가 들고 결과를 보장할 수 없어 안 한다는 것, 한부모로서 지원받는 금액은 소액에 지나지 않는다는 것, 중증장애인도 일을 하는데 경증장애인인 자기는 마땅히 일을 해야 한다는 것, 집 보증금과 홈헬퍼의 시간과 아기가 자는 시간과 먹는 분유의 양과 늘고 있는 수치, 좀 더 쓰고 싶은 시간과 쓸 수 없는 시간, 좀 더 쓰고 싶은 돈과

2부 '엄마 자격'을 말하는 사람들

쓸 수 없는 돈. '조금이라도 지원받는 게 어디냐'라고 생각하면서도 갈증을 적시기에는 부족한 서비스들. 한부모로서, 영유아를 둔 엄마로서, 장애인으로서 자신이 받을 수 있는 지원이 어떤 것이 있는지 줄줄이 나열해 말해준다. 혼자서 얼마나 애타게 찾아보고 모아놓은 지식들일까. 자신이 동원할 수 있는 지원들을 최대한 살펴보고 때맞춰 신청하려고 한다. 집에서 꼼짝달싹하지 못하고 가만히 있어야 하는 그녀의 머릿속을 채우고 있는 그것들이 바로 삶에 대한 의지인 셈이다.

"돈은 쓰지 않았죠. 쓰는 것에 대한 두려움이 있죠. 꼭 필요한 거 아니면 안 사고, 제 건 안 사고 아기 것만 사야 한다는 그런 것도 있죠. 너무 아끼니까요. 먹는 것도 잘 안 사 먹는데요, 사실 그런 건 좀 안 좋아요. 사람들이 사라는 거 많잖아요. 근데 저는 못 사겠더라고요. 옷은 많이 못 사줬어요. 아기 옷도 내복만 샀고 나머지는 이것저것 받았어요. 기저귀도 다 받았어요. 부족한 거는 많아요. 우선 먹는 거랑 기저귀는 꼭 있어야 해서 그거 먼저 사야 해요. 아기가 6킬로그램이에요. 무거워요. 무겁다고 말하면 안 되는데 팔이 안 좋아서 힘들어요. 안고 다니기 힘든데 유모차가 없어서……. 유모차도 신생아용 있고 뭐가 있다는데. 살 게 많은데……."

그녀는 방을 휘둘러본다. 더 갖고 싶은 물건들을 그 위에 그려본다. 정수기와 공기청정기를 사면 좋겠다고 했다. 둘 다 사면 250만 원인데 어떻게 사겠냐며, 하지만 사고 싶다고 말했다. 아기한테 필요한 건 다 사고 싶은데, 다 살 수는 없는데, 사야 할지 말아야 할지 고민된다고 했다.

아기가 어떻게 크기를 바라는지 물어보았다.

"아프지 않았으면 좋겠어요. 제가 어려서 많이 아팠거든요. 뇌수막염으로 아팠고 반마비가 있었고 교통사고가 있었고 임파선염을 앓았고 최근엔 갑상선 혹이 생겼어요. 그래서 아기는 안 아팠으면 좋겠죠. 애랑 둘밖에 없으니까 애가 아프면 무서울 때가 있어요."

아기가 아프지 않고 건강하기를 무엇보다 바란다. 뻗쳐오른 아기의 길고 숱 많은 머리칼을 보면서 아기의 머리칼은 한 올도 마음이 아파서 상하는 일은 없었으면 좋겠다고 바란다.


### 저, 잘할 수 있겠죠?

"사실 요즘에는 정말 너무너무 힘들어서 애를 키울 수 있을까 하는 생각이 많이 들어요. 애가 아팠을 때 눈물 나서 도저히 안 되겠다는 생각이 들어서 시설도 잠시 생각했어요. 혹시 그런 데가 있는지 주변에 물어봤어요. 잠깐 맡겼다가 데려올 수 있는 데는 없다고 그러더라고요. 시설에 애 맡기면 제가 보러도 못 가고 잠깐이라도 데려올 수 없을 텐데 그렇게까지 생각했어요. 너무 힘드니까. 아기가 아프면 무서워져요."

모아놓은 돈이 많지 않아서 앞으로 둘이 어떻게 살아갈지

막막할 때, 몸이 지치고 무력해 아무것도 하고 싶지 않을 때, 아기가 아파서 옆에서 어떻게 해야 할지 몰라 같이 울 때, 그녀는 종종 자신감을 잃는다.

"애가 안 아팠으면 좋겠죠. 잘 키웠으면 좋겠다고 생각해요. 내가 입양 안 보내겠다고 얘기했는데 지금은 자신이 없어서 못 키울까 봐 시설까지 얘기하잖아요. 사실은 나도 잘하지 못하면서, 나도 자신 없어서 그러면서 사람들한테 그렇게…… 자신만만하게 얘기하고 지금 이러고 있으니까. 지금 상황에서는 그럴 수도 있겠다는 생각이 순간순간 들어서 제가 싫은 거죠. 힘들면 자신감이 없어지는 그 자체가 싫은 거죠. 아기 가졌을 때는 할 수 있겠다고 낳았으면서 왜 자꾸 마음은 그렇게 되는지……. 싫은 거죠. 자신 없어요. 사실 계속 자신이 없어져요. '어, 혼자 못 하면 어쩌지?' 하고 그 생각이 맴도니까. 뭘 알아보는 자체가 다 귀찮아요. 몸이 안 좋고 자꾸 힘들기만 하니까, 쉬고 싶은데 쉬지도 못하니까 아무것도 하기 싫고 그래요."

낙태하지도 입양 보내지도 않고 가족과도 등지며 지킨 자식을 자꾸 힘없이 놓으려 드는 자신을 질책한다. 하지만 외딴 방에 단둘이 우두커니 있다가 우울이 덮쳐 올 때면 감당하기 어렵다는 느낌에 사로잡힌다. 그녀는 그런 자신과 싸우고 있다.

"지금도 잘할 수 있을까……. 사람들이 조금이라도 걱정을 좀 해줬으면 하는 생각이 있어요. 그래도 엄마가 하루라도 와서 아기 잘 컸네, 하면서 아기도 봐주고 그러면 덜 했을 텐데 그게 아니니까. 그냥 애 잘 못 키우면 어쩌나 하는 생각만 계속 커져요. 그게 너무 싫어요. 제가 이러는 것도 싫어요. 그러지 말아야 되는데……. 잘할 수 있겠죠? 자꾸 누구한테 의지하게 된다는 것도 싫은데, 의지하고 싶어요. 의지하면 안 되는데 그런 생각만 있고 자꾸 의지하게 돼요. 그래서 싫어요. 제 자신이 싫을 때가 많아요. 의지하지 않으면 혼자 못 하겠더라고요."

긴 침묵 끝에 그녀가 나를 쳐다보며 물었다. "잘 키울 수 있을까요?" 진심을 담은 목소리였다. 나는 바로 그럴 수 있을 거라고 대답했다. 질문의 무게에 비해 내 대답은 어쩐지 공허하게 들렸다. 그녀는 혼자만의 생각에 잠긴 듯 골똘히 "저 잘해야 해요"라고 작게 중얼거렸다. 걱정하고 포기하고 싶다고 말하지만 본마음은 아기를 잘 키우고 싶은 것이다. 엄마의 자리를 지키고 싶은 것이다. 좁은 방에 아기와 같이 있는 이 풍경은 무력한 것이 아니라 그녀의 희망이 이루어지는 자리이자 계속 엄마가 되고 있다는, 꿈이 현실이 되는 자리다.

목소리는 낮고 우울하게 들렸지만 그 속에는 좌절과 희망, 웃음이 모두 들어 있었다. 우울한 표정 안에는 인간적인 감정과 희망들이 모조리 숨어 꿈틀대고 있었다. 말하지 않은 희망을 지키며 그녀는 지금도 아기를 마주 대하고 이 자리를 묵묵히 지킨다. 하루하루 아이와 지낸 나날들이 그녀에게는 날마다 분투였고 말하지 않은 희망을 소리 없이 지켜낸 시간이었다. 아무리 서툴러 보여도, 어설프고 못나 보여도, 그녀에게는 모든 것을 건

　　　　　　　　2부 '엄마 자격'을 말하는 사람들

나날이었다. 그녀는 갈 길을 선택하고 자신의 힘으로 나아가고 있었다. 여느 다른 사람들처럼, 여느 다른 엄마들처럼 잘하고 싶은데 잘할 수 없을 것 같고, 엄마이고 싶은데 엄마임을 포기하고 싶고, 관심을 받고 싶은데 관심을 받을 수 없고, 의존하고 싶은데 의존할 사람이 없고, 의존하지 않고 싶은데 의존해야 할 수밖에 없는 갈등이 그녀의 마음을 흔들고 있다.

누군가가 봐주기를 바란다. 아기가 얼마나 잘 컸는지. 자신이 얼마나 노력했으며 최선을 다해 엄마가 되었는지. 그녀에게 이 자리가 얼마나 안간힘을 쓰며 하루하루 버티어낸 자리인지 이해받고 싶다. 그래서 한마디 말을 듣고 싶다. 잘했다고, 잘하고 있다고. 엄마에게서조차 그 말을 듣지 못해 그녀는 가슴이 아프다.

아기를 가지게 된 날을 떠올리며, 그때 자신이 왜 그랬는지 모르겠다고 상황이 그렇게 되었다며 희미하게 웃었다. 후회라기보다는 인간으로서 누린 어떤 순간에 대한 말 없는 추억, 자부심 같은 것에 가까웠다. 그때부터 아이를 지킨 건 그녀의 의지였고 그건 지금도 마찬가지였다. 혼자 못 할까 봐, 잘해야 하는데 못해낼까 봐 그녀는 지금도 고민한다. 가족의 폭력에 맞서 혼자만의 공간과 아이를 지켜냈지만 이곳을 얼마나 오래 지켜낼 수 있을지 순간순간 휘청거린다. 하지만 눈앞에서 자라는 아기를 보며 그녀는 읊조릴 것이다. 지금 여기에서 내가 아기를 키우고 있다고. 그리고 이 아기의 엄마는 나라고. 가족에게도 아직 제대로 하지 못한 인사를 남들이 보지 않는 방에서 속으로 거듭하고 있을 것이다.

아기가 백일이 지나 신록이 우거진 초여름에 밖에 나가게
되면, 어쩌면 그녀는 마주친 누군가에게 말없이 아기를 보이며
스쳐 지나갈지 모른다. 그러면 그녀와 아기를 보고 활짝 웃어주
는 어떤 사람이 있을 수도 있겠다. 잠든 아기가 깨어났을 때 눈
에 들어오는 풍경이 엄마의 눈물과 외딴 방이 아니라 타인의 미
소와 두근거리는 바람일 수도 있겠다.

# 엄마가 건강해야 아기도 건강하다는 말

## 벽장 속의 구두

그 얘기부터 하고 싶다. 20여 년 전, 한 작은 여자아이에 대한 이야기를. 아무도 눈여겨보지 않던 자리에 있던 아이를. 아이는 벽장 속에 있었다. 구두 한 켤레와 같이. 아이는 가만히 구두에 발에 넣어보고 내려다보았다. 구두는 아이의 발을 물고, 어디든 성큼성큼 가줄 것만 같았다. 그 구두가 이끄는 대로 따라가면 따뜻한 햇살도, 출렁거리는 물살도, 반짝거리는 모래밭도 다 만날 수 있을 것 같았다. 아이의 얼굴에 웃음기가 번졌다. 하지만 아이는 벽장 문을 열고 나가지 못했다. 구두는 벽장 안에만 있을 수 있었다. 구두 곁을 떠나지 못하는 아이는 구두를 쓰다듬고 냄새를 맡고 품에 끌어안으며 스르르 잠들기도 했다. 구두는 두근

두근 숨을 쉬는 것 같았고, 알록달록한 색을 뿜는 것 같았고, 깔깔 웃고 있는 것 같았다. 캄캄한 벽장 속에서 구두를 만지고 있으면 가만히 속울음도 끼어들곤 했다.

구두를 두고 벽장 밖으로 나가면 아무도 아이를 쳐다보지 않았다. 아이는 서성거리며 벽 쪽에 붙어 조용히 움직였다. 아무도 보아주지 않아 서럽기도 했지만, 혹시 누가 볼까 봐 두려워하기도 했다. 큰집의 사촌오빠는 아이와 눈이 마주치면 그냥 넘어가는 법이 없었다. 아빠도 엄마도 없이 자기 집에 빌붙어 사는 군식구라고 곤욕을 치르게 했다. 오빠는 한 손으로 아이의 머리채를 휘감아 쥐고 마구 주먹질과 발길질을 했다. 맞을 때는 숨이 턱턱 막혀 왔다. 먹을 것에 주린 아이의 입 앞에 오빠는 시커먼 된장 덩어리나 기어 다니는 개미를 들이밀었다. 오빠가 먹으라고 하면 그것을 먹어야 했다. 옷이 벗겨지는 날도 있었다. 울고 싶었는데 소리 내어 울 수도 없었다. 이 집에서 쫓겨나면 아무 데도 갈 곳이 없었기 때문이었다.

그래서 아이는 웃는 법을 배웠다. 밥상을 차릴 때면 큰어머니 곁에서 고분고분 같이 상을 차렸다. 오빠나 언니들이 고기반찬을 먹는 사이 자기는 김치 말고는 아무것도 먹어보지 못할 때도 웃어 보였다. 심부름을 하고 집을 혼자 청소하고 신발들을 가지런히 정리했다. 아무도 아이를 칭찬해주지 않았다. 일곱 살, 유치원에 가고 싶은데 보내주지 않았다. 외로웠다. 몸의 멍보다 마음에 든 멍을 보아주는 이가 없어서 더 그랬다.

2부 '엄마 자격'을 말하는 사람들

손을 꼽아 기다리던 아빠는 아주아주 가끔씩 왔다. 얼굴이 거의 잊힐 때, 마음이 아득해질 때 왔다. 아빠가 오면 아이는 기뻤다. 그러나 아빠는 아이를 쳐다보지 않았다. 큰집 사람들은 모두 아빠가 오는 것을 두려워했다. 아빠는 술을 먹고 왔다. 한밤중에 불쑥 들이닥쳐 할아버지를 마구 때린 적도 있었다. 큰아버지도 때렸다. 아빠는 한이 많았다. 중학교에 못 가 평생 막노동일을 하고 사는 것도 한이었고, 자신과 달리 잘 먹고 잘사는 형제들을 보는 것도 한이었다. 자기 아버지도 꼴 보기 싫었고 자신을 부려먹은 형제들도 싫었다. 술을 먹고 주먹을 쓰는 아빠가 다녀간 날이면 집안은 쑥대밭이 되었다. "너네 아빠 때문이야!" 오빠가 뺨을 때렸다. "너네 아빠 때문에 네가 우리 집에 사는 거야!" 아이는 울지 않고 꾹 참았다. 입을 다물고 아빠 대신 매질을 견뎠다. "나도 우리 아빠가 싫어요." 아이는 거짓말을 했다. "아빠가 안 왔으면 좋겠어요." 또 거짓말을 했다. 아빠가 오는 날을 손꼽았던 손가락들이 바들바들 떨렸다. 아빠가 싫다고 한 날, 아이는 뒤란에서 오래오래 울었다.

벽장 속에서 남몰래 구두를 꺼내어 다시 신어보다가, 이젠 구두가 발에 맞지 않는다는 걸 알았다. 한 번도 대놓고 신어보지 못한 구두였다. 큰아버지가 어디서 도둑질했냐고 야단치는 통에 꽁꽁 숨겨놓은 구두였다. 구두에 발이 들어가지 않자 따뜻한 햇살도 색색들이 색깔도 모두 사라져버렸다. 반들반들한 분홍 구두 위에 눈물이 뚝뚝 떨어졌다. 엄마가 사준 유일한 구두였다.

이제 다시는 구두를 신을 수 없었다.


## 그래서 엄마는 떠났을까

엄마는 왜 떠났을까. 아무리 애를 써도 그 이유를 알 수 없었다. 아빠는 엄마를 때렸다. 아이에게는 오빠가 하나 있었는데 그 오빠는 아빠한테 맞아 엄마의 배 속에서 죽어서 나왔다. 그래서 엄마가 떠났을까. 엄마는 아이를 낳고도 돈을 벌어야 해서 빈방에 아이를 혼자 두고 문을 잠그고 일을 하러 나갔다. 저녁에 문을 열면 어린아이가 울다 지쳐 목이 쉰 채 퀭한 얼굴로 엄마를 쳐다보았다. 얼굴은 눈물과 콧물 범벅이 되었고, 자기 머리카락을 주워 먹은 참이었다. 그래서 엄마는 떠났을까. 아빠가 엄마를 향해 마구 발길질하면 아이는 엄마를 못 때리게 아빠의 다리를 붙잡았다. 엄마는 그런 아이를 보고 더 울었다. 엄마는 아빠를 물었다. 독이 오른 짐승처럼 아빠의 살을 물어뜯어 피가 흐르게 했다. 그래서 엄마는 떠났을까. 아빠가 코를 골며 잠들어 있던 어느 날, 엄마는 가방을 주섬주섬 쌌다. 그걸 본 아이는 문을 나서는 엄마를 뒤쫓아 갔다. 집으로 돌아가라고 해도 돌아가지 않았다. 엄마가 우유를 사 먹으라고 돈을 주었다. 우유가 먹고 싶었지만 그사이 엄마가 가버릴까 봐 자리를 떠날 수 없었다. 엄마는 그날 밤 다시 아이와 같이 잠들었다. 아이는 잠을 자면서 엄마를 꼭 끌어안았다. 엄마는 따뜻했다. 그제야 마음이 놓였다. 그날 밤, 곁에서 잠든 엄마는 가짜 진주가 달린 카디건을 입고 있었다. 다음 날 일어나보니 진주 한 알이 바닥에 떨어져 있었다. 아침에 눈을 떴을 때, 엄마는 사라지고 없었다. 아무 데도 없었다. 아이는 울고 또 울었다. 말없이 떠난 엄마는 끝내 돌아오지 않았다. 아무리 목을 놓아 울어도 발버둥 쳐도 할 수 없는 일이 있었다. 엄마는 그렇게 아주 떠나버렸다.

엄마가 왜 떠났는지 아이는 이유를 알 수 없었다. 친척들은 엄마가 떠난 건 당연하다고 했다. 아빠 같은 사람 옆에 어느 여자가 붙어 있을 수 있겠냐며 입방아를 찧었다. 큰집 식구들은 인색한 칭찬을 한마디 할 때도 그랬다. "아휴, 니네 아빠 같은 사람한테서 너 같은 딸이 나오다니." 아빠 옆에 있는 좋은 것들은 다이상한 것들이 되었다. 할머니도 떠났다. 그땐 몰랐다. 허랑한 남편을 두고 혼자 애면글면 자식들을 길러낸 할머니도 이젠 몹시지쳤다는 것을. 떠난 며느리 대신 손주까지 봐줄 여력이 없다는것을. 어느 날, 비어 있던 현관에 많은 신발들이 모였다. 아빠가울고 있었다. 신발들이 데려온 친척들도 고개를 숙이고 있었다. 할머니는 스스로 세상을 떠났다고 했다. 엄마가 떠나고 할머니도 떠났다. 왜 곁에 있던 사람들이 하나둘씩 사라지는 걸까. 집은 캄캄했고 아빠는 다시 술을 먹고 소리를 쳤다. 친척들은 눈길을 피했다. 엄마가 떠나야 할 수천 가지 이유가 있었다 해도 아이에게 엄마는 떠나서는 안 되는 사람이었다. 엄마가 떠나서 아이는 더 이상 울지 못했다. 한 번 더 버림을 받으면 세상에 뿌리

박을 한 줌 흙조차 잃어버리는 것이었다.

그래서 아이는 괜찮지 않아도 괜찮다고 말하는 법을 배웠다. 굶고 매를 맞아도 잘 곳만 있으면 되었다. 집에 어른이 이따금 들어와 완전히 내팽개쳐진 게 아니면 되었다. 챙겨주는 이 없어 학교에 가지 못해도, 얼굴이 누렇게 떠도 이렇게 사는 건가 보다 하고 생각했다. 가질 수 있는 게 애초부터 없었으니까 불평할 것도 없었다. 응달에 숨죽여 자라는 풀처럼, 어쩌다 피운 꽃잎조차 들킬까 봐 고개부터 숙이는 들풀처럼 그렇게 소리 없이 살았다. 실뿌리를 내린 자리조차 땅이 꿈틀대며 성가시다고 밀쳐내면 어쩌나 싶어 그림자조차 땅에서 거둬들이며 살았다. 그렇게 아이는 바람도 구름도 빗방울도 만나지 못하고 보아주는 이 없이 혼자 어른이 되었다.


## 나는 건강하지 않은데

먼저 그녀의 눈동자를 만났다. 조금 연한 빛이 도는 눈동자가 흔들리는 것 같았고, 숨고 싶어 하는 듯이 주춤거렸다. 내가 질문을 하면 그녀의 눈동자는 뒷걸음질 치듯 멀어지면서 자기 안으로 숨는 것 같았다. 하지만 차츰 이야기를 할수록 눈동자는 가만히 머물렀고 오롯이 자신의 모습으로 좀 더 깊은 색채를 띠며 커졌다. 물살이 돌에 무늬를 그려놓듯 살아온 시간이 새겨진 눈동자였다.

"첫아기를 낳았는데 아기를 키우면서 내 모습이 비치는 거예요. 나는 내 아기가 이렇게 예쁘고 잘 컸으면 좋겠는데, 너무 소중해서 어디 다칠까 봐 걱정되는데 왜 우리 엄마는 나를 버리고 갔을까. 왜 아빠는 나를 그렇게 키웠을까. 그때 우울증이 되게 심하게 왔어요. 집에 있는 것도 힘들었지만 아기를 보면서 나의 어릴 적 모습이 생각나니까 막…… 그랬어요."

목소리가 떨리더니 재연 씨는 말끝에 눈물을 흘렸다. 이제까지 잘 살아왔는데, 좋은 남편을 만나 행복한 결혼까지 했는데, 느닷없이 닥친 일이었다. 다 지난 일이고 괜찮은 줄 알았는데, 아기를 낳고 나자 지난 일이 한꺼번에 떠오르며 그녀를 뒤흔들었다.

"제가 아기를 낳고 나서 아빠가 술을 끊으셨어요. 완전히 정신을 차리셨는데 제가 그 모습을 보니 화가 나는 거예요. 아빠한테 전화해서 막 욕을 했어요. 한 번도 그런 적이 없었는데. '왜 날 이렇게 키웠어!' 안에 응어리졌던 게 다 쏟아져 나오는 거예요. '난 아빠를 용서할 수 없어! 어릴 적에 나한테 왜 그렇게 했어!' 아빠한테 말하지 않았던 큰집에서 학대당했던 일들까지 막…… 아빠는 그걸 모르지요. 이야기를 못 하고 삭혔던 것들이 아기를 낳으니까 막 올라오는 거예요. 내가 너무 불우하게 컸으니까. 큰애 낳고 많이 힘들었어요. 어떤 생각을 했냐면 '아, 나는 엄마 될 자격이 없나? 내가 엄마한테 사랑을 못 받았는데 내가 애들한테 사랑을 주는 방법을 알까?' 그런 걸 표현할 줄을 모르니까. 흑흑흑……. 좀 많이 그랬어요."

엄마가 되었지만 엄마가 될 수 있는지 알지 못했다. 어릴 적 자신은 받아보지 못한 돌봄이었다. 암담했다. 엄마가 되어도 되는 건지, 잘하고 있는지도 알 수 없었다. 집 안에 갇혔고, 살아온 시간에 갇혔고, 분노에 갇혔다. 말을 듣지 않는 자식을 때리기 시작했다. 그 말을 할 때 그녀의 눈에서 눈물이 자꾸자꾸 흘러내렸다.

"아기가 이유식도 안 먹고 밥을 안 먹고 저를 힘들게 하면 제가 아기를 막 때리는 거예요. 아빠가 저희한테 했던 모습을 제가 또 하고 있는 걸 발견하는 거죠. 거기서 오는 괴로움이 컸어요. 그러면 또 원망이 아빠한테 가는 거예요. '아빠가 나를 이런 식으로 키워서 나도 이렇게 됐다! 아빠 때문에 나도 망가졌다!' 신랑도 갑자기 변한 제 모습을 보면서 굉장히 힘들어했죠. 신랑이 저한테 '아니야, 넌 좋은 엄마야'라고 얘기를 해줘도 제가 용납이 안 되는 거예요. 아기 낳았을 때는 '죽을까? 같이 죽어버릴까?' 그런 생각도 했어요. 너무 힘들어서 얘랑 나랑 없어져버렸으면 좋겠다는 생각도 많이 하고 그랬거든요."

빈방에서 아기를 안고 그녀는 소리 내어 울었다. 죽고 싶은 마음과 싸우느라 울고, 아기를 죽일지도 모르는 자신이 무서워서 울고, 아기가 아무것도 모르고 웃고 있어서 울고, 자기가 있는 곳이 사람들의 눈길이 닿지 않는 캄캄한 벽장 안 같아서 울었다.

"그동안 나를 모르고 살았던 거예요. 그냥 이렇게 사는 게 맞는 줄 알았는데 그게 아니었던 거죠. 엄마가 건강해야 아기도 건강하게 자란다는 글을 읽을 때마다 뭔가 죄짓는 것 같은 기분이 들었어요. 나는 건강하지 않은데 내 아이를 건강하게 키울 수 있을까? 그런 불안감이 들었어요. 내가 이렇게 감정을, 자신을 표현하지 못하는데 아이한테 그런 걸 할 수 있을까? 노력은 하고 있지만 내가 사랑을 받지 못했는데 내 마음이 온전히 아기한테 잘 전해질까? 이런 마음이 늘 있었어요."

## 이름 없는 감정들의 반란

"아기는 예쁘기만 해서 울어도 금방 다독일 수 있을 줄 알았는데 키워보니 내 아이인데도 미운 마음이 들기도 하고 너무 화도 나고 짜증도 나고 놓아버리고 싶었어요. '내가 왜 애를 낳았을까?' 생각이 들 때도 있고. 모든 걸 아기한테 다 올인해야 되니까 내 인생이 없고 내가 하고 싶은 것도 없어서, 정말 창살 없는 감옥에 갇힌 기분이 들었어요."

혼자서 모든 걸 다 해내야 했다. 시가도 친정도 지방에 있었고 서울에 덩그러니 혼자 있었다. 혼자 하는 건 익숙하다고 생각했다. 학교를 졸업하자마자 혼자 트렁크 가방 두 개를 가지고 서울에 올라와 혼자 직장을 구했고 혼자 자취를 했다. 이때까지 그랬듯 혼자 다 헤쳐 나갈 수 있다고 생각했다.

"아기를 낳아보니까 아기를 키우는 건 혼자 할 수 있는 게 아니더라고요. 큰애가 밥을 워낙 안 먹었어요. 예민해서 잠도 안자고 밥도 안 먹고 그런 것들이 쌓이니까 너무 스트레스받았어요. 이유식을 만들 때부터 벌써 기분이 안 좋아지기 시작해요. 얘가 또 얼마나 안 먹을까, 뱉어낼까, 날 힘들게 만들까 생각하면 너무 화가 나요. 남편이 퇴근하고 오면 이런 감정을 막 쏟아붓는 거예요. 신랑은 황당하죠. 제가 화부터 내니까. 저도 그 감정이 뭔지 몰랐어요."

남편은 좋은 사람이라고 했다. 부모님 밑에서 사랑을 받으며 컸고 안정된 정서를 가지고 있었다. 직장에서 하는 일도 재미있다고 즐겁게 하고 육아와 가사도 함께하려고 했다. 남편은 아내가 좋은 엄마가 될 수 있다고 믿어주었다. 힘들기만 했던 재연 씨의 삶에 이제는 누군가에게 기대고 위로받으라고 '보상'처럼 온 남편이었다. 그녀는 남편을 '오빠'라고 부르다 '아빠'라고 한두 번 불렀다. 그녀의 마음속에 남편은 아이들에게 좋은 아빠이자 자신도 경험하지 못한 좋은 아빠, 그러니까 믿고 의지하고 싶은 대상인 것 같았다.

이상한 일이었다. 남편은 아내가 변한 이유를 알 수 없었다. 아내는 전에 없이 돌변한 모습으로 아이를 때리고 자신을 혹사시키고, 울부짖었다.

"제가 청소를 강박적으로 했어요. 결혼 전에나 신혼 때는 그런 일이 없었어요. 아기가 생기고 나서 깨끗해야 한다는 강박이 생긴 거예요. 처음엔 아기 낳고 몸이 힘들어서 청소를 잘 하

2부 '엄마 자격'을 말하는 사람들

지 않았어요. 한번은 아기가 비염에 걸렸어요. 의사 선생님이 집 안에 환기를 잘 시켜주고 청소도 해줘야 한다고 했어요. 전 밥도 제대로 못 챙겨 먹고 아기 잘 때 같이 자고 하다 보니 집이 난장 판이었거든요. 정신을 차려보니 바닥에는 먼지가 굴러다니고 있고 겨울이라서 환기도 안 시키고 문을 꼭꼭 닫아놓은 채였어요. 그동안 너무 청소를 안 했구나 싶더라고요. 그때부터 잠도 안 자고 계속 청소를 했어요. 강박이 된 거예요. 아기가 있어도 몸이 힘들어도 미친 듯이 청소를 해요. 막 청소하고 빨래하고 걸레질 하고 몸이 너무 힘드니까 그 스트레스를 또 신랑한테 푸는 거예요. 그러다 보니 악순환이었어요. 저는 멘탈이 약하거든요. 정말 힘들면 다 놔버리고 싶을 정도인데……."

"멘탈이 약하다는 건 본인한테 어떤 느낌으로 다가오는 거예요?"

"저는 무너지기를 잘해요. 생각한 것보다 상황이 어그러지잖아요. 그걸 못 견뎌요. 아이를 키우다 보면 생각했던 것과는 다른 상황을 유연하게 넘어가야 되는데 아이한테도 넘어가지 못 했어요. 아이가 먹다 흘리면, 그 부분이 저는 용납이 안 되는 거예요. 그럴 때 저도 같이 무너져요. '흘리지 말라고 했지! 엄마가! 그러니까 똑바로 앉아서 먹으라고 했잖아!' 아이한테 과도하게 분노를 쏟아내요. 생각하는 것과 다른 상황이 되면 갑자기 띵하고 멘탈이 나가는 거예요. 용납이 안 되는 거예요. 큰애가 유치원에서 화장실에 안 가고 참고 집에 오다가 집 앞에 와서 맘

이 놓여 바지에다 오줌을 쌌어요. 저는 그 상황을 보자마자 화가 치밀어 오르는 거예요. 화장실 갔다 오라고 했는데 아이가 갔다 오지 않았고 그걸 또 제가 치워야 하잖아요. 아이를 엄청 혼내는 거죠. 엉덩이를 막 때리고 소리치면 아이도 놀라죠. 괜찮다고 넘어가지 못해서 아이를 저처럼 만들고 있다는 생각이 들었어요. 이렇게 하다가는 이 아이가 나처럼 되겠구나, 생각이 드는데. 저 자신한테도 어질러지고 지저분하고 이런 걸 용납 못 해요. 아이가 과자를 먹을 때도 절대 그냥 안 주고 쟁반에 받쳐 먹게 하고 흘리지 못하게 했어요. 그러다 흘리면 갑자기 화가 올라와 못 참는 거죠."

집 안은 깨끗하게 청소되어 있었다. 부엌과 싱크대 위도 말끔했고, 거실 바닥이나 소파도 그랬다. 군더더기 세간은 말끔히 치워진 채 반들거렸다. 어쩌면 사람의 흔적마저 지워버린 듯 사물만이 말쑥하게 질서정연하게 있는 자리가 불안한 느낌도 들었다. 첫아기를 낳았을 때 보건소에서 온 간호사가 보편방문을 했다. 겉보기에 아무 문제가 없어 보였다. 안정된 환경의 집에서 아기가 태어나 돌봄을 받고 있는 것 같았다. 재연 씨의 새어머니가 산후조리를 도와주러 집에 와 계셔서 더 그렇게 보였다. 문제는 새어머니가 돌아간 다음이었다. 갑자기 닥쳐온 산후우울증에 재연 씨는 어떻게 대처해야 할지 몰랐다. 마음의 준비도 없었고 지식도 없었다. 만날 사람도 없었다. 둘째 아기를 낳고 그녀는 간호사를 붙잡았다고 했다. 힘들어서 누군가의 도움이 절실

2부 '엄마 자격'을 말하는 사람들

히 필요했기 때문이다. 지속방문을 받게 된 건 그녀에게 하나의
가능성이 열린 것이었다.

"집에 누군가 아기에 대해 잘 아는 전문가가 오신다고 생각
하니까 마음이 확실히 놓였어요. 궁금한 거 있으면 생각해뒀다
가 물어보기도 했어요. 간호사분이 친절하고 편안했어요."


### 무언가 잘못되어가고 있었다

간호사는 재연 씨의 우울감이 얼마나 깊은지 알아보았다.
그녀는 괜찮다고 했다. 어린 시절에도 힘들었지만 괜찮은 줄 알
았다. 집에서는 힘겨워도 학교에 가서는 항상 밝게 웃었더랬다.
친구들이 그녀를 부러워하며 "넌 걱정이 하나도 없는 것 같아"
라고 말할 정도였다. 학교를 졸업하고 서울에 와서 피부관리사
로 취직했을 때 아침 여덟 시부터 밤 열한 시까지 일하고 65만
원을 받았다. 그래도 참을 수 있었다. 일이 끝나면 팔을 들어 올
릴 수 없었지만 다들 그렇게 사는 건가 보다 싶었다. 그녀가 부
당해고를 당했던 날, 다시 트렁크를 끌고 덩그렇게 길 위에 놓였
지만 용케 살아냈다. 살아내는 것이 문제였지 어째서 이런 일이
벌어졌는지는 문제 삼을 게 아니었다. 살아남을 수만 있다면, 감
정 같은 건 없어도 좋았다.

"정말 나를 표현하지 않고, 나를 감추고 살았다고 해야 되
나요? 힘든 것을 표현하는 방법도 몰랐어요. 그렇게 감추고 살고

표현 안 하고 살고 꼭꼭 숨기고 살고 있었던 것들이 막 쏟아져 나왔어요. 걷잡을 수 없이."

간호사는 상황이 심각하다는 걸 파악했다. 그녀는 화가 머리끝까지 치밀면 무슨 짓을 저지를지 몰랐다. 남편도 자신을 피하는 것 같았다. 자기가 아픈데 무관심하고 자신을 보아주지 않으니 남편과 아기 앞에서 칼을 들고 위협했다. 아빠가 그녀에게 그랬던 것처럼 죽어버리겠다고 위협했다. 아기는 자지러지게 울었고 남편은 얼굴빛이 변했다. 그렇게라도 반응을 이끌어내 자신을 보게 해야 했다. 그렇지 않으면 정말 죽을 것 같았기 때문이다. 도로에서 차에 뛰어들어 죽겠다고도 했다. 남편도 변했고 자신은 버림받은 것 같았다.

무언가 잘못되어가고 있다는 것을 알아채지 못한 사람은 재연 씨였다. 남편은 지쳐갔다. 남편의 인내심도 한계에 다다랐다. 간호사는 사회복지사의 방문을 요청했고 사회복지사는 상담을 하기 위해 재연 씨의 집 문을 두드렸다. 그 첫날을 그녀는 잊을 수 없다.

"그동안 남한테 살아온 얘기를 해본 적이 없었어요. 사회복지사님이 처음에 오신다고 할 때 손발이 떨렸어요. 무슨 얘기를 해야 할지 몰라서 불안 증세가 생겼어요. 얘기하면서 눈물이 쏟아져서 우는데 사회복지사님도 같이 우셨어요. 그러다 보니 가슴이 되게 시원해지는 기분이 들었어요. 나를 진심으로 공감해주는 기분이 들었어요. 친구한테 조금씩 얘기할 때는 나를 불쌍하게만 보는 시선을 느꼈는데 사회복지사님이랑 얘기할 때는 제가 이해받는 것 같아서 좋더라고요. 내가 남한테 이런 얘기를 한다는 것에 놀랐어요. 어렸을 때 가정폭력을 당한 일부터 시작해서 다 얘기했어요. 또 전문가다 보니 조언해주는 부분이 좋았어요. 내가 나를 몰랐는데 알게 해주는 느낌이 좋았어요. 저의 문제들, 상황들, 신랑과의 다툼, 아이와의 갈등을 얘기하면 그 얘기를 처음부터 끝까지 다 들으시고 감정을 읽어주셨어요. 그래서 남편 마음도 알게 되고 내가 잘못한 부분이 있었다는 걸 알게 되고 미안하다고 말할 수 있게 되었어요. 모르고 했던 문제 행동들을 알게 되고 어떤 감정에서 그렇게 했는지 저를 이해하게 됐어요. 모든 이야기, 정말 남한테 말하고 싶지 않은 부끄러운 이야기들도 나눴죠. 사심 없이 경청해준 게 좋았어요. 저는 공감이 필요했어요."

남편만 바라보고 남편이 자신을 이해해주길 바라다가 좌절해 분노가 쌓였던 거였다. 경청과 공감을 받게 되었을 때, 그녀는 자신을 천천히 이해하기 시작했다. 처음 꺼내는 이야기 앞에 타인이 쏟아준 눈물을 잊을 수 없었다. 한 사람이 자신을 위해 울고 있었다. 그녀는 슬픈 줄도 몰랐는데 그 눈물을 보고 자신이 슬펐다는 걸 느꼈다. 자신을 모르고 살아도 되는 시간은 끝났다. 이제는 자신을 마주 보지 않고는 살 수 없었다. 지난 모습을 향해 몸을 돌리게 하고 지나온 시간 속의 저 슬픈 아이의 눈동자와 마주치게 해준 것이 타인의 목소리였다.

"사회복지사님이 저한테 이렇게 힘든 환경에서 바르게 자란 게 정말 대단한 거라고 말씀을 해주셨어요. 저는 누구한테도 그런 말을 듣지 못했어요. 그냥 친척들 만나면 '어이구, 니네 아빠 밑에서 비뚤어지지 않고 잘 자랐네' 그런 얘기는 들었지만. 사회복지사님이 저한테 '정말 잘 견디고 잘 버티고 정말 잘 자라셨다'라고 말씀을 해주셨는데 그게 되게 위로가 됐어요. 저는 제가 아주 하찮은 사람이라는 생각을 많이 했거든요. 내가 무슨 죄가 많아서 이렇게 자랐을까 원망했거든요. 좋은 것보다 안 좋은 게 많이 생각이 나잖아요. 그런데 내가 잘 자랐고 대단한 사람이구나, 그때 그걸 느꼈어요. 그걸 느끼게 해주셨어요. 이런 경험을 겪는 사람이 많지 않다고, 이런 환경에서 이렇게 바르게 자라기는 쉽지 않다고, 너무 잘하셨다고 너무 대단하시다고 말씀해주셨던 게 계속 기억에 남아요. 그 얘기를 해주셔서 너무너무 감사하더라고요."

그녀는 눈물을 글썽이는 그 무수한 아이의 눈동자들을 들여다보았다. 울음을 참고 있던 아이, 생존하겠다는 일념 하나로 일렁이는 눈물조차 가까스로 참아낸 아이. 세상에서 살아낼 수 있을까 두려워하면서 스스로 다리가 되고 길이 되어 허위허위 걸어온 여린 눈동자들. 너희들 참 잘했고 참 애썼다, 여태까지 참 잘 살아왔다, 그 말에 그 눈동자들이 한꺼번에 눈물을 쏟았다. 벽장 속에서, 닫힌 문 안에서, 주먹질 앞에서, 욕설 앞에서, 굶주림 앞에서 참고 흔들리던 눈동자들이 눈물을 쏟아내며 처음으로 소리 내어 울던 날, 그녀는 지난 시간을 모두 끌어안으며 자신이 얼마나 아팠는지, 얼마나 슬펐는지 깨달았다. 그리고 자신이 얼마나 강인한 어른이 되었는지도 처음으로 알게 되었다.

"이렇게 힘들어도 나는 강한 사람이니까 잘 견딜 수 있어. 지금 힘들어도 좀 지나면 좋아질 거야. 전에는 힘들고 지치면 불우했던 시간이 떠오르고 누군가를 원망하고 싶었는데 이제 원망하거나 남을 탓하지 않고 이 현실만 보고 가려고 노력을 많이 하고 있어요."

## 또 다른 엄마

그녀는 아픈 기억에 손을 얹어주듯, 그렇게 눈물을 흘려주는 건지도 몰랐다. 이제 그녀는 떠오르는 기억 속에서 얼어붙은 아이의 감정을 느낄 수 있다. 그 아이들이 하지 못한 말을 마저 할 수 있다. 그리고 차마 하지 못했던 고마웠다는 인사도 할 수 있다.

"큰집에서 눈칫밥 먹으면서 살다가 아빠가 집을 구해 저를 데려다 놓았는데 아빠는 안 들어오고 저만 생활을 했어요. 학교 가라고 챙겨줄 사람이 없으니 학교도 안 다니고 밥도 못 먹고 그런 일이 다반사였어요. 초등학교 6학년 때 아빠가 새엄마를 데리고 오셨는데 '아, 이 사람한테 엄마라고 해야겠다. 그래야 살 수 있겠구나' 그런 생각을 했어요. '엄마, 엄마' 하고 되게 따랐어요. 혼자 빨리 철이 들었어요. 어린아이일 때가 없었고 그 단계를 넘어 그냥 철이 들었어요. 내가 이 집에서 잘해야 엄마도 있고 아빠도 엄마랑 같이 계속 살겠구나 생각했어요. 가정을 생각하면 항상 불안하고 불행하고 심장 떨리고 그런 게 컸거든요. 아마 지금 엄마가 없었으면 제가 어떻게 자랐을지 몰라요. 아빠가 자리 잡고 한곳에 터 잡고 사는 게 새엄마 때문에 가능한 일이었어요. 아빠는 막 떠돌아다니시는 분이었거든요. 정착하고 제가 학업을 마칠 수 있었던 건 새엄마 때문에 가능한 일이었어요. 항상 고맙게 생각하고 있어요."

새엄마도 말했다. "고맙다, 너 때문에 버텼다"라고. 엄마 옆에서 마음을 위로해준 딸이었다. 자기 힘든 얘기는 안 하면서 엄마가 힘든 것부터 마음 써주는 어린 딸이었다.

"엄마도 여자잖아요. 엄마도 너무 힘든데, 저만 보고 버틴 거죠. 아빠는 감옥도 몇 번 갔다 오셨어요. 그런데 엄마는 혼자 식당 같은 데 다니면서 저를 키워주셨어요. 아빠가 없는데도. 어떻게 보면 엄마는 아빠를 보고 온 거잖아요. 아빠가 없었는데도 저를 바르게 키워야지 생각하면서 키워주신 거예요. 제가 정말로 비뚤어지지 않고 온전히 바른 마음으로 그나마 버티고 살 수 있는 건 저희 엄마 때문인 것 같아요. 엄마가 늘 신경을 많이 써주셨으니까. 엄마라는 자리에 있어주신 거죠. 저는 지금 엄마를 만난 것도 복이라고 생각해요."

새엄마에게도 우울증이 생겼다. 엄마도 아프다는 이야기를 처음 했다. 아버지는 손주를 보고 뒤늦게 술을 끊고 좋은 할아버지가 되어보려 노력했지만 그제야 엄마는 떨리는 목소리로 자기 이야기를 할 수 있었다. 그동안 남편의 가정폭력에 심하게 시달려, 마음의 병을 얻은 것이다. 아버지의 옆에 있을 때 엄마는 손발이 떨릴 정도로 불안해했다.

"원래 엄마가 당차고 여장부 같았는데 아빠를 만나고 하도 억압을 받다 보니까 남 눈치를 보게 된 거예요. 지금은 엄마가 성격을 찾아서 아빠가 큰소리 내면 엄마도 막 큰소리 내요. 제가 그렇게 하라고 했어요. 엄마도 이제 분출하라고. 아빠가 뭐라고 하면 아빠한테 똑같이 하라고. 아빠가 이제 술을 안 드셔서 옛날 성격이 안 나오는 걸 아니까 엄마도 표현할 수 있게 되었어요. 조금씩 속이 시원해지면서 약을 먹는 횟수도 줄고 엄마도 많이 좋아졌어요."

재연 씨는 엄마에게 싸우라고 말했다. 아기를 낳고 나서 자신이 했던 것처럼, 싸우고 감정을 표현하라고 했다. 자신의 가슴에 있는 말을 하라고, 자신도 욕구가 있다는 걸 알리라고 엄마를 부추겼다. 말문이 막혔던 엄마는 그녀에게서 건네받은 언어를 가지고 당찼던 옛날의 모습을 조금씩 되찾고 있었다. "엄마, 또 아빠가 때렸어?" 겁에 질려 엄마에게 줄곧 되묻던 어린 딸은 "아무도 엄마를 때리면 안 돼" 하고 말해주는 울타리가 되었다. 자신을 키워준 새엄마를, 그녀는 그렇게 다시 지켜내었다.

"저도 간호사님하고 사회복지사님 만나서 이런저런 설명을 듣고 제 감정을 이해했잖아요. 엄마한테 말했어요. '엄마, 내 감정이 이래서 그랬던 거야.' 엄마는 '아, 그랬구나' 하면서 생각을 한 거죠. 저도 제가 받은 도움을 엄마한테 줬어요."

고향의 바닷가에서 그녀는 엄마와 마주 서서 웃었다. 하늘도 맑고 파도도 푸르렀다. 엄마와 마주 보고 웃었던 적이 있었을까? 파도는 쉴 새 없이 철썩이고 늙은 엄마는 잔잔한 웃음을 짓고 있었다. 그녀도 활짝 웃으며 그 주름진 손을 잡았다. 새엄마는 자리를 지켜주었다. 왜 그랬을까. 엄마도 여자였는데, 자신의 많은 것을 포기하면서, 남편이 감옥에 가고 없는 자리조차 지키면서 오갈 데 없는 남편의 딸아이를 길렀다. 왜 그랬을까. 왜 떠나지 않고 묵묵히 생면부지였던 아이의 끼니를 챙기고 곁을 지켜주었을까. 그 이유를 알 수 없다. 하지만 그랬던 건지 모른다. 자신보다 힘없는 아이를 지켜줌으로써, 마음에 와닿는 선택을 함으로써, 무언가를 사랑하면서, 새엄마도 자신을 지켜낸 게 아닐까. 더 바랄 것 없는 삶 앞에 자포자기하지 않는 대신 자신을 필요로 하는 버려진 아이 곁에 머물면서, 어쩌면 자신을 버리면서 그녀는 헝클어진 삶에 리듬과 의미와 아름다움을 만들어낸 게 아닐까. 그 혹독한 엄마의 자리를 지켜준 사람에게 그녀는 진심으로 감사의 인사를 전한다. 엄마라는 자리에 있어준 사람을 지금도 엄마라고 부르며 끝까지 지켜내고 싶어 한다.

　　　　　　　　　2부 '엄마 자격'을 말하는 사람들

## 아무 데도 떠나지 않는 나무

"어릴 때는 엄마라는 말을 안 해봤기 때문에 부……부러웠어요. 친구들이 부르는 그런 엄마는 부러웠으면서 되게 미웠어요. 그때는 엄마 하면 생각하고 싶지 않았어요. 나한테는 없는 거였으니까. 새엄마가 들어와서는 엄마는 내가 지켜야 되는 거였어요. 지켜내야 되는 거였어요. 지금은 제가 엄마라고 불리잖아요. 하…… 복잡한 거 같아요. 엄마라고 불리고 보니까 굉장히 좋아요. 엄마라고 하면서 저한테 안길 때는 너무 좋아서 제가 아이한테 큰 나무가 된 것 같은 느낌이 들어요. 나는 흔들리지 말고 가만히 애들 옆에 있어줘야지. 어디 가지 말고, 이 아이들 옆에 언제까지나 같이 있어줘야겠다. 그런 느낌이 들어요. 엄마는 그냥 옆에 있어주는 사람 같아요. 아이들이 힘들 때든 기쁠 때든 언제나 옆에 있어주고 싶어요."

긴 침묵 끝에 한 말이었다. 간신히 나오는 듯한 목소리로 울먹이면서 한 말이었다. 사람들에게 그 목소리를 그대로 들려주고 싶다. 그녀가 발명한 말을. 이전에는 없었던 말을. 삶에서 빚어 만들어낸 말을. 엄마는 떠났지만 자신은 떠나지 않는 나무 같은 엄마가 되겠다고 떨면서 다짐하는 말을. 여전히 불안하지만 눈물 속에 잠기지 않고 희망을 품고 떠오르는 부표같이 빛나는 말을.

"아기를 낳아서 병원에 누워 있다가 모유수유하러 내려간 순간이 많이 기억나요. 아기를 낳고 나서 처음 아기를 받아서 제

젖을 물렸는데 젖을 빨려고 하는 그 모습을 봤어요. 아, 애도 엄마를 찾고 있구나, 엄마한테 왔구나, 나도 내 아이를 안아봤구나, 그 느낌을 잊을 수 없어요. 그때 몹시 행복했어요. 내가 우리 아이한테 뭔가를 준다는 그 감정이 행복했어요. 지금 신랑하고 아이들이 노는 것만 봐도 행복해요. 소파에서 깔깔거리며 노는 거 좋아해요. 아이들이 소파에서 점프해서 아빠 품에 떨어져요. 아, 이게 바로 가족이구나 싶어요. 제 아이들은 엄마, 아빠가 옆에 있으니까 걱정 없이 컸으면 좋겠어요. 항상 엄마, 아빠가 옆에 있다는 걸 느끼면서 편안하게 자랐으면 좋겠어요."

자기 아이를 안고 "예쁘다"라고 말할 때는, 아무도 보아주지 않았던 그 아이를 품에 안고 예쁘다고 말해주는 것 같았다. 그래서인지 예쁘다고 말하는 목소리가 가느다랗게 떨렸다. 아이들에게 새 옷과 새 신발을 사줄 때도 그랬다. 아이들에게 새 옷을 사줄 때면 그녀는 어린 시절 자신에게도 새 옷을 입혀주었다. 새 신발을 살 때, '발가락이 꼬부라질 정도로' 발에 맞지 않는 신발을 끌고 다니던 기억 속 그 헐벗은 아이에게 신발을 신겨주었다.

"저는 아기 낳고 위로를 많이 받았어요. 아기를 보면서 저의 불우한 어린 시절도 봤지만 아기가 저한테 안기면서 저를 손으로 토닥토닥해주잖아요. 그러면 위로를 많이 받았어요. 내가 어렸을 때로 돌아간 것 같은 느낌이 들었어요. 누군가 저를 토닥여주는 느낌을 많이 받았어요. 그래서 아기 붙잡고 많이 안겨서 울었어요……. 아직 더 많이 좋아져야 하지만, 정답은 없지만, 엄마는 계속 쭉 아이들하고 같이 크는 것 같아요. 아이들만 키우는 게 아니라 저도 엄마가 되는 과정 속에서 같이 크는 것 같아요. 애들하고 제가 같이 자라는 것 같아요. 아기들이 어렸을 때는 저도 잘 모르는 엄마였지만 점점 함께 커가고 있어요."

　　나무는 떠나지 않고 점점 더 큰 그늘을 키운다. 그 그늘에서 아이들이 해맑은 웃음을 짓고 눈동자를 반짝이고 뛰어다니며 논다. 나무는 어디에도 가지 않고, 이제 배고픔과 추위를 모르는 아이들이 마냥 즐겁게 노는 것을 지켜본다. 아이들이 웃을 때면 어디선가 다른 아이의 웃음소리도 까르르 들리고, 아이들이 신나할 때면 한편에서 다른 아이의 손뼉 소리도 들린다. 발치에서 뛰어노는 어린아이들은 아직 모르겠지만, 나무도 자신의 그늘에 보이지 않게 누워 비로소 쉰다. 그 모든 아이들이 함께 어울려, 나뭇가지 사이로 뛰어다닐 때 환한 잎사귀가 일제히 흔들리며 아직 끝나지 않은 노래가 울려 퍼지기도 하리라.

# 제가 직접 키울 거라고 말했어요

### 붉은 선 두 개

"탁자 한가운데에 임신 테스트기가 놓여 있었어요. 학교에 갔다가 저녁에 쉼터에 들어왔는데 선생님이 저를 불렀어요. 몇 달 동안 생리대를 받아가지 않았기 때문이었어요. 화장실에 가서 임신 테스트기를 써봤어요. 거기서 딱 두 줄이 나와버린 거예요. 큰일 났다! 그때 제가 중학생이었어요."

하영 씨가 열여섯 살 때 일이다. '잘못 걸렸다. 이건 안 되는데.' 임신 테스트기를 들고 처음 한 생각이었다. 쉼터에 들켜버렸으니 앞으로 어떻게 해야 하는 건지 도통 알 수 없었다. 중학교를 졸업하고 고등학교에 입학해야 하는데, 이곳에서 무사히 살아갈 수 있기를 바랐는데 수가 틀려버린 것이다.

"제가 그 전에 아빠랑만 살았는데, 아빠는 아빠대로 아침에 일찍 일어나 새벽에 일 나가시고 저는 잘 못 일어나는데 깨워줄 사람도 없고 챙겨줄 사람이 없으니까 중학교 선생님이랑 아빠랑 이야기해서 제가 쉼터에 갔어요. 거기서 학교를 다니다가 저는 임신한 거를 대충 눈치를 채고 있었는데 병원도 안 가고 아무것도 안 했단 말이에요. 6개월 동안 잘 숨기다가 걸렸네, 그랬어요. 저 말고는 아무도 몰랐으니까요."

임신한 상태에서 그 쉼터에 더 머무를 수는 없었다. '아빠한테 돌아갈까? 못 가겠어.' 아빠한테는 절대 안 가기로 했다. 전화도 한 번 하지 않았고 집에도 한 번 들러보지 않았다. 임신한걸 알고 나서는 혼자 힘으로 어떻게든 해보려고 했다.

"아기가 6개월이니까 이젠 지울 수가 없어서 시설에서는 아기를 낳고 입양 보내라고 했어요. 정말 입양 보내야 하나 생각이 들었어요. 만약 낳아도 내가 입양 보낼 수 있을까 이런 생각도 많이 들었어요. 저는 어릴 적부터 엄마랑 안 살았거든요. 얘가 입양을 가도 다른 부모님과 살다가 같이 사는 부모님이 진짜 부모님이 아니라는 걸 나중에 알 거 아니에요. 그게 너무 그랬던 거예요. 나 자체가 엄마랑 안 살아서 엄마에 대한 그런 게 별로 없는데 얘마저 친엄마에 대한 그런 게 없으면 내가 느낀 감정을 얘도 느낄 것 같았어요. 그런 마음이 커서 저는 너무 키우고 싶었어요. 시설에서는 입양 보내라 하고. 어떻게 해야 하나, 진짜 고민 많이 했어요."

아기 아빠는 쉼터에 있던 또래 남자아이였다. 시설 대상자는 여섯 개의 계층으로 나뉘어져 있고 각 계층마다 용돈과 자유 시간과 인정의 몫이 달랐다. 그 시설이 대상자를 관리하는 방식이었다. 아이들은 더 높은 계층으로 올라가기 위해 경쟁을 했다. 조금 더 개인적으로 누릴 약간의 시간과 돈을 위해서.

"그 시설은 폐쇄적이었고, 입소자들은 지휘 체계로 구분되었어요. 더 높은 단계에 올라가면 더 오래 밖에 나갈 수 있고 막 용돈도 더 주고 그랬어요. 아니면 안에만 있어야 하니까 너무 답답했어요. 거기서 보는 애들이 걔네들밖에 없으니까요. 그때 만난 남자애예요. 같이 가출도 하고 그러면서 가까워졌어요."

배는 자꾸 불러왔다. 쉼터에서 나오게 되었지만 돌아갈 집이 없으니 미리 시설을 나와 있던 남자친구의 집에 있었다. 그 집에는 남자친구와 그의 형만 살고 있었다. 딱히 누가 임신부를 챙겨줄 수 있는 환경이 아니었다. 이들을 담당해 지켜보던 구청의 사회복지사가 하영 씨에게 말했다. "이 남자애들을 못 믿겠어. 이곳에 있지 말고 미혼모 시설에 가라. 가서 아기를 낳든 뭘 어떻게 하든 거기로 가자." 그때가 임신 9개월 때였다. 곧 아기를 낳아야 했다. 급하게 모종을 옮겨 심듯 하영 씨는 또 새로운 거처를 찾아 떠났다. 사회복지사의 소개로 미혼모 시설에 입소할 수 있었다.

"이곳에 와서 보니까 저보다 어려도 아기를 낳아서 키운 사람도 있더라고요. 시설에서 지원도 잘 되니까 굳이 입양을 안 보내고 잘 키울 수 있을 것 같다는 생각이 들기 시작했어요. 이 시설에 와서 그 생각이 되게 분명해진 것 같아요. 그때부터 누가 입양 얘기하면 싫다고 내가 직접 키울 거라고 말했어요."

### 어린 딸과 아빠

"엄마랑 아빠는 저 세 살 때 이혼하시고 엄마는 새로 결혼을 하셨어요. 큰아빠가 아빠한테 남자 혼자 딸을 어떻게 키우냐고 저를 보육원에 보내라고 계속 그랬는데 아빠가 극구 우기면서 절 안 보낸 거거든요. 원래 엄마가 절 키우려고 데리고 갔는데 아빠가 엄마한테 가서 저를 데리고 왔어요. 아빠가 저 초등학생 때부터 아프긴 했는데 일 못 할 정도로 본격적으로 아프기 시작한 건 저 중학교 3학년 끝나갈 때쯤이었어요. 지금은 요양병원에 있는데⋯⋯."

하영 씨의 목소리가 진지해졌다. 장사 일을 하고 건설 현장에서 일을 하며 무너지는 몸과 마음을 술로 추슬렀을망정 혼자어린 딸을 지켜냈기 때문에 하영 씨는 아빠를 정말 좋아한다고했다.

"원래는 아빠가 장사했거든요. 제가 초등학교 고학년 올라갈 시점부터는 장사를 접어버리고 그냥 일용직 다녔어요. 그일 하면서 엄청 많이 다치고 본인 몸이 더 망가진 거죠. 장사했을 때는 장사하고 집에 오면 밥 먹으면서 소주 한잔 마시는 정도였는데 일용직으로 바뀌고 나서는 같이 일하는 사람들이랑 계속 술을 먹는 거예요. '이 아저씨가 미쳤나? 왜 이렇게 술을 먹는 거야?' 그랬어요. 밤늦게 들어오고 술을 매일같이 먹고 술 덜 깬 상태로 일 나갔어요. 사람들하고 일하는 중에도 술을 마시고…… 그때 잡을 수 있었는데. 몸이 완전히 망가졌죠."

하영 씨는 낮은 목소리로 그때를 후회스럽게 되뇌었다. 자기가 잡아줬어야 했는데 그러지 못했다는 듯이.

"아버지가 하영 씨를 돌봐줄 수 있는 상황이 아니어서 마음이 허전했겠어요."

"제가 외동이어서 초등학생 때 항상 학교 끝나고 집에 오면 텔레비전만 봤어요. 그때부터 밥을 할 수 있어서 배고프면 밥이랑 달걀 프라이 만들어서 먹었어요. 혼자 밥 먹고 아빠 올 때까지 기다렸어요. 그러다 밤늦게 아빠 오면 또 저녁 먹고 그랬는데……."

하영 씨가 말했다. "아빠가 나를 안 키우고 보육원으로 보냈다면 난 부모를 찾을 방법이 없는 거잖아요. 아빠가 지금까지 이렇게 키워놨으니까 지금 살고 있는 거잖아요. 아빠가 나를 제대로 안 키웠으면 내가 죽었을지 살았을지도 모르는 거잖아요."

하영 씨는 간호 일에 관심이 생겼는데 그 계기도 아버지 때문이라고 했다.

"아빠가 저 초등학교 3학년 때부터 아팠거든요. 그때부터 전 간호사 하겠다고 그랬어요. 아빠는 '간호사 할 바엔 의사 해'

그러는데 '아빠, 의사는 아니야, 간호사 할 거야' 그랬어요. 내가 그때는 할 수 있는 게 없잖아요. '아빠, 아프지 마.' 그런 말밖에 못 하는 나이니까. 내가 뭘 할 수 있는 나이가 아니니까. 그래서 맨날 '아빠, 아프지 마, 아프지 마……' 그것만 했는데, 그런 말 하면서도 내가 꼭 간호사 돼서 아빠를 돌봐야겠다는 생각이 되게 컸어요. 제가 의지할 수 있는 사람은 아빠밖에 없으니까요. 곁에 누군가 한 명은 있어서 좋은 것 같아요. 아무도 없으면 정말 외로울 것 같지만, 근데…… 그래도 다행이에요. 아빠라도 있어서."

그 빈방을 생각한다. 아버지와 어린 딸이 살아낸, 지금은 사라진 방. 세 살배기 딸을 마주해 씻기고 먹이고 입히던 그 방. 오직 둘밖에는 서로 말할 곳이 없던 그 외딴 방. 돈을 벌어야 해서 집을 비운 아빠를 기다리며 오도카니 어린 딸이 담겨 있던 빈 그릇 같은 방. 밤늦게 오는 아빠를 기다리다 텔레비전을 보고 또 보다 지쳐 잠든 그 방. 배가 고픈데 밥솥은 비어 있어 누가 가르쳐주지 않아도 쌀을 씻어 안치게 된 그 방. 장사가 되지 않아 막노동 일을 시작한 아버지가 술에 취해 비틀거리며 들어서던 그 방. 술내를 풍기며 아무렇게나 잠드는 아빠 곁에서 "이 아저씨가 미쳤나!"라고 악다구니 쳐도, 다음 날 비틀거리며 다시 돈을 벌기 위해 나가는 아빠를 말없이 보내야 했던 그 방. 일찍 몸이 무너진 아빠가 아파 쓰러졌을 때 그 곁에서 붙잡고 "아빠, 아프지 마, 아프지 마"라고 울면서 말할 수밖에 없었던 그 방. 아빠를 지키기 위해 할 수 있는 것이 아무것도 없어서, 아빠를 데리고 병원에 갈 수도 없어서 "아프지 마, 아프지 마"하고 아빠를 붙잡고 한없이 울던 방. 아픈 아빠를 위해 할 수 있는 것은 그 말밖에 없던, 보아주는 이 하나 없던 그 아픈 외딴 방.

몸으로 생활과 자식을 떠받쳐준 아버지의 건강이 허물어졌을 때 그 방도 함께 무너졌다. 아버지는 최선을 다해 버티었지만 그건 딸이 열대여섯 살이 될 때까지였다. "술이 문제였어요. 병원에 가지도 않고." 하영 씨는 술이 문제라고 말하지만 술이 아니었다면 그 노동을 견딜 수가 없어서 아버지는 술을 마셨을 것이다. 병원비를 감당할 수가 없어서 병원에 갈 수 없었을 것이다.

그래도 아버지가 월세를 내면서 힘겹게 지켜낸, 아버지와 딸만이 아는 웃음과 울음이 담겨 있는 그 방은 잊을 수 없는 공간이었다. 밤늦게까지 텔레비전을 보면서 아버지를 기다렸어도, 혼자 밥을 짓고 맨밥을 먹고 심심해서 더는 할 게 없어 잠들었어도, 하영 씨는 그 방을 고맙게 기억했다. 방에 혼자 있어도 버림받아 혼자가 된 건 아니라는 것을 하영 씨는 아버지가 늦게 오는 밤마다 되뇌었을 것이다. 그렇게 그녀는 외로운 사랑도, 가진 것이 없어 줄 게 없는 사랑도 사랑이라는 것을 배웠다. 아무것도 받지 않은 것 같아도 정말 큰 것을 받았다는 것을 알았다. 아버지는 자신을 선택하고 일찍 몰락해버린 거라고, 그래서 지금 더욱더 외로워진 거라고 그녀의 깊은 마음속에서 자책감이 말하고 있었다.

"제가 쉼터로 가고 나서 아빠가 아파서 일을 못 하니까 월세도 못 내고 나가야 하는 상황까지 생기니까 구청 사회복지사 선생님이 아빠를 노숙자 쉼터에 보낸 거예요. 거기서도 일할 수 있는 사람들은 일하면서 있을 수 있는 다른 데로 보내는데 그곳으로 옮겨 간 날, 아빠가 숨을 못 쉬고서 식은땀 뻘뻘 흘리면서 쓰러져서 구급차 타고 병원으로 간 거예요. 나흘 동안 쓰러진 상태에서 한 번도 못 일어났어요. 아빠가 병원비를 낼 상황이 못 되잖아요. 병원에서 아빠를 노숙인이라고 하고 요양병원으로 보냈는데 거기서도 걷지 못해서 휠체어 타고 다녔어요. 제가 간 날도 휠체어를 타야 했는데 억지로 걸어 내려오더라고요."

그녀는 아버지에 대해 말할 때 고개를 떨어뜨리고는 낮고 천천히 말했다. 그 말에는 가슴 깊숙한 곳에서 우러나오는 간절함이 있었다. 이 자리에 오기까지 하영 씨는 혼자 많이 애썼을 것이다. 그리고 자신의 마음을 지켜준 사람들이 있었다.


### 터닝 포인트

임신을 했을 땐 계속 허기가 졌다. 손에 집히는 대로 먹을 수 있는 건 다 먹었다. 얼음도 미친 듯이 씹어 먹었다. 그렇게 얼음을 씹어 먹다간 나중에 이가 시리다고 주변에서 말렸는데도 찬 얼음을 우적우적 씹으며 속을 달랬다. 아빠와도 싸웠다. 아빠는 딸이 임신한 걸 알고 나서 입양을 보내라고 했다. "입양 안 보내면 네가 어떻게 살려고 하냐?" 하영 씨는 전화기에 대고 마구 소리를 질렀다. "그런 얘기 하려면 나한테 전화하지 마!" 큰아버지는 다시 아빠를 공격했다. "네가 딸을 키워놓으니까 이제 저게 애 낳겠다고 미쳐서 돌아다닌다. 지금 개 나이가 몇 살인데 애를 혼자 키운다는 거냐? 미친 거 아니냐?" 아빠는 큰아버지 앞에서는 자기가 허락했으니 딸한테 나쁜 말 하지 말라고 했다. 온통 들끓는 속이었지만 하영 씨는 아기를 떠나보내지 않겠다고 굳게 마음먹은 뒤였다.

"내가 엄마한테 받은 상처 때문이었어요. 내 아이한테는 그런 상처를 주고 싶지 않았어요. 내가 실은 엄마 얘기하면 욕부터 나오고 엄마를 진짜 별로 안 좋아하거든요. 그런데 입양 보내면 애가 친엄마가 자기를 버렸다고 생각할까 봐. 그런 생각을 주고 싶지 않고, 그런 상처를 주고 싶지 않아서. 그게 제일 컸어요."

아기를 낳기 전에는 다 알아서 하겠다고 굳게 마음먹었다. 그런데 막상 낳아보니 쉬운 일이 아니었다. 아기가 원하는 걸 다 들어줄 수 없었다. 아기가 무언가 원할 때 어떻게 해줘야 할지 알 수 없었다. 육아도 쉽지 않은 데다 그녀 자신이 아직 어리고 경험이 짧은 탓이라고 했다.

"많이 어려운 것 같아요. 그냥 말로만, 명칭만 엄마지, 내가 뭐……. 내가 알려주고 싶어도 모르는 게 너무 많으니까 알려주기 힘들고. 막상 아이가 원하는 걸 내가 다 들어줄 수 없으니까. 그냥 꼬리표만 엄마지, 실질적으로는 엄마 같진 않거든요. 애가

2부 '엄마 자격'을 말하는 사람들

해달라고 하면 내가 다 해줄 수 있는 것도 아니고, 내가 너무 바쁘니까 애한테 신경 못 쓰는 것도 있고요. 겉모습만 엄마지, 생각하는 건 내가 얘랑 동갑 같아요. 그냥 친구예요, 친구."

미혼모 시설을 방문하는 영유아 건강 간호사가 있었다. 아기가 생겨 젖을 어떻게 먹여야 할지 몰라 쩔쩔맬 때면 보건소에서 온 간호사가 방법을 알려주었다. 어떻게 엄마가 되어야 하는지 처음부터 차근차근 알려주었다. 2년 동안을 그렇게 곁에서 함께해주었다.

"처음에 애가 너무 무서웠어요. 막 젖을 빠는 힘 자체가 너무 세서. 나는 너무 아픈데." 영유아 건강 간호사는 젖꼭지를 붙들고 아기의 입에 넣어 젖을 먹이는 법에서부터 야무지게 팔을 걷어붙이고 앉아 아기를 씻기고 기저귀를 제대로 가는 법까지 알려주었다. 아기로부터 받는 스트레스를 들어주고, 궁금한 육아 상식을 가르쳐주었다. 그녀는 자신이 기억하지 못하는 엄마다운 보살핌을 아이에게 해주어야 했다. 하영 씨는 지금 그것을 혼자 해내고 있는 것이다.

아기는 건강하게 태어났다. 젖을 유축기로 짜서 냉동실에 넣어가며 아기에게 모유를 먹였다. 피우던 담배를, 아마 그녀에게는 유일한 위로였을 수 있는 그 담배를 모유수유를 하는 4개월 동안 끊었다. 아기와 눈을 맞추며 이야기했다. 아이는 어린이집에 가서는 오감 발달 놀이나 체육 활동도 하기 시작했다. 말도 잘 배웠다. 몸과 마음 모두 골고루 잘 크고 있었다. 하영 씨가 어릴 때 누리지 못한 것, 경험해보지 못한 것을 주변의 지원을 통해 하나씩 실천해가는 건 아이가 잘 자라는 과정이면서 또 이 가족에 새로운 엄마가 태어나는 순간이기도 했다.

하영 씨는 영유아 건강 간호사를 '샘'이라고 친근하게 불렀다. "아기를 낳고 나서 간호사 샘이 처음부터 하나하나 다 알려주셨어요. 샘 만나서 되게 많이 배웠어요. 시설에서 알려주는 것도 있었지만 선생님이 알려준 건 일대일로 배워서 더 크게 도움이 된 것 같아요. 아기를 잘 보는 법에 대한 동영상도 보여주셨고 설명도 해줬어요. 내가 모유수유나 어떤 게 힘들다고 하면 지금 내가 쓰는 방법 말고 다른 방법을 알려주세요. 샘이 알려준 방법을 쓰면 오히려 쉬운 것도 많더라고요."

시설 담당자는 나에게 "이들에게 엄마가 되었다는 것은 삶의 터닝 포인트이고 살아갈 힘을 얻게 되는 과정"이라고 말했다. 정말 그런 것 같았다. 세상의 시야 밖에 있던 하영 씨에게 '미혼모'가 되었다는 것은 오히려 세상의 관심을 받게 되고 생존해낼 수 있는 자원을 얻는 과정이 되기도 했다. 미혼모 시설에 입소해 '엄마'가 됨으로써 하영 씨는 교육을 계속 받을 기회를 같이 얻었고 자신에게는 먼 꿈이었던 간호조무사 자격증을 취득할 수 있었다. 아기라는 새로운 가족이 생겼고, 엄마라는 자리를 가지고 일하는 직장인이라는 평범한 자격이 생겼다. 엄마가 되는 과정은 힘들었지만 하영 씨에게는 값진 성취이기도 했다.

"제가 어릴 때 간호사가 되고 싶었다고 했잖아요. 아기를 가

2부 '엄마 자격'을 말하는 사람들

지고 나서 내가 원하던 걸 할 수 있게 됐어요. 간호조무사, 이런 것도 몰라서 대학교를 나와야 간호사가 될 수 있다고 생각했어요. 그런데 내 성적을 내가 아니까 대학에 절대 못 간다고 생각했어요. 그랬는데 여기 와서 간호조무사 하는 언니들도 보고 어떻게 할 수 있는지도 알게 됐어요. 여기 온 게 더 잘된 것 같다는 생각도 많이 들어요. 아기 낳고 나서 이쪽으로 나갈 수 있어서 더 많이 좋은 것 같아요. 제가 하고 싶은 걸 할 수 있으니까요."


### 간호사 '샘'

이제 스무 살이다. 나는 하영 씨의 나이가 자꾸 떠올랐다. 중학교 3학년 때 임신을 하고 아이를 낳은 그녀는 이제 스무 살이다. 하지만 아이가 벌써 네 살이고 몇 달 후면 이 시설에서도 나가야 한다. 당장 취업을 해서 아이를 부양해야 한다. 어깨에 진 몫이 만만치가 않았다.

중학생 때 임신을 할 수도 있다. 고등학생 때 엄마가 될 수도 있다. 10대를 보호해주는 가족이 없을 수도 있다. 그래도 이 사회에서 살아낼 수 있어야 한다. 양육을 원한다면 공평하게 엄마가 될 수 있어야 한다. 아무 조건 없이, 원한다면 엄마가 될 수 있어야 한다. 그렇게 될 수 있게 지원을 받아야 한다. 옳고 그르다는 세상의 잣대는 이 자리에서 쓸모가 없다.

난 그녀가 사람들에게 물었다고 생각한다. 그녀가 살아낸 자리들이 사람들의 꿈이 이루어놓은 한 뼘 자리라고 생각한다. 그런 의미에서 하영 씨는 운이 좋았다. 이전 쉼터에 같이 있던 친구들 중에는 '인생을 막살아서 망했다'라고 표현되고 마는 친구도 있었다. '쓰레기같이 되었다'라고 표현되는 친구들도 있었다. 그 또한 그들만의 선택은 아니었을 것이다. 하영 씨는 아슬아슬하게 관심의 손길이 닿는 자리에 틈을 비집고 자리 잡아 살아낼 수 있었다.

중학생 때 집에서의 생활이 어려워졌을 때 쉼터를 주선해준 학교 선생님이 있었다. 쉼터에서 생활하다 그곳에 있는 남자친구를 만나 임신을 하고 그 쉼터를 떠나 남자친구와 불안한 동거에 들어갔을 때, 위험을 알아채고 새 시설을 소개해준 사회복지사가 있었다. 입양을 보내야 하는 기로에 섰을 때 아이를 키울 수 있다고 지지해준 미혼모 시설이 있었고, 빈곤의 굴레로 떨어지지 않게 아이를 키우며 학업을 할 수 있게 한 학교가 있었다. 그리고 아기를 키우는 자리에서 굳건히 엄마가 될 수 있게 함께 해준 영유아 건강 간호사가 있었다. 이 모든 실낱같은 끈이 이어져 하영 씨는 학업과 직업을 포기하지 않고, 아이를 포기하지 않고, 엄마라는 자리를 얻어낸 것이다. 그래서 하영 씨가 아이를 기르는 자리는 모두에게도 소중했다. 허락되지 않은 것을 이루어낸 자리였기 때문이다. 가능성을 보여주었기 때문이다. 우리를 좀 더 믿을 수 있게 해주었기 때문이다.

간호사 '샘'은 하영 씨가 간호조무사 자격증을 땄을 때 누구보다 기뻐해준 사람이었다. 하영 씨가 보건소에 갈 때마다 생각나서 전화해보고 곧잘 만나기도 했던 '샘'이었다. 하영 씨가 앞으로 일도 공부도 열심히 해서 간호대학에 가고 싶다고 말하자 '샘'이 웃으며 말했다. "간호대에 갔다가 보건소에 일하러 와." "제가 오면 샘은 그때 안 계시지 않을까요?" "아, 그런가?" '샘'은 웃었다.

땀에 젖은 아기를 끌어안고 있던 날, 간호사 '샘'이 쉼터에 왔다는 소리를 들으면 흐트러진 입성으로 뛰쳐나가곤 했다. 자기를 보러 와주는 사람이 있어서 좋았다. 마주 앉아 아기의 성장에 대해 이야기해주고, 아기를 잘 키울 수 있다고 편들어주는 사람이 있어서 좋았다.

"아기를 처음 낳는 사람들은 도움을 되게 크게 받아요. 내가 정말 아무런 지식도 모르고 인터넷에서 찾거나 글로 배울 수밖에 없는데, 누가 내 앞에 와서 어떻게 하면 되는지 알려주는 거잖아요. 내가 아기로부터 받는 스트레스를 얘기할 수 있어서 되게 좋았어요. 서울시에 되어 있는 것만 해도 잘되어 있는 것 같아요. 전국적으로도 했으면 좋겠어요. 이건 진짜 잘되어 있는 거예요. 저희한테 왔던 간호사 선생님들은 다 좋으신 분들이어서 아기에 대해 물어볼 수 있었고, 그래서 제가 잘 키울 수 있었어요."

### 아버지, 딸, 손녀

"아기 낳고 6개월 지났을 때 처음 요양병원에 있는 아빠한테 갔어요. 아빠가 너무 좋아했어요. '그때 진짜 입양 보냈으면 넌 내 딸 아니었다'라고 그러더라고요. '그럼 입양 보내라고 왜 얘기했는데? 하하. 아빠가 입양 보내라고 아무리 그래도 난 안 보냈을 거야!' 제가 그랬죠. 지금 아빠는 손녀가 '짱'이에요. 딸은 뒷전이에요. 아파서 제대로 걷지도 못하면서 힘든데 꾸역꾸역 17킬로그램짜리 손녀를 안고 걸어 다녀요."

하영 씨가 임신을 했을 때 아버지는 입양을 보내라고 했다. 아버지는 자신이 없었다. 딸을 지켜줄 자신도, 손녀를 지켜줄 자신도 없었다. 자신이 딸을 지켜내려 했지만 딸이 다 크기도 전에 일찍 건강이 무너져버리고 죽음의 문턱 가까이까지 간 아버지는, 자식을 기른다는 것이 가진 것 없는 부모에게 어떤 대가를 치르게 하는지 아는 아버지로서는, 딸에게 아이를 손수 기르라는 말을 차마 할 수 없었을 것이다.

하지만 딸은 자식을 지켜냈다. 아버지의 성이자 자신의 성을 따르게 하고 가족관계증명서의 자기 이름 밑에다 아이의 이름을 올렸다. 돈이 없어서 '아이가 먹다 남긴 밥을 먹고 사는 한이 있어도' 아이를 자기 힘으로 기를 거라고 장담했다.

사진관에 간 적은 없지만 그 오롯한 가족의 마음속 영원한 가족사진에는 이렇게 세 명이 있다. 아버지, 딸, 손녀. 다른 누구도 이 가족사진 속에 어설픈 얼굴을 내밀 수 없다. 딸을 지킨 아

2부 '엄마 자격'을 말하는 사람들

버지, 딸이 지킨 손녀, 손녀가 지키는 딸, 딸이 지키는 아버지. 이 영원한 순환은 이 가족만이 알고 있는 사랑의 내력이 되어 이들의 이어지는 삶을 지켜줄 것이다.

아버지는 이제, 이 유일한 손녀를 빼앗길까 봐 전전긍긍한다. 연락을 끊은 남자친구가 나중에 양육권을 주장하면 어떻게 하냐고 불안해하며 딸에게 묻는다. 염려와 걱정으로 물어 오는 병든 아버지의 질문들에 딸은 "절대, 다른 사람들이 내 딸에게 손대는 일은 없을 거"라고 장담해준다. 아버지는 끝없이 묻고 딸은 끝없이 대답한다. 그러면서 딸은 친구처럼 호기롭게 무지른다. "이 아저씨야, 정신 차려!" 그들만이 아는 말, 그들만의 사랑법이다.

백세시대라며 사람들은 노랫말을 흥얼대지만 그 수명대로 다 살 수 없는 아픈 사람들이 있다. 아버지는 일을 하고 아이를 기르고 술을 마시고 걱정을 하느라 일찍 늙고 병들어버렸다. 아버지가 비틀거리며 아이 곁에 있어준 그 짧은 시간이 아버지로선 최대로 버틴 긴 시간이었다. 힘과 노력을 다한 시간이었다. 그걸 알기에 딸은 그 시간을 외로움의 시간이라고 이름 붙이지 않는다. 자신이 자란 시간이자 아버지가 버텨준 시간이라고 부른다.

이제 하영 씨는 스스로 엄마의 역사를 새로 써나가야 한다. 엄마의 돌봄이 어떤 것인지 모르고, 엄마가 되어 어떻게 아기를 키워야 하는지 모르는데 엄마가 되었다.

"옛날에는 어릴 때, '아빠, 나 결혼 안 할 거야, 아빠랑 평생 살 거야' 이랬는데 아빠가 '웃기지도 않는 소리 하네, 난 니랑 안 살아!' 그랬어요. 저희 아빠가 불쌍해요……. 저를 혼자 키우다가. 솔직히 재혼이라도 했으면 옆에 있는 분이 몸도 챙겨주고 그랬을 텐데 혼자 불쌍하게 병원에서 담배만 피우고 있고. 지금 병원 생활을 3년째 하고 있으니까 불쌍하고. 제가 자주 못 가니까……. 근데 저는 아기가 있는 게 덜 외로운 거 같아요. 제가 외동이고 혼자 있는 시간이 많은데 아빠도 병원에 있고 하니까 어차피 애가 없으면 저 혼자인 거잖아요. 원래 외로움이 많았는데 그러면 진짜 엄청 외로웠을 것 같아요. 그런데 아기가 있으니까, 애가 저를 힘들게 하고 스트레스받아도 그게 좋은 거 같아요. 키우길 잘했어요."

아무도 찾아오지 않아도 아버지를 기다리며 견딜 수 있었던 그 빈방처럼, 가난한 하영 씨가 주는 작은 노력들과 시행착오가 아이에게는 세상에서 둘도 없이 값지고 귀한 선물이자 마음 놓고 자랄 수 있는 방이 될 것이다. 지켜내는 자리를 가슴속으로 깊이 기억하는 하영 씨가 세상에 하나뿐인 자식에게 주는 노력이기 때문이다.

"저는 엄격한 엄마는 안 됐으면 좋겠어요. 그냥 친구 같은 엄마? 아빠와 저도 친구 같은 사이거든요. 제가 아빠 보고 '이 아저씨 봐라?' 맨날 그러거든요. 이게 무뚝뚝하거나 엄격한 것보다 더 좋은 것 같아요. 엄마라면 내 얘기 다 들어주는 사람 아닐까요? 친구처럼 지낼 수 있는 엄마가 저도 되고 싶어요. 제가 그렇게 자란 것처럼."


## 다섯 손가락

하영 씨는 손바닥을 폈다. 그리고 손가락을 하나씩 천천히 꼽으며 자기가 아이에게 엄마로서 해준 것들, 아이를 생각하면 떠오르는 것들을 이야기했다. 기억들이 손가락 사이에서 팔딱였다.

"놀러 가는 것! 이게 첫 번째예요. 주말마다 밖에 놀러 나가요. 제가 워낙 집에 있는 걸 안 좋아해서요. 나가 노는 걸 좋아해서 지하철 타고 멀리멀리 나가요. 아이가 절 닮았는지 엄청 활동량이 많아요. 나가서 노는 거 좋아하고요. 집에 있는다 해도 나혼자 있는 집 말고 다른 사람이랑 같이 있는 집을 좋아해요. 아이랑 단둘이 있으면 더 스트레스를 받는다고 할까. 답답하니까. 아이도 집에만 있으면 더 달라붙어요. 그러면 '붙지 마, 붙지 마, 저리 가!' 이러는데 밖에 나가면 잘 노는 거예요."

검지손가락을 꼽기 전 하영 씨는 한참 생각했다. "노는 것 말고 잘하는 게 없을까……." 혼잣말로 중얼거리다 아이가 애교 부릴 때 기분이 좋아진다는 말을 했다.

"둘째로! 애가 애교 부릴 때 기분이 좋아져요. 요즘은 커서 좀 징그럽긴 한데 그래도 아직까지는 볼 맛이 있는 것 같아요. 이젠 옛날처럼 아기 소리를 내지는 않지만 지금도 나를 보고 귀여운 소리를 내고 웃고 즐거워할 때 저도 즐거워져요."

하영 씨는 아침에 아이를 어린이집에 데려다주고 막 돌아와서 나와 마주 앉았다. 그녀는 몸집이 작고 낯빛이 희고 머리가 짧았다. 헐렁한 베이지색 웃옷을 입고 갈색 체크무늬 수면 바지를 입고 있었다. 아침 시간이 바쁘겠다고 하자, 그래도 텔레비전 연속극 볼 시간은 남는다고 너털웃음을 지었다. 곰곰이 세 번째 손가락을 내려다보던 하영 씨는 아이가 얼마나 또래들과 잘 어울리는지 문득 떠올렸다.

"여기 미혼모 시설에 아기들이 여럿 있잖아요. 우리 아이가 자기가 좋아하는 동생들을 데리고 놀아요. 그 동생들과 잘 놀아줄 때 예뻐요. 가끔 자기 마음에 안 들면 툭 때리기도 하는데 때리지 않고 잘 놀아줄 때, 보고 있는 엄마들 마음이 좋아요."

이제 하영 씨는 눈을 가늘게 뜨고 가슴속 사진첩을 넘기기 시작한다. 박수 소리와 까르르 터지는 웃음소리가 들렸다. 식탁 위에 수북수북 쌓아놓은 색색들이 잔치 음식, 고운 한복, 사람들이 축하해주는 말소리도 들려왔다. 아이랑 있어서 가장 행복하고 좋았던 시간. 바로 돌잔치 때였다.

"돌잔치 할 때가 제일 좋았던 것 같아요. 여기 선생님들이랑 이곳에 있는 아기들이랑 엄마들이랑 친구들까지 몇 명 와서 돌잔치 했는데 그때가 좋았어요. 아기를 낳은 지 벌써 1년이 지났구나. 우리 아기가 이렇게 컸구나. 아기랑 있으면 시간이 빨리 가더라고요. 뭔가 한 게 없는 것 같은데 벌써 1년이 지났고, 난

학교를 반 학기 다녔고, 벌써 돌잔치 하네. 난 진짜 엄마가 되었네. 이런 생각이 들었죠."

새끼손가락이 남았다. 하영 씨는 새끼손가락을 구부렸다 폈다 반복했다. 기억 속을 스치고 있는 장면들을 다 보지는 못해도 그 모든 풍경에 아이가 있다는 걸 알 수 있었다. 아이가 웃으며 뛰놀던 잔디밭을 하영 씨는 떠올렸다.

"저희가 시설에 있는 아기들을 다 같이 데리고 공원에 갔어요. 잔디밭에다 딱 돗자리 펴놓고 아기들 사진을 찍어줬는데 거기서 우리 아이가 제일 컸어요. 우리 아이가 동생들한테 뽀뽀해주는 모습이 찍힌 게 있거든요. 아이가 어느새 커서 다른 아기들한테 뽀뽀하고 아기들을 안아주는 게 참 예뻐 보였어요."

사랑을 받는 아이는 다른 사람들에게도 사랑을 전해주며 훌쩍 자라나 있었다. 하영 씨의 만족스러운 웃음과 함께 그 다섯 손가락들은 한데 모여 주먹으로 꼭 움켜쥐어져 있었다.

"앞으로 아이가 하고 싶은 걸 하면서 살았으면 좋겠어요. 소질 있으면 공부를 잘하면 좋겠지만 소질이 없으면 다른 거라도 하면 좋겠어요. 요즘에는 꼭 공부 아니어도 할 수 있고 배울 수 있는 게 많으니까. 전 애가 하고 싶은 거 했으면 좋겠어요. 학교에 가서 힘든 일 겪지 않고 좋은 친구들 만났으면 좋겠어요. 오늘 어린이집에 데려다주는데 노란 태권도학원 차가 지나가는 걸 보더니 자기도 태권도 배우고 싶대요. 배우고 싶다고 하니까 태권도도 시킬까 봐요."

### 처음 동물원에 간 날

"내가 어떻게 키우냐에 따라서 아이도 잘 클 수 있는 거니까요. 내가 어린 나이에 애를 낳았다고, 다른 사람들이 '너네 엄마는 애를 일찍 낳았네' 이렇게 무시하고 편견이 있을 수 있겠지만 그런 걸 같이 이겨내야 해요. 어떻게 보면 내가 이겨내야 하는 게 맞잖아요. 내가 이겨내야지 우리 애한테 더 좋은 걸 해줄 수 있으니까요."

하영 씨는 어느새 씩씩하게 말했다. 아마 하영 씨는 아이에게 무언가를 줄 때마다 속으로 말하지 않을까. '이것밖에 못 줘서 미안해. 근데 이게 나한테는 제일 좋은 거야.' 다른 부모들처럼 하영 씨도 자신이 더 해줄 수 없는 걸 미안해하며 자신은 누리지 못한 최고의 것을 자식에게 준다.

아이가 말도 잘하고 하고 싶은 것도 많고 엄마에게 화도 내고 투정도 부리며 밝게 자라는 일이 무엇보다 좋다고 했다. 어린이집에서, 공원에서 다른 아이들과 섞여 뛰노는 아이는 명랑해 보였다. 햇빛에서 뛰노는 아이 앞에서 그늘은 한발 한발 물러갔다. 하영 씨가 삶을 선택했기 때문이다. 이 세상에는 그녀의 삶을 지지해주는 사람들이 아직 더 많기 때문이다.

물론 어려운 점들도 많이 남아 있다. 변화는 쉽게 일어나지 않는다. 아버지가 좋은 말을 곧이곧대로 할 줄 모르고 무시와 면박, 빈정거림으로밖에 감정을 표현하지 못하는 것처럼, 하영 씨도 말을 할 때 쉽사리 화를 내거나 소리를 지를 때가 있다. 하영

2부 '엄마 자격'을 말하는 사람들

씨는 자신이 가진 것보다 훨씬 더 많은 몫을 해내야 하는 엄마라는 자리가 가끔 버겁게 느껴지기도 한다.

"애가 이젠 말을 안 들어요. 요즘에는 자기주장이 강해지니까 소리도 엄청 질러요. 이제 말대꾸도 막 해요. '엄마, 말 예쁘게 하라고 그랬지! 나한테 말 예쁘게 해야 돼. 왜 나한테 짜증 내!' 이러면서. 요즘에는 오히려 자기가 엄마인 것 같아요. 저는 화를 잘 내요. 사소한 거에도 화를 내요. 원래부터 어릴 때도 화를 잘 못 참았거든요. 그래서 제가 문득 화내고 소리 지르면 자기한테 화내지 말라고, 싫다고, 왜 자기한테 짜증 내냐고 울면서 아이가 화를 내요. 그렇게 옥신각신하며 살아요. 노력하는 거죠. 하지만 아이가 있으니까, 안 좋은 생각도 덜 하게 되고. 아이가 있으니까, 내가 얘랑 살아야 한다는 생각이 강하게 들거든요."

사람마다 환경이 다르겠지만 엄마들이 자기 아기를 기를 수 있었으면 좋겠다고 하영 씨가 말했다. 아기를 기르면서 포기해야 할 것도 많겠지만 아기로 인해서 얻는 것도 많기 때문이라고 했다. 변화와 미래에 대한 기대 같은 것. 과거가 아닌 앞을 보고 자신을 추스르며 한 발자국 애써 내딛을 수 있는 힘 같은 것.

그녀에게 아이가 어떤 의미인지 마지막으로 물어보았다.

"아이는 나에게…… 꿈과 희망이다? 얘가 있어서 내가 하고 싶었던 것도 할 수 있게 됐어요. 그냥 앞으로도 뭐든 애가 하는 것, 얘가 하고 싶어 하는 것도, 내가 하고 싶어 하는 것도 다 잘됐으면 하는 생각이 들어요. 그리고 아이도 내가 주는 걸로 인해서 더 많이 좋아졌으면 좋겠어요."

　이 이야기를 빼놓을 수 없겠다. 하영 씨는 어제 서울대공원 동물원에 갔다. 태어나서 처음으로 가본 동물원이었다. 동물원에는 기린이 있었다. 기린을 처음 보고 기뻐하며 손뼉 치는 아이 옆에 쪼그리고 앉아, 그 눈높이에서 하영 씨도 난생처음 기린을 보았다. 말로만 듣던 기린은 아주 키가 컸고 목이 길었고 천천히 여유롭게 앞으로 걸어가고 있었다. 기린의 긴 목에 걸쳐진 푸른 하늘은 기린이 걸음을 뗄 때마다 더 넓어지는 것만 같았다. 기린이 처음 이곳으로 봄 소풍을 나온 엄마와 아이를 보았고, 하영 씨와 딸아이도 박수를 치며 기린을 보았다. 본 적이 없어서 세상에 없었던 기린이 이제 성큼성큼 그들의 눈 속으로 다가오고 있었다.

# 3부

---

한국에서
엄마로 살아간다는 것

# 왜 꼭 아빠가 있어야 할까요?

### 말할 수 없는 비밀

하늘에는 두터운 회색 구름이 내려앉을 듯 떠 있었다. 도로에 늘어선 가게에는 모든 물건을 5,000원이나 1만 원에 살 수 있다고, 시간이 얼마 남지 않았으니 빨리 사 가라는 호객 소리가 크게 들려왔다. 마찬가지로 가격을 써 붙인 과일 더미들도 보였다. 풋살구, 작고 붉은 복숭아, 체리 같은 것들이었다. 부동산 유리 벽에는 오래되고 싼 빌라 매물과, 그 몇 배의 값이 나가는 아파트 매물이 나란히 종이에 적혀 붙어 있었다. 골목 구석에 있는 빌라를 찾아 도착했을 때 가는 비가 조금씩 내리기 시작했다. 꽉 물고 있는 어금니 사이로 슬금슬금 나오는 울음처럼 느껴지는 비였다.

은희 씨는 거실 창 쪽에 서서 복대를 찬 채 어린 딸을 안고 있었다. 비가 오려는 건지 허리가 아프다고 말하면서 복대를 풀었다. 그녀는 회색 면 원피스를 입고 있었고 키가 큰 편이었다. 선선히 말하는 목소리 속에는 작은 망설임이 묻어 있었다.

"저는 아직 과정 중이에요. 본보기로 저를 만나신 것 같은데 제 상황이 예쁘게 잘하고 있으면 다른 분들 보기 좋을 텐데 아직 제가 그렇지 못해서."

아기는 노란빛이 도는 가는 머리칼에 희고 둥근 얼굴을 하고 있었다. 목에는 턱받이를 하고 얇은 속바지를 입고 있었다. 기저귀를 찬 엉덩이께가 두툼했다. 발그레한 발가락을 꼼지락거리며 엄마 품에 안겨 있었다. 은희 씨는 인터뷰 내내 아기를 안고 있었다. 아기를 안고 얘기를 해주는 엄마들을 만날 때 느끼는 각별함이 있다.

네 살 아들은 작고 마른 몸집을 하고 있었다. 엄마 곁을 떠나지 않고 장난감 음악을 틀기도 하고, 레고로 작은 모형을 조립하기도 했다. 거실 한쪽 벽은 아이들의 사진 액자들로 빼곡했다. 돌 사진도 있고, 아이들 얼굴을 크게 찍은 사진도 있었지만, 부모의 사진은 거의 없었다. 거실에서 놀고 있는 아이들, 잘 정돈된 집, 장난감들이 차곡차곡 쌓여 있는 놀이방, 말끔한 식탁과 부엌. 집은 아이들을 소중히 여기는 온기로 싸여 있는 것 같았다.

"겉으로 보면 저희 부부가 다 좋아 보인다고들 하는데 겉치레가 있어요. 남들 앞에서 다 오픈할 수 없지만, 이 집 안에 있으면서 저도 행복하게 편안함 같은 걸 좀 추구하며 살았으면 좋겠는데……. 그게 안 되니까……. 안 좋은 환경을 만들어주는 모습을, 그것만 피할 수 있다면 정말…… 잘 살 것 같다는 생각이 많이 들어요."

그녀는 많이 망설이고 떨면서 그리고 웃으면서 그 말을 했다. 무슨 말을 하고 싶은 건지 귀를 기울여야 했다. 곧 그녀의 얼굴에서 웃음기가 사라졌다. 목소리가 좀 더 커지면서 눈에 눈물이 가득 고였다.

"우리 아이들한테 음…… 가장 못 했고 가장 해주고 싶은 거는 평안한 가정? 물질적인 것보다 마음이 좀 안정되는 환경을 만들어주고 싶어요. 편안하게 해주고 싶은데 그걸 가장 못 했어요. 지금도 그걸 못 해주니까 가장 큰 죄를 짓는 거고 미안하지요. 제가 아이들에게 해주고 싶은 건 행복한 마음을 느끼게 해주는 건데, 그렇게 안 되어서 많이 속상한 거예요. 잘한다고 하는데 나만 해서 되는 것도 아니고."

말뜻을 잘 알아들으려면 표정을 지켜보아야 하고 말꼬리를 적시는 눈물과 말끝을 흐리는 웃음의 의미를 읽어야 한다. 게다가 두 아이는 곁에서 엄마가 놀아주길 기다렸다. 가족들이 종일 못 본 얼굴을 마주 보면서 함께 밥을 나누어 먹어야 하는 저녁 시간이었다. 아이들이 칭얼대는 소리나 놀아달라는 투정에 은희씨의 말이 자꾸 끊겼다. 성가실 법도 하련만, 은희 씨는 아이들의 말에 인내심 있게 대꾸하고 기다리라고 어르면서 대화를 다

3부 한국에서 엄마로 살아간다는 것

시 이어갔다. 그녀는 큰아이를 다른 방에 가서 혼자 놀라고 보냈다. 아마 이야기를 듣는 것을 피하게 하려고 하는 것 같았다.


### 그런, 이런, 이야기

"모든 일에는 순리가 있고 목표가 있어야 하잖아요. 사람의 삶의 질을 결정하는 행복지수라는 게 있잖아요. 그렇게 행복한 마음을 갖고 같이 꾸려나갔으면 하는 바람이 저한테 큰데 그게 남편하고 너무 차이가 나서 같이 못 하겠더라고요. 그러니까 제 마음이 너무 불안하고 힘들어서. 제가 솔직히 큰아이만 있었을 때 마음을 많이 놓쳤어요. 근데 둘째까지도 똑같은 상황이 돼 버리니까 그게 가장 힘들었던 것 같아요."

사람들은 짐작할 수 있을까. 그건 남편의 가정폭력에 대한 이야기였다. 그녀는 그 단어를 빼고 이야기하려고 무진 애를 쓰고 있었다. 울먹이는 목소리가 아슬아슬하게 기억을 스쳐 가며 언저리에서 나오고 있었다. 큰아이를 낳고 마음이 힘들어 놓쳤다는 건, 그때도 폭력을 겪어서 힘들었다는 뜻이었다. 둘째가 태어났는데도 상황은 바뀌지 않았다.

"남편을 생각하면 저도 점점 더 독해지고 못돼지는 것 같아요. 화를 내고 싸우더라도 아이들을 먼저 생각을 해야 하는데 신랑은 전혀 그런 게 없고 안하무인 격이에요. 아이가 있든 없든 신경 안 써요. 그런 생각 차이가 너무 커요. 그래서 좀 많이 힘들었어요. 첫애 때도 그랬는데 둘째 때도 그러니까 정말 그 사람을 어떻게 해버리고 싶은 생각까지 들 정도로 싫더라고요. 조용하게 있을 때는, 잘할 때는 잘해요. 근데 평범하게 사는 사람들과 얘기를 해보면 남편이 하는 행동은 보편적이지 않고 확 차이가 나는 거예요. 제가 그걸 감당하기 어려웠어요. 무슨 일이 생겨서 싸우게 되면 애들 데리고 피해 있어야 해요. 혼자라면 같이 치고 받고 싸우고 막말도 하겠지만 이제 애들이 있으니까 그렇게 하면 안 되잖아요."

남편이 집에 없는데도 말과 행동이 위축되어 살얼음판을 걷듯 조심스러운 그녀를 보자 나도 긴장이 되고 조심스러워졌다. 아이들의 웃음소리가 들리는 이렇게 평온한 가정이, 밤에 아빠가 오면 욕과 주먹질이 난무하는 폭력의 장소가 될 수 있는 것이다. 그녀는 일상적인 불안을 감내하며 살아내고 있었다. 그녀의 말은 우회적이고 끊기고 반복되고 주춤거렸는데, 최대한 감추고 말할 수 있는 것만 표현하려고 애쓰는 것 같았다. 너무 아픈 일은 섣불리 건드려 피 흘리지 않게, 어쩔 수 없었던 곪은 자리는 괜히 터뜨리지 않게. 자식들의 귀를 의식해 '친구들'이라는 표현을 썼으며 때로 남편도 그렇게 불렀다. 말뜻을 몸짓으로만 표현할 때도 있었다. 손을 가슴을 대거나 단호한 손짓을 하기도 했다. 가정폭력은 '그런', '이런'이라는 말로 대신했다.

"아이 아빠가 아이들이 있건 없건 막 대하거나 그런 걸 할 때는 다 놓고 싶어요……. 한번은 큰애를 가졌을 때, 큰애랑 저랑 그런 감정이 많은데, 그때 놓고 싶어서 놓은 적도 있었어요……. 근데 이렇게 사는 거 보면 그때 후회를 많이 했죠. 지금도 아빠랑 딱 놓치고 싶지만 두 번 다시는 우리 아이들을 그렇게 하면 안 되겠구나 하는 게 생긴 거죠. 그렇지만 불안한 마음이 항상 있어요. 저는 제 병이 다 나았다고 말할 수가 없어요. 몇 달 전까지만 해도 저 자신을 어떻게 할지 몰랐던 경우가 있었어요. 그래도 다시 되돌아올 수 있었던 건 그때 한 번 내가 아니라고 마음먹었는데 왜 또 바보 같은 생각을 했냐고 저를 자책하고 질책을 했기 때문이에요. 제 동기는 무조건 아이들인 거죠. 당장에 아빠가 하는 걸 보면…… 그냥 삭, 매듭을 짓고 싶기는 하지만 그게 안 되죠."

아이를 제대로 돌보지 못할까 봐 우울증 약도 거른다는 그녀는 자신의 불안한 마음을 의식하고 흔들리고 있었다. 절망과 희망 사이에서, 놓음과 놓지 않음 사이에서, 포기와 받아들임 사이에서 그녀는 흔들리고 있었다. 이를테면 아이들을 해치고 싶었다거나 죽고 싶었다는 말을 '놓는다'라거나 '픽', '삭' 같은 단어로 말하고 입을 다물었다. 가정폭력을 겪는 아내의 고통, 죽으려고 아이까지 죽음으로 몰고 갔던 일을 그렇게 돌려 말했다. 그녀는 "아빠랑 딱 놓치고 싶지만", "삭, 매듭을 짓고 싶기는 하지만"이라고 말했다. 자신이 죽고 싶다는 것인지 아이들을 놓칠 뻔했다는 것인지 그 뜻이 불분명했다. 순간 아이를 묵묵히 보는 그녀의 얼굴이 차갑고 서늘하게 굳어 있었다. 오랜 침묵이 이어졌다.

"어렵게 가진 아이들이에요. 매번 가질 때마다 힘든 일이 많았어요. 축복 속에 태어날 아이들을 제 불찰로 잘못한 것도 있어요. 아이를 가졌을 때는 행복했는데 가지고 나서 이 아이들한 테 내가 해준 게 없으니까 미안함이 컸고 지금도 크고……. 그걸 보답할 수 있는 건 내가 끝까지 어리석은 행동 안 하고 이 친구들을 잘 지켜내는 거예요. 우리 셋이서 잘 지냈으면 하는 바람이 크죠."

아이를 낳기 전에도, 낳고 나서도 그녀는 우울했다. 아이를 놓으려 했다는 건 큰아이를 임신하고 있었을 때 자해를 시도했다는 의미였다. 병원에서 치료를 받아야 했다. 남편은 알코올중독 문제가 있는 데다 폭력을 종종 썼다. 경찰은 여러 번 집으로 출동했다.

"남편 때문에 그렇게 안 좋은 일이 있으면 제 다리가 휘청휘청하고 가슴이 먹먹해져요. 근데 이 친구들 보면 생각이 달라져요. 내가 먹먹한 건 나를 위한 거지만 아이들은 계속 자라잖아요. 물질적인 건 못 해주더라도 마음으로라도 내가 좋은 쪽으로 인도해주는 엄마가 되고 싶어요."

아이들을 사랑하는 만큼이나 고통은 깊었을 것이다. 행복이 어떤 것인지 느꼈기 때문에 불행은 더 참을 수 없는 것이 되었을 거다. 그녀가 떠듬거리고 긴장하고, 희망을 가지면서도 한편으로는 자신 없어하고, 자신도 놓칠까 봐 걱정된다고 일렁이며 말하는 사이에는 모두 폭력의 흔적이 있었다.

3부 한국에서 엄마로 살아간다는 것

## 소름 끼치게 감사한 일

"간호사님 처음 만나게 된 건 저희 가정에 안 좋은 일이 있었고 둘째 임신하면서부터 저에게 우울증 같은 경향이 있다고 보건소에서 연계해주셨어요. 간호사님이 오셔서 정서적인 도움도 주셨고 아이의 발육 상태를 도울 수 있게 코치를 해주셨어요. 그러면서 이야기도 많이 나누게 됐어요. 사실 첫애를 키웠지만 잊어버리게 되더라고요. 그리고 제가 마음이 붕 떠 있으니까 아이한테 뭘 하고 있는지 전혀 모르고 있는 상태였어요. 간호사님이 방법을 가르쳐주셔서 심리적으로도 아이한테 마음이 많이 갈 수 있도록 배웠어요."

둘째를 임신했을 때 그녀는 기쁨보다는 불안한 마음이 더 컸다. 집에 방문한 간호사는 활기차고 생기 있었고 생각이 유연해 보였다. 자신의 일에 대해 책임감을 가지고 사람을 반기는 모습에 호감이 생겼다. 무엇보다 간호사의 말마디에서 상대를 진심으로 걱정하고 관계 속에서 지켜본다는 것이 느껴졌다.

"우울증이라고 하는데 제 마음이 불안한 데다…… 솔직히 지금까지도 싹…… 아직도 진행 중이긴 하지만 내가 이 아이를 낳으면서 간호사님하고 진솔한 대화도 나눌 수 있었어요. 내가 아이를 책임을 지고 양육을 해야 되겠다는 의지도 많이 생기고 심리적으로도 좀 많이 단단해졌다고 해야 하나? 마음이 아물어가는 것 같아요. 내 마음 하나 들여다보고 이 아이들을 모른 척하고 있는 건 아닌 것 같다는 생각이 들게끔 간호사님이 많이 유도를 해주셨어요. 이야기도 해주시고요. 우리 아이들을 내가 책임을 진다기보다는 함께 살아가야겠다는 의지가 생기게끔 만들어줬어요."

간호사는 은희 씨의 가정폭력 문제를 알게 되었다. 출산 후에도 남편의 폭력은 멈추지 않았다. 간호사는 그녀가 가정폭력을 제대로 인지할 수 있도록 리플릿을 제공했고, 가정폭력상담소와 여성긴급전화를 알려줬다. 만약의 상황에 대비해 짐도 꾸려놓을 수 있게 했다. 심리지원센터에 의뢰해 그녀가 지속적으로 상담을 받을 수 있게 연계해주기도 했다. 그리고 건강가정지원센터에 의뢰해서 부부가 상담을 받을 수 있게 했다. 남편은 부부 상담을 몇 번 받았지만 마음을 열고 응하지 않았고 상황이 안 좋아져서 몇 회기 하지 않아 중단했다. 은희 씨와의 인터뷰를 주선해준 간호사는 이런 형편이 속이 상한다고 내게 말했다. 은희 씨가 이혼까지도 생각하고 돈을 벌기 위해 식당 일을 시작했는데 그것도 쉬운 일이 아니라며 마음을 쓰고 있었다. 간호사는 서서히 일어나는 사람들의 변화와 만만치 않은 그들의 현실을 동시에 보고 있었다. 어쨌든 상담을 받고 주변의 도움을 받으며 은희 씨의 생각은 이전과 바뀌었다.

"첫애 때 힘들었던 과정을 둘째 때 또 겪으려는 찰나에 간호사 선생님을 만났어요. 임신했을 때부터 만나서 얘기하고 아기 태어나서도 뵙고 그랬어요. 상담도 연계해서 받았고요. 혼자 상담받는 것하고 아이가 있는 상태에서 상담을 받는 것하고는

완전히 천지 차이예요. 왜냐면 목표가 있잖아요. 내가 아이를 키
워야 하고 이 아이를 건사를 해야 하는 상황이니까 받아들이는
마음이 크게 와닿는 거예요. 큰애 때는 아무것도 못 하고 큰애를
놔야 한다는 생각만 먼저 했는데, 둘째가 생기고 나서는 간호사
님 방문 받고 제가 많이 듣고 말하고 하니까 애를 키울 수 있는
마음가짐이 생긴 거예요. 아기뿐 아니라 엄마도 잘 있는지, 건강
한 엄마로서 아이를 잘 돌보고 있는지 포괄적으로 봐주시니까.
뭐 닭살 돋는 말이겠지만 소름 끼치게 감사하죠."

처음에 영유아 건강 간호사가 집을 방문했을 때 그녀는 큰
기대를 하지 않았다. 보건소에서 형식적으로 와서 아이의 발달
검사만 하고 갈 거라고 여겼다. 닫혀 있던 마음이 열리기까지는
오랜 시간이 필요했다. 그리고 마음이 열렸던 그 순간을, 그녀는
'빛'이라고 표현했다.

"정서적으로 불안하고 아이를 돌볼 수 없는 상황이었는데
정말 하나의 빛같이 왔던 것 같아요. 단순히 아기만 봐주는 게
아니라 저의 문제도 같이 봐주셨어요. 용기를 낼 수 있는 마음
을 가질 기회가 된 거죠. 방문이 절대 헛되진 않은 것 같아요. 도
움이 되면 됐지. 직접 앉아 우리 아이를 봐주시니까 우리 아이가
보호받고 있구나 하는 것도 알아서 좋았죠. 우리 아이가 세상에
서 누군가에게 귀여움을 받고 보호받고 있다는 것만으로도 너무
위안이 됐어요. 한 생명이 태어나면서 소중하게 대접받고 있다
는 것만으로도 좋았던 거예요. 아! 눈이 탁 떠진다고 해야 하나,

마음이 탁 열린 게 있어요. 어느 한 단어, 선생님의 말씀, 이야기할 때의 행동들, 그것들이 저한테 도움이 됐다는 게 확 와닿았어요. 그때 쥐구멍에도 볕 들 날이 있다는 것처럼 빛이 딱 하나의 줄기로 들어왔어요. 그때부터 자꾸 스스로 말하게 됐어요. '선생님, 이랬어요. 어, 미치겠어요. 힘들어요. 속상해요.' 말하게 되더라고요."

그 순간 그녀는 그 빛을 붙잡았다. 비밀스러운 기억을 처음으로 소리 내어 타인에게 말했다. 우울과 폭력이라는 어둠 속에 있었지만 아이라는 빛을 통해 새로운 사람을 만났고 변할 수 있었다고 말했다. 자신이 포기하고 싶었던 아이를 공공의 돌봄이, 영유아 건강 간호사가 봐주는 것을 보고 위로를 느꼈다고 했다. 자신의 아이는 이곳에서 보호받고 있었다. 그리고 보호받을 가치가 있는 목숨이었다. 그 돌봄을 목격하면서 그녀는 자신 또한 그런 목숨이며, 자신이 그런 돌봄을 행할 수 있는 엄마라는 사실을 처음 알았다.

"간호사 선생님이 오셔서 아기가 천사 같다고 늘 소중히 대하며 얘기해주시잖아요. 그러면 또 깨우침을 얻어요. 왜? 나도 엄마니까. 모성이라는 게 있잖아요. 그런 말 한마디 한마디가 새롭게 크게 와닿았어요. 목숨이라는 거, 생명이란 건 소중하고 아름답고 귀하다는 게 느껴졌어요. 그런 천사들인데 불우한 환경 속에서 자라는 애도 있잖아요. 내가 내 삶을, 인생을 포기하면 안 되겠다는 생각이 그때 처음 들었어요. 우리 아이들하고 같이

가야겠다고 마음먹은 거죠.”

'아이가 예쁘다, 천사 같다'라는 말을 간호사에게 들으면서 그녀의 눈에도 그동안 아픔에 짓눌려 보이지 않던 아이의 아름다움과 꼬물거리는 성장이 눈에 들어오기 시작했다. 아이들의 성장과 양육의 기쁨을 둘째 아이를 키우면서 처음 알게 된 그녀는 삶을 포기하지 않겠다고 마음먹었다.


### 할 수 있고 해내야만 하는 일

“체력적으로 튼튼해야 하고 마음도 건강해야 해요. 울컥하는 건 그렇게 안 될까 봐, 굴곡이 있어서 어느 순간 끈을 또 놓으려고 할까 봐……. 마음 한편에서는 안 된다고 하겠지만 그렇지 않을 경우도 있잖아요. 항상 그건 있는 것 같아요. 내가 강단 있게 한다고 하겠지만 그래도 한쪽 구석에서는 꿈틀꿈틀 손을 놓을 것 같은 생각, 불안함이 있어요. 제 마음속에서도 '저 열심히 하고 있습니다, 저 잘할 거예요'라고 하지만 한쪽 구석에서는 불안한 마음이 남아 있죠. 찌꺼기가 다 가시지는 않는 것 같아요.”

그녀는 눈물이 떨어져도 눈을 감지 않고 아이들을 본다. 그러면 자신만을 보고 있는 아이들이 눈에 들어온다. 놓고 싶은 마음과 할 수 있다고 다잡는 마음이 날마다 싸운다. 그렇게 그녀는 새로운 엄마 노릇을 하고 있었다.

“애들이 밝게 커야 하는데 그러지 못할까 봐 걱정인 거죠.

제 상황과 아이들 상황을 설명하고 큰아이에게든 작은아이에게 든 내가 할 수 있는 행동에 대해 간호사님께 조언을 얻어요. 제 나름대로 아이들을 키운다고 하지만 그래도 부부가 같이 기르면 서 아이들 성향과 성품을 헤아려줘야 하는데. 부모교육 같은 것 도 받으면 좋다고 하셔서 어린이집에서 하는 걸 받았어요. 그런 걸 받을 때마다 열심히 경청하지만 한편으로는 마음이 답답하 죠. '우리 집처럼 이렇게 하면 안 돼!' 가장 중요한 건 부모하고 자식 간에 마음을 주고받을 수 있는 환경인데 그게 안 되니까. 저는 그런 걸 못 해주니까……."

그렇지 않았다. 간호사는 그녀의 강점을 이렇게 이해했다. 그녀는 지금 도움받기를 원한다. 그녀는 아기를 위해서 본인이 마음을 잘 다스려야겠다고 생각하고 있다. 그녀는 아기에게 항 상 다정하게 대한다. 그녀는 필사적으로 노력하고 있었다.

"쉽지 않죠. 하루에 열두 번도 변하는 게 아이들이지만 그에 못지않게 변하는 게 엄마 마음이거든요. 그래도 그 전보다 많이 변했어요. 제가 그런 마음을 굳건하게 가지니까 좀 강해졌다고 해야 하나요. 그 전에는 조금 흐지부지하는 마음, '아, 모르겠다' 하는 마음이 컸다면 지금은 '아, 모르겠다' 하면서도 '아니야! 그 러면 우리 아이들이 이렇게 될 수 있어. 아니야! 할 수 있어!' 이 렇게 푸닥거리하듯 해요. 그러다가도 돌아서서 '으으으……' 하 다가 '그래, 조금만, 숨 한 번 들이쉬고, 다시 할 수 있어'라고 생 각해요. 저 나름대로의 노력이에요. 남들 눈에는 별것 아니라고 생각할진 모르겠지만 저는 열심히 하려고 하는 부분이죠."

그녀는 자신의 삶에서 아이들의 자리를 내어주었고, 아이들은 존중받기 시작했다. 아이를 한 사람으로서 존중하기 시작하면서, 그녀는 아이의 욕구를 살피고 반응하며 아이의 자리를 자신의 삶과 동행하는 한 부분으로 내어주었다. 그녀는 아이를 '놓고' 삶을 버리려고 했는데 간호사와의 만남이 그녀를 이런 엄마로 바꾸어놓은 것이다. 자신의 문제에 울고 있는 동안에도 곁에서 자라나고 있는 아이들을 보게 되었고, 그 성장을 위해 자신도 포기하지 않겠다고 마음먹었다.

그녀는 아이들의 존재가 안중에도 없는 남편이 저지르는 폭력에 힘겨워했으며, 아이들이 그 영향을 받고 고통받는 것에 진저리를 치며 마음에서 먼저 남편과 작별하고 있었다. 간호사와 만나고, 외부의 지원과 만나고, 자신의 상황을 언어로 정리하고, 자기 삶과 아이들의 삶에 애착을 가지면서, 그녀는 자신과 아이들의 마음을 죽이는 것이 무엇인지 직시했다. 그녀는 다른 엄마가 되었기 때문에 다른 사람이 되었다.

"제 마음속에 이 친구들을 놓아야겠다는 부분이 있었잖아요. 제가 제일 먼저 했던 것은 힘들었던 마음을 조금씩 걷어내려고 노력을 많이 한 거예요. 음…… 보고 있으면 막 눈물이 뚝뚝 떨어지는데 그 자리에서 그렇게 안 하고…… 제 마음이 맑고 정화가 돼야 내가 이 친구들을 대할 수 있는 게 달라질 거라는 생각이 들어서 일단 제 마음을 조금씩 걷어내는 시도를 했어요. 인상 쓰는 것부터 바꾸기 시작해서 웃음으로 일단은……. 그리고 친구들하고 무슨 얘기를 할 때 입 다물지 말고 항상 얘기하면서 있자. 그리고 좋은 말 많이 하자. 그렇게 하나하나 시도를 한 거예요. 한꺼번에 한 게 아니라 조금씩 조금씩 제 나름대로 하고 있어요. 가끔 화도 내고 짜증도 나고 찡그린 얼굴도 짓지만 잘할 수 있다고 생각하면서. '아, 내가 이렇게 살아야겠다'라고 생각했어요. 우울한 마음은 좀 덜어내고. 남편에 대한 감정도 지금은 힘들지만 이를 악물고 그래도 아이들 앞에서는 이렇게 해야겠다 생각을 많이 했죠."

놓고 싶은 마음과 놓지 않으려는 마음의 분투 속에서 그녀는 삶을 붙잡았다. 자신의 삶과 아이들의 삶을. 무력했던 사람이 타인과 세상을 믿고 삶의 변화를 바라기 시작하는 걸 무엇이라고 불러야 할까? 그 외딴 방의 여성들이 타인의 손길을 믿고 붙잡고 일어서는 걸, 자신의 힘과 가능성을 믿고 세상을 긍정하는 일을 무어라고 부르면 좋을까. 그녀는 영유아 건강 간호사를 좀 더 일찍 만났으면 인생이 달라지지 않았을까 하고 생각했다. 〈서울아기 건강 첫걸음 사업〉이 언제 시작되었는지 자꾸 묻고 자신이 큰아이를 낳았을 시기와 견주어보았다. 그때 자신이 얼마나 힘들게 고립되어 있었는지 되뇌는 건 이런 기회를 좀 더 일찍 가지지 못한 것에 대한 아쉬움 때문이었다.

"다 놓고 싶은 마음도 많았고, 지금도 마찬가지예요. 조금은 그런 게 없지 않아 있어요. 근데 사람이 그 순간도 있지만 그래도 다시 마음을 다잡고 '아니다, 내가 더 잘할 수 있다, 내가 할 수 있다, 이거는 꼭 해야 할 일이다'라고 마음을 다독이면서 생활하는 거죠. 간호사 선생님이 저한테는 되게 큰 은인 같아요. 그 당시에 저한테 안 오셨으면 정말 무슨 일이 있지 않았을까요……. 선생님이 코치를 해주니까 제 마음도 움직이고 아이들도 같이 보였어요. 그 전엔 마음이 안 좋으니까 '이 아이들을 나 혼자 어떻게 하지? 무섭다. 에이, 모르겠다' 이런 감정이 들었을 텐데……. 옆에서 하나하나 일러주고 몰랐던 부분도 알아가게 되고 배우고 하니까 애들 키우는 재미도 생겼어요. 아이들의 장점이 눈에 보이기 시작하고, 아이들과 눈을 마주치고 뭘 어떻게 해보려고 하기도 하고요. 큰애 키울 땐 마음이 퍽퍽하니까 눈에 잘 안 들어왔던 부분이 있었는데 둘째를 통해 배우니까 하나하나 섬세한 것에 대해 알아가고 익히게 되었어요. 물론 나도 소중하지만 키우는 걸 알아가며 아이들 목숨이 소중하다는 것도 다시 깨닫고요. 아이 아빠하고 안 좋은 일이 있더라도 우리 아이들 보면서 제 마음도 같이 보살펴나가는 거죠."


### 고정관념과 결별하기

"정서적인 게 중요하죠. 물질적인 건 뭐, 옷이야 얻어다 입힐 수도 있고, 장난감이야 물려받을 수도 있지만 한 번 다친 마음은…… 애들한테도 트라우마가 생기잖아요. 가슴 아픈데 그

탓을 아빠한테만 돌릴 수는 없어요. 같이 산 부부인데 어려운 거 같아요. 애들 키우는 것도 어렵고, 애들 행복하게 잘 건사하는 것도 어렵고요. 정서적으로 편안하고 밝게 클 수 있게 해주고 싶은 마음이 크죠. 아빠였던 자리가 있는데 지금은 저만 혼자서 하려고 하니까 어려워요. 저한테 또 다른 숙제가 생긴 거죠."

그녀는 아이들에게 향했던 아픈 마음을 잘 극복하고 잘해 보고 싶다고, 그래서 아이들을 행복한 곳에서 살게 하고 싶다고 했다.

"지금 일을 시작했어요. 정서적인 것도 힘들지만 경제적 인 문제도 크잖아요. 경제적인 부분도 아이 아빠를 믿고 따라가 면 꼭 무슨 일이 생겨요. 그래서 제가 둘째 아이도 아직 이르지 만 어린이집에 보내기 시작하고 식당 일을 시작했어요. 지금 일 다닌 지는 며칠 안 됐어요. 일을 하면 더 힘이 나죠. 지금은 긴장 한 상태예요. 잠시 애들을 어린이집에 맡기고 있지만 아침에 출 근해야 하잖아요. 미안한 생각을 갖고 있어요. 퇴근할 때는 '엄 마가 몇 시간 일해서 우리 더 좋은 거, 즐길 수 있는 거 할 수 있 으니까 좀 기다려, 엄마 이제 데리러 갈게!' 이런 마음이 생기죠. 막상 어린이집에 가서 보면 뭉클하지만 '엄마 잘하고 왔어, 가 자!' 이렇게 픽업해서 같이 와요."

그녀는 새로 품게 된 희망에 대해 조심스럽게 목소리를 낮 춰 들려주었다. 아이들에게 동화책을 읽어주며 그녀는 세상에서 착하고 좋은 것들이 행복해진다는 결말을 함께 꿈꾼다. 아이들을 예쁘게 키우면서 그녀 자신도 전보다 마음이 예뻐진다는 생각이 든다. 행복은 어떻게 만들어지는 걸까? 겉모습이 아니라 가진 것 없어도 행복하게, 가진 것의 고통보다 안 좋은 것의 결핍을 메우며 만들어가는 행복이란 무얼까? 이것이 그녀의 요즘 관심사다.

"아이 아빠 생각하면 마음이 먹먹하지만 곁에서 아이들은 자라고 있어요. 상담을 받아보았는데 남편이 몇 번 하고 더 안 좋아지더니 그만뒀어요. 바뀌지 않으니까, 그게 안 되니까. 저는 그게 마지막 기회라고 생각했는데. 그래서 꼭 이 사람이 있어야 우리 애들이 사냐, 못 사냐가 아니라 아빠의 빈자리라도 제가 채워나갈 수 있으면 된다는 생각이 들었어요. 아빠의 빈자리라도 셋이서 메꿔가면 어떨까. 안 좋은 부분을 좀 좋은 쪽으로 바꿔서 행복을 만들어가면 되지 않을까 하는 생각을 하고 있어요."

그녀가 아빠 욕심을 부렸다고 했다. 어릴 때 아버지가 일찍 돌아가시고 엄마가 혼자서 다섯 남매를 길렀는데 은희 씨는 셋째 딸이었다. 그래서 아이들에게 아빠의 자리가 있어야 한다고 더 생각했는지 모른다. 이제 그녀는 아이들에게나 자신의 마음자리에서 아버지가 왜 꼭 있어야 하는지 질문을 던지게 되었다. 남편은 자신의 마음을 채워주는 아버지가 아니다. 그리고 아버지가 없는 집이 더 나을 수 있다. 보호해주는 아버지라는 환상이 얼마나 많은 여성들에게 덧없는 희망을 갖게 하고 괴로움을 참게 하는지 모른다. 그녀는 이제 집에 아버지는 꼭 있어야 한다는 고정관념과 결별했다. 비어 있는 자리를 다른 것으로 채울 가능성을 믿으며 다른 시간을 꿈꾸고 있다.

"왜 꼭 아빠가 있어야 할까요? 제가 의지하는 걸 떠나서 우리 아이들한테 아빠의 자리를 만들어주고 싶었던 게, 지금 보면 욕심인지 모르겠어요. 그래도 나름대로 희망을 붙들고 상담도 했는데, 할 적마다 아니었던 거죠. 지금은 돌로 가슴을 하나하나 누르듯 결심해요. 왜냐하면 또 제 마음이 약해져서, 아빠 자리에 욕심이 나서 제가 남편을 봐줄까 봐서요. 남편이 좋아질 거라고 희망을 가지고 지금까지 왔지만 그렇지 않았어요. 제가 노력하는데 안 받아줬어요. 아무리 노력해도 안 받아줬어요. 시간이 흐르면 약이라는데 그건 아닌 것 같아요. 다른 사람들한테는 시간이 약일 수 있지만 저한테는 아니에요. 시간은 약이 아니에요."

### 길을 찾는 방법

큰아이는 레고를 가지고 와서 파란 조각 두 개를 가리키며 고추나무라고 한다. 은희 씨가 "매운 고추야, 안 매운 고추야?" 물으니 "안 매운 고추야"라고 대답했다. 엄마가 "그럼 아삭고추인가 보다!" 하니 "응, 아삭고추야!" 하고 냉큼 대꾸했다. 은희 씨가 그 장난감 아삭고추를 따 먹는 시늉을 하면서 "냠냠, 맛있다" 하자 아이는 신이 나서 또 다른 장난감을 만들려고 작은방으로 달려갔다. 품에 안겨 있는 딸아이는 옹알이 소리를 내며 엄마의 긴 머리카락을 물거나 휴지 조각을 뜯어 입에 넣었다. 이야기에 몰두한 사이 잘게 찢은 휴지 조각을 입에 넣은 아기를 보고 은희 씨는 손가락을 아기 입에 넣었다. 또 아기를 번쩍 쳐들어 놀아주는 시늉을 하며 아이가 입을 크게 벌리고 함빡 웃는 사이 얼른 입속을 들여다보았다. "남은 휴지는 없네." 아이를 토닥이며 내렸다.

"저처럼 주변에 아이를 봐주는 사람이 거의 없는 경우가 있잖아요. 그런 분들이 있을 거라고 생각해요. 아이를 키우면서 소통할 수 없거나 힘들거나 연약한 상황이 있을 수 있어요. 혼자서 아이를 키울 땐 누구랑 얘기하고 싶어도 못 하고 또 자존심도 있는 거죠. 우리 가정이 나빠 보일까 봐, 우리 아이가 다른 사람들한테서 '저 집은 저래, 쟤네 아빠 저래, 쟤네 엄마 저래' 하면서 손가락질 당할까 봐 주변에 말을 못 꺼내는 거죠. 그런 것들을 제3자인 간호사 선생님과 대화해서 조언도 받고 교육도 받으면 큰 도움이 되는 거죠. 제가 느끼는 거지만 부모가 건강해야 건강한 아이를 키울 수 있어요. 부모가 아파하고 힘들어하는 상황에서 아이들을 보면 웃지도 않고 항상 울고 있고 찡그리고 있는데 어떻게 키우겠어요. 우리 부모들이 건강해야 하는데 간호사 선생님을 통해서 그 기회를 얻는 거예요."

그녀는 자신의 이야기가 별것 아닌 얘기지만 혹시 남에게 도움이 될 수 있다면 가져가라고 선뜻 내주었다. 그녀는 침묵 속에 있을 다른 엄마들을 염려했다. 결혼 전엔 그녀도 밝은 사람이었다고 했다. 직장도 다녀보고 장사도 해봤다. 성격이 활달하고 외향적이었고 남과 잘 어울렸다. 남편을 만나 결혼하면서 소심해지고 움츠러들고 자존감도 많이 떨어졌다고 했다. 친구들을 만나지 못하고 어느 순간 외톨이가 돼버렸다. 그녀는 그렇게 자기처럼 고립된 여자들을 걱정한다. 걱정할 것이 태산 같은 그녀가 숨어 있는 빈방에 꼭꼭 들어앉은 다른 엄마들을 염려한다. 아이를 키우면서 자신도 배우는 것이 많았던 것처럼 더 많은 사람들이 저마다 찾을 수 있는 자신의 길들로 나서기를 바란다.

"아이는 계속 성장하고 있는데 부모인 내가 이러고 있으면 안 되잖아요. 저도 길을 찾을 수 있는 방법을 알아간 거죠. 길에는 답이 없지만, 답이라 하기는 그렇지만, 내가 최선의 방법으로 아이들하고 살아갈 수 있게 저만의 길을 알아낸 거잖아요. 그렇죠? 다른 사람들은 각자 자기의 길이 있어서 어떤 식으로든 그 길로 갈 거고 저도 제 나름대로 또 다른 길로 찾아가는 거예요. 목적은 하나죠. 최종 목적은 우리가 행복해질 수 있는 길로 가는 거예요."

동화 속에서 착한 사람은 복을 받고 잘 살 수 있다고 하는데 은희 씨 이야기의 나중 모습은 어떤 것일까. 은희 씨와 아이들은 행복해질까. 시간이 지난 후의 모습을 떠올리면 지금 더 잘 살아야겠다는 생각이 들어서 오히려 힘이 난다고 그녀는 말했다. 나이가 들어 체력도 달리고 마음을 먹어도 자꾸 희미해진다고 했지만 잘 먹고 좋은 생각을 하고 튼튼해져야겠다고 말하며 또 웃

3부 한국에서 엄마로 살아간다는 것

었다. 10년, 20년 후 자란 아이들의 모습과 자신의 모습을 겹쳐
본다. 자신이 좀 더 나이 들면 아이들은 소년이 되고 소녀가 된
다. 자신이 좀 더 늙으면 아이들은 청년이 되고 새로운 어른이
된다. 그러면 되었다.

"저 같은 사람한테는 이 사업이 소중하니까 잘됐으면 좋겠
어요. 정말 저도 나중에 제 상황이 더 좋아지거나 우리 아이들이
잘 자라면, 저 같은 분들이나 저보다 더 못한 분들도 많은데 그
런 분들한테 조금이라도 뭐라도 해드리고 싶어요. 물질적으로
해드리진 못해도 마음을 좀 읽어줄 수 있는 사람이 되었으면 좋
겠어요. 그래서 우리 아이들한테 했던 아픈 마음을 이제 그만하
고, 일단 잘해보려고요. 태어나는 모든 아이들이 행복한 가정에
서 자랐으면 좋겠어요. 저도 그런 사람이고 싶어요. 아이들은 행
복한 데서 살아야 해요."

그녀에게는 자신만의 길이 생겼고 그 길에는 목표가 있다.
자신과 아이들이 행복해질 수 있는 길. 그녀는 길을 찾고 있고,
이제 그녀의 삶은 이전과 같은 것으로 돌아갈 수 없는 것이 되었
다. 그렇게 끊임없이 믿고 싶은 것이 되었다. 온전히 자신의 것
인 앞날의 길을 그녀는 열심히 걸어낼 것이다.

마지막으로 그녀에게 엄마라는 말을 들으면 무엇이 떠오르
는지 물었다.

"엄마 하면 행복 그리고 뭉클함. 분명히 행복으로 나한테
와서 엄마라는 자격을, 타이틀을 주었는데 그렇게 못 해주니까

어떤 뭉클함이 있어요. 아이들을 보고 있으면 내가 어떻게 해야 하나, 어떻게 잘해야 하나……. 단어로 표현하기 너무 어려워요. 저한테 엄마는…… 어려워요. 엄마는 어렵고, 행복하지만 어렵고, 행복하지만 뭉클하고, 행복하지만 가슴 아파요. 엄마는 그런 것 같아요."

그 말을 그녀는 무릎에 앉힌 아기의 겨드랑이를 잡고 눈을 마주 보면서 한마디 한마디 했다. 아기는 아직 어려서 그 말을 알아들을 수 없었다. 하지만 아기는 그 말을 듣고 웃었다.

# 한국 여자는 이렇게 안 살죠?

### 외국에서 온 엄마

긴 머리에 흰색 티셔츠를 입은 응우옌티로안 씨는 아기띠를 하고 나에게 다가왔다. 마음을 열고 다가갈 수 있게 하는 선선한 웃음을 짓고 있었다. 시어머니와 둘이 있는 집에서 편히 얘기할 수 없어서 집 근처에 있는 육아종합지원센터에서 로안 씨를 만났다. 놀이방에 있는 붉은 말 인형에 아기를 앉히고 말이 기우뚱하며 넘어지려고 하자 바로 잡아주었다. 엄마가 말을 잡고 흔들어주자 아기는 활짝 웃었다. 낯을 가릴 때인데 나를 말끄러미 보다가 곧 방싯 웃는 아기였다. 그녀는 활기차고 밝은 사람이었다. 간만에 집 밖에 나와서일까, 그동안 시어머니와 있었던 속상한 일들이 줄줄이 흘러나왔다.

"베트남 문화랑 한국 문화 되게 많이 달라요. 시어머니 같이 사니까 시어머니 연세 좀 많으니까 달라요. 고정관념도 많고 많이 고민했어요. 애 낳고 백일 많이 힘들었어요. 임신할 때도 시어머니 관심 많이 못 받았어요. 너 아기 낳는지 안 낳는지 나는 상관없다고, 좀 저를 미워했어요. 그래서 임신했을 때 많이 울었어요. 너무 스트레스 많이 받으니까 막 매일매일 울었어요. 아기 낳은 후에 예민해졌어요. 아기 낳고 아기 생각해서 참고 참고 참고 하는데 자주 싸웠어요."

그녀는 한국말을 잘했다. 조사가 빠지고 적당한 단어를 찾지 못할 때도 있었지만 뜻은 충분히 알 수 있었다. 너무 힘들었다고 말할 때는 순식간에 얼굴이 붉어지기도 했다. 표정과 눈빛이 그녀가 미처 다 하지 못하는 말들을 들려주었다.

"임신해서 아기 낳은 날까지 식구들 손빨래 제가 다 해야 해요. 세탁기 돌리면 더럽다고, 비누랑 세제에 담갔다가 손빨래하라 하는데, 그것도 빨래판에 편하게 하면 안 돼요. 막 웅크리고 손으로 박박 문지르고 하라고 해요. 저 일 많이 했어요. 청소도 밀대 있는데 안 된다고, 앉아서 닦으라고. 설거지도 했는데 다시 하라고. 냄새 조금만 나면 또 뭐라고 하고……. 시어머니가 깔끔해서 되게 힘들었어요. 시어머니 팔십 넘었어요."

쏟아지듯 말이 나오는 걸 보니 그동안 쌓여 있던 일이 만만치 않은 것 같았다. "아기를 낳고 키우면서 어떠셨어요?" 처음에 던진 질문에 쉴 새 없는 이야기가 흘러나왔다. 그럴 수밖에. 그녀에게 임신과 출산 기간은 곧 한국사회를 만나 적응해야 했던 가파른 시간을 뜻했으니까.

"남편이 저를 잘 챙겨주면 시어머니가 엄청 질투 많았어요. 시어머니가 저한테 우유 사주지 말라고 해서 남편은 안 샀어. 전 임신했는데도 우유 몰래 먹어야 돼요. 그냥 저는 돈 주고 스스로 샀어. 임신했을 때 복숭아 신 것 먹고 싶어요. 남편이 시어머니 눈치 보니까 복숭아를 가방에 넣어 와서 제가 하나씩 하나씩 꺼내서 몰래 먹었어요.

시어머니가 저보고 '왜 딸 임신했냐? 아들을 임신해서 낳아야지! 네 남편이 나이 많으니까 아들 낳으면 더 든든한데 왜 딸 낳느냐?' 해서 너무 속상했어요. 어머니가 '딸도 괜찮으니 나중에 아들 낳아라' 하면 얼마나 좋아요? 어머니 그렇게 말해서 더 속상해요. 울었어요. 왜 미워해요, 우리 딸. 예쁜 딸, 왜 그렇게 미워했어요?"

활달했던 로안 씨의 목소리가 나직이 가라앉았다. 좋게 이야기를 하고 밝은 표정을 지으려고 했지만 이따금 슬펐던 마음을 비쳤다. 친정엄마와 통화하고 싶었지만 시어머니가 대놓고 싫어하는 바람에 마음대로 전화도 할 수 없었다고 했다.

"아기 낳은 후에 진짜 우울증 많이, 한참 걸렸어요. 죽고 싶어요. 어휴, 그때 창문 열어서 밑에 뛰어내리고 싶어요. 너무…… 어후…… 다른 사람들은 아기 낳은 후에 친정엄마가 도와주거나 산후조리원 가고 한참 쉬는데 저는 산후도우미보고 도와달라고 했어요. 시어머니가 산후도우미 마음에 안 든다고 계속 잔소리 하고 나보고 아기 빨리 보라고 했어요. 남편이 저를 좀만 도와줘도 안 돼요. 아기 낳은 후에 '너 빨리 일해라! 너 한 달 됐어, 빨리 해라! 남편 빨래하고 식구 빨래해라! 세탁기 돌리지 말고.' 한 달 뒤에 저는 다시 손빨래며 뭐며 다 했어요. 밤에도 민영이 혼자 봤어요. 도와주는 사람 없죠. 몸도 아프고 그때 젖이 안 나왔는데 시어머니가 '예전에 난 애기 세 명 낳고 젖도 많이 나왔어. 넌 많이 먹어 뚱뚱한데 왜 젖이 안 나오냐?' 해서 너무 속상해서 막 울었어요. 남편한테 '나도 젖 나오고 싶은데 마음대로 못 하잖아요. 어떡해. 나한테 그런 말 하면 안 되지. 왜 나한테만 그렇게 말해요?' 하면서 울었어요."

그녀는 종일 집 안에만 있고 남편과는 하루에 10분 정도 이야기했다. 남편은 아침 여덟 시에 출근해 저녁 아홉 시에 집에 왔다. 남편은 일찍 출근해야 해서 바로 잠들었다. 남편이 오자마자 자는 진짜 이유는 남편과 로안 씨가 방에서 단둘이 이야기하는 것을 시어머니가 싫어했기 때문이다. 자기 흉이라도 보는 것 같고 자기 앞에서 금슬을 과시하는 것 같아 시어머니는 싫은 내색을 냈다. 로안 씨는 베트남의 친정 쪽에도 신경 쓸 일이 많고 집안일이 많아 스트레스가 쌓여갔다.

"친정엄마 생각 많이 나고 미안한 마음도 있고 도와줄 돈도 없고 그때 진짜 힘들었어요. 또 아기 계속 안아주니까 몸이 아팠어요. 그래도 참았어요. 너무 아파서 친정엄마 생각났어. 막 울었어. 밤에 잠도 못 자고 하루 세 시간 정도 자요. 남편한테 '지금 나 정신 못 차려요. 지금 진짜 너무 머리 아파서 난 어떻게 해요? 몸 아파서 난 죽을 것 같아요' 하고 말했어요."

로안 씨는 한국말로 자신의 상황을 설명해야 했다. "아, 뭐라고 하지…….' 망설이는 말조차 한국어로 하며 자신이 익힌 단조로운 일상어로 이야기를 했다. 우울했던 시간을 '매일매일 울었다'라고, '힘들었다'라고 말할 수밖에 없었다. 더 깊은 이야기를 할 수 없었지만, 나는 로안 씨가 많이 속상했다는 것을 말이 아닌 몸으로도 느낄 수 있었다. 그녀가 문득 나를 쳐다보면서 묻는다.

"한국 여자는 이렇게 안 살죠?"

## 다시 태어나면 진짜 결혼 안 해요

한국에는 좋은 것만 있을 줄 알았다. 한국 드라마에는 멋진 대도시와 잘사는 사람들이 있었다. 그 속에는 한국의 가난도 불평등도 그려지지 않았다. 이주민에 대한 차별은 더더욱 낌새조차 챌 수 없었다.

"한국 드라마 봤어요. 한국 너무 예뻤어요. 배우도 잘생기고 사람들 좋고 풍경이랑 시설이 좋은 나라인데 이 나라에서 살고 싶었어요. 고향에서 한국 남자랑 결혼한 여자들 엄청 많아요. 유행이에요. 그래서 아무 생각 없이 국제결혼했어요. 베트남 중

개 소개소에서 처음 만나자마자 남편이 그랬어요. '나는 집도 있고 어머니와 같이 산다는 조건으로 결혼하겠다.' 저는 '당신 괜찮다'라고 해서 결혼했어요. 10분, 30분 만에 당장 결혼해요."

베트남에 있는 가족들이 결혼을 반대했다. 베트남 여성들이 한국에 가서 시가와 갈등을 겪고 사기를 당하거나 심지어 죽임까지 당한다는 뉴스가 많이 나오던 때였다. 오빠가 말했다. "네가 결혼하면 한국에서 남편이 너 때려도 아무도 모르잖아. 멀리 있는 나라에서 어떻게 하니? 거기 가면 넌 아무것도 없어. 친정도 없고 친구도 없고 아빠, 엄마도 없고. 누가 널 도와줘? 생각해 봐. 넌 경험도 없고. 아직 나이도 어린데."

남편은 마흔두 살, 로안 씨는 겨우 스물한 살이었다. 남편이 일찍 결혼했다면 아내 또래의 딸이 있을지 모른다. 그래도 한국에 가고 싶다는 마음을 꺾을 수 없었다. 남편도 처가의 닫힌 마음을 풀기 위해 애썼다. 결혼하고 서너 달 정도 한국어를 배운 후 한국으로 왔다.

한국 문화는 낯설고 어려웠다. 서열이 정해져 있었고 아랫사람이 윗사람에게 해야 할 것도 많았다. 베트남에서 하던 대로 행동하면 예의 없다는 구박을 들었다. 드라마처럼 화려한 세계 대신 배제되는 삶이 눈앞에 있었다.

"저는 한국에서 힘들게 살지 몰랐어요. 결혼하고는 쉽지 않았어요. 생각하고 다르고 상상 못 하는 일이 엄청 많아요. 결혼해서 생기는 일이…….

처음 한국에 와서 열심히 한국어 배웠어요. 매일매일 다문화센터 다니고 도시락 싸서 도서관에 가서 종일 혼자 한국말 배웠어요. 그런데 시어머니가 '너 왜 한국말 배우려 하냐? 너 목적 뭐야? 한국 국적 따기 위해 한국 왔어? 오래 안 살고 돈 때문에 국적 따려는 거지?' 계속 그랬어요. 그래서 저는 공부 중단했어요. 그냥 카페에서 서빙 아르바이트했어요. 강사님이 저보고 '한국어 공부하면 좋은 직장 다닐 수 있어요' 그랬는데 공부 더 못 했어요. 어머님 잔소리 나오면 전 그냥 '네, 알겠습니다. 네, 다음에 잘하겠습니다' 해야 해요. '어머님, 저한테 왜 그런 말해요?' 물으면 '시끄러워! 말 들어'라고 해요. '근데 저 그렇게 안 했는데 왜 저한테 그렇게 말해요?' 전 더 속상해서 더 싸워요. 남편이 '어머님 기분 안 좋은데 당신 가만히 있어. 네, 알겠습니다만 해. 그럼 싸울 일이 없잖아.' 나한테 잔소리해요. 난 항상 어머님 기분 맞춰줘야 돼요? 나도 기분이 있잖아요! 난 사람이잖아요! 나도 잔소리 듣기 싫어요."

그녀는 좀 떨리는 목소리로 말했는데 그 울림은 어떤 절규보다 깊게 다가왔다.

"싸울 때 되게 심하게 말해요. 엄청 많이 욕했어. '개새끼, 너 부모님 없냐!' 그렇게 말했어요. 그런 말 들으면 속상해요. 누구든지 좋은 마음 못 나와요. 나랑 내 가족에 대해 이야기하지 마세요. 너무 심하게만 하지 마세요. 심하게 욕도 하고. 제가 한국 사람 아니라서 그 말을 다 이해 못 해도 들으면 속상했어요."

로안 씨는 충격을 받았다. 그녀는 집안일을 하고 시어머니의 말벗이 되고 집안 분위기를 부드럽게 만들어야 하는 존재, 무슨 말을 듣더라도 '네, 알겠습니다' 하고 고분고분 머리를 숙여야 하는 존재, 친구도 친정도 없는 이곳에 발목 붙잡힌 존재였다. 편견에 넌더리가 났다. 이주여성이기 때문에 한 세대 전의 시집살이와 학대가 물려 내려져 자신의 것이 된 것만 같았다. '온순하고 헌신적인' 베트남 여자가 '한국 며느리'의 빈자리를 메울 적임자라 낙찰된 것 같았다. 가진 것 없는 여자가 떠맡을 몫이라고 주어진 자리는 자신을 사람 취급하지 않는 자리인 것 같았다. 차별에 직면한 로안 씨는 울었다. 자신도 똑같은 사람이기 때문에 무조건 굽실거리지 않아도 된다고 생각했다. 자신의 열악한 위치를 드러내는 말을 예민하게 느끼고 받아치는 것은 차별에 대한 저항감이다. 자기가 다른 사람이라는 편견에 대한 거부다.

"저는 아무 생각 없이 결혼했어요. 다시 태어나면 절대 결혼 안 할 거야. 문화도 다르고 말도 통하지 않고 준비한 게 없어서 그동안 되게 힘들었어요."


### 시어머니와의 갈등

로안 씨는 이혼을 마음먹었다가 임신한 사실을 알았다. 그녀는 자기에게 더 시간을 주어보기로 했다. 남편은 부인과 아이,

둘 다 지키고 싶었다. 임신 초기일 때 남편이 보건소에 가서 임산부 등록을 했고 간호사가 집으로 방문하게 되었다. 당시 시어머니와의 갈등이 심했던 로안 씨는 시어머니와 같은 자리에 있는 것도 싫어했다. 간호사는 근처 놀이터에서 로안 씨를 만나 출산 준비 체조를 가르쳐주기도 하는 등 빈 장소를 찾아다니며 산전 만남을 해야 했다.

"처음 간호사 봤는데 전 어색했어요. 이 사람한테 뭐 마음 다 말해야 되나? 그냥 만나야 되나? 걱정했는데 계속 만나니까 가진 노하우가 많아서 저는 좋아졌어요. 편하게 생각했어요. 저한테 많이 가르쳐줬어요. 모르는 거 전화하고 사진도 보내고 물어봤어요."

곁에 자기편이 있다는 생각이 들었다. 그녀는 간호사의 도움을 받아 아기를 건강하게 낳기 위해 준비했다. 간호사는 로안 씨가 아기를 낳은 후에 집안 상황이 어떻게 될지 걱정이었다. 그런데 의외로 아기를 낳고 나서 가족들의 마음에 조금씩 변화가 생겨났다. 시어머니는 생각보다 질투를 덜 했고 육아를 도와주려고 했다. 물론 아기가 태어난 다음에도 갈등이 완전히 끝나지는 않았다. 이번에는 육아 방식 때문이었다.

"민영이 키우는 방법 때문에 시어머니와 계속 싸웠어요. 지난번에는 갑자기 아기가 감기 걸려서 열이 40도까지 올랐어요. 제가 혼자 있어서 간호사님한테 어떻게 해야 하냐고 물었더니 시원한 옷을 입히거나 젖은 수건으로 닦아줘야 빨리 열이 내린다고 했어요. 그런데 시어머님이 아기한테 이불을 막 덮어서 더 열이 났어요. 그래서 며칠 정도 계속 싸웠어. 병원 가서 의사 선생님한테 물어보고 집에 와서 남편이랑 얘기했는데 시어머니한테 말해도 소용없어요. 차가우면 감기 걸린다고 땀나게 계속 덮으라고 했어요. 아, 진짜 화를 냈어요. 남편도 화를 냈어요.

감기 끝나고 또 이유식 시작하는데, 아기가 이유식 잘 안 먹어요. 시어머니가 어른이 먹는 밥 바로 먹이라고, 과일 빨리 먹이라고 했어요. '어머님, 아기가 아직 어리니까 이유식 연습하고 음식은 맛 좀 보고 익숙해지면 자기가 먹어요. 억지로 주면 안 돼요.' 그런데 시어머니가 민영이 붙들고 '할머니 한 숟가락, 민영이 한 숟가락' 하면서 먹여요. 저는 싫어요. 민영이 먹는 시간 되면 자기 의자 앉아서 제가 채소랑 과일 삶아서 싱겁게 주면 자기가 알아서 먹어요. 그런데 시어머니가 '밥 먹어! 밥 먹어!' 할머니 수저로 억지로 떠주니까 이제 아기가 수저를 보면 무서워서 울어요. 지금도 너무 스트레스를 받아요. 오늘도 잘 안 먹었어요. 걱정이에요. 제대로 안 먹어 영양이 부족할까 봐…….'

로안 씨는 아기를 잘 키우고 싶었다. 베트남에서 대학도 나왔고 전문직으로 잠시 일한 적도 있었다. 아기의 이유식이며 발달에 대해 잘 알고 싶었다. 간호사는 아기를 잘 키울 수 있게 도와주었다. 로안 씨는 도서관에 가서 아기 월령 수에 따라 책을 읽고 공부했다. 모르는 말은 간호사와 같이 한 줄 한 줄 읽으며 이해하기도 했다. 간호사는 다문화 가정 엄마들에게 카드나 동영상을 보여주며 양육 지식을 알려주었다. 로안 씨는 다문화 가정 엄마들 중에서도 스스로 책을 읽고 이해하고자 하는 적극적인 엄마였다. 간호사와 만나면서 로안 씨는 양육을 잘해낼 수 있다는 자신감을 얻었다. 아기를 위해서 지금 무엇을 해야 하는지 알았다.

"할머니가 텔레비전 보니까 민영이도 텔레비전 봐요. '어머님, 민영이 아직 어려서 계속 텔레비전 보면 눈에도 뇌에도 안 좋아요. 나중에 알아서 놀아요. 어머니가 텔레비전 볼 때 소리 좀 낮춰야 돼요. 드라마에서 막 싸우면 안 좋은 말도 나오는데 민영이 다 듣잖아요. 모르는 거 아니고 나중에 다 알고 배워요. 화면에서 싸울 때 자기도 음음 따라 하잖아요.' 어머니가 '너 때문에 텔레비전도 마음대로 못 보고 방에만 있냐!' 하면 좀 힘들어요.

또 할머니가 아침에 민영이한테 장난감을 던져서 줘요. '그렇게 하면 민영이도 다 던져요. 민영이가 다 보니까 좋은 습관 보여주고 나중에 잘 자라게 해야지요. 어머니 그렇게 던지면 똑같이 하니까 너무 기분이 안 좋아요.' '너 그렇게 걱정하지 마. 애는 다 자연스럽게 커.' '그렇게 자연스럽게 크는 거 아니에요. 엄마, 아빠, 할머니, 같이 사는 사람 행동이랑 말이랑 애가 다 배워요.'

저는 종일 집안일을 해요. 빨래하고 밥도 해요. 시어머니가 아기 보는데 민영이가 울면 저한테 달라고 해서 조금 안아주고 계속 집안일 해야 돼요. 제가 앉아서 아기 보고 시어머니가 집안일 할 수 없으니까요. 가끔은 시어머니가 설거지하는데 민영이 자는 시간에 해요. '어머니, 설거지하지 마세요. 민영이 지금 재워야 해요. 먼저 재우고 설거지해요.' '설거지 먼저 해야지! 왜 먼저 재우려고 그래! 설거지가 중요하지.' '민영이 졸려서 울었잖아요. 먼저 재우고 나와서 설거지해도 돼요. 급한 일 아닌데 왜 그렇게 설거지해요?' 그럼 시어머니 잔소리 나오는 거예요. 어머니는 뭐든 빨리해야 돼요. 항상 스트레스받아요.

난 간호사님 오면 모르는 거 물어봐요. 그때 난 엄마 처음이어서 모르는 거 엄청 많았어요. 물어볼 사람 없었어요. 시어머니한테 물어보고 싶은데 키우는 게 다르니까 더 힘들었어요. 시어머니는 다른 사람들 어차피 다 돈 받고 일하니까 너무 믿지 말라고 했지만 그렇지 않았어요. 간호사가 와서 얘기해주고 알려주고 그때 힘이 됐어요. 어려움을 극복하고 좀 괜찮아졌어요."

### 양육의 주도권을 갖다

로안 씨는 아기를 낳고 나서 창문에서 떨어져 죽고 싶을 정도로 우울했지만 간호사의 방문과 남편의 지지로 다시 힘을 얻었다. 자신이 외국에서 온 엄마라서, 한국말을 잘하지 못하고 정보가 없는 엄마라서 그녀의 관심은 온통 아기를 소외되지 않게 잘 키우는 데 쏟아졌다. 이제 시어머니와 셋이 있는 집에서 간호사를 같이 만나고 이야기를 나눴다. 시어머니는 자기가 본 아기 모습도 간호사에게 이야기하고 로안 씨도 가족을 이해하고 융화하려고 노력하는 것 같았다. 전에는 같은 자리에 앉아 밥도 먹지 않았지만 이제는 가족이 같이 식사를 하기도 했다.

로안 씨는 간호사와 같이 손발로 방바닥을 기면서 아기의 눈높이에서 방의 물건들이 안전하게 놓여 있는지 살펴보기도 했다. 그런 로안 씨가 있기에 아기는 되뚝거리며 발자국을 떼어도 다치지 않을 뒷배를 얻었다. 고무로 된 말 인형과 함께 고꾸라져도 금세 엄마의 팔뚝에 안길 수 있었다. 로안 씨는 아기에게 재미있었냐고 물었다. 자신이 쳐놓은 울타리에서 온 세상을 누비는 아기에게 행복한지 물었다.

간호사는 다른 다문화 가정들의 경우를 말했다.

"보통 다문화 가정에서는 언어적인 소통이나 문화적인 차이 때문에 엄마 본인이 주도권 자체가 없는 거죠. 어떤 일이 있었냐면, 간호사가 다문화 가정의 한 엄마한테 아기가 일찍 딸기 먹으면 안 된다고 했고 본인 생각도 그랬는데 시어머니가 자꾸 먹이라고 하니까 그냥 먹인 거죠. 결국 알레르기 생겨서 아기가 병원에 갔어요. 그렇게 시어머니나 남편이 시키는 대로 따라야 하니까 엄마가 힘든 부분이 많죠. 양육 주도권을 자기가 가지고 있는 게 아니니까. 로안 씨는 자기주장을 하고 양육 주도권 부분을 가지고 있어서 그게 큰 힘인 거죠."

대부분의 다문화 가정의 엄마들은 어려움을 겪는다. 간호사에게 배운 육아 지식을 실천하기도 쉽지 않다. 언어적인 장벽이 있기도 하고, 그녀들이 애써 습득한 지식을 평가 절하하는 냉담한 편견이 있다. 구세대와 육아 방식에서 차이가 나고 세대 간갈등도 일어난다. '네 방식은 다 틀렸다'라는 비뚤어진 우월감속에는 그녀들이 자신의 아기에게 하고자 하는 최선의 노력도포함되어 있다. 그 이야기를 전할 때 간호사는 안타까움에 잠시말을 멈추었다.

엄마가 된 이주여성들은 아기를 키우고자 할 때 정보의 부족과 지지하는 이의 부족이라는 문제를 겪는다. 육아 지식을 실천하고자 할 때 반대에 곧잘 부딪힌다. 간호사는 이들에게 정확한 정보를 주고 엄마로서 취해야 할 태도를 알려주며 이들이 난관에 처해 무언가를 물어 올 때 든든한 지지자로서 역할을 했다. 로안 씨는 자신이 엄마로서 아기를 잘 돌보고 있는지 끝도 없이드는 불안을 간호사의 지지로 많이 누그러뜨릴 수 있었다.

로안 씨는 이제 어렵게 익힌 지식을 실천하고자 하며 엄마로서 자신의 선택을 의심하고 바꾸려 드는 외부의 간섭을 물리치려 한다. 아기에게 좋은 것들을 지켜내고 가정에서 아기의 자리를 지켜내려 애쓴다. 아기는 그녀가 한국에 자리 잡고 뿌리내릴 수 있는 힘의 원천이 된다. 로안 씨는 발달 과정을 생각하지않고 아기를 어른처럼 대하는 시어머니와 싸우며 아기에게 맞는 양육을 하려고 집에서 고군분투하고 있다. 로안 씨는 아기의잠, 먹을거리, 놀잇거리를 모두 아기의 입장을 고려해 살피는데,

시어머니는 아기가 어른들의 생활 리듬에 종속되었다고 여긴다. 자신을 위해 싸우고 있는 엄마가 옆에 있어서 아기는 지금 천연 덕스럽게 웃고 있을 수 있는지 모른다. 로안 씨의 생각이 뚜렷하니 시어머니도 양육에 대해 자기 생각을 심하게 강요하지는 않기 시작했다.

로안 씨는 양육의 주도권을 잃지 않았다. 남편도 아기를 위한 그녀의 노력을 인정하고 편이 되어주었다. "아기 키우는 일이 진짜 어마어마해요." 그녀는 늘 아기를 위해 무엇이 가장 좋을지 고심한다. 아무도 편이 되어주지 않는 고립된 상황에서 그녀의 말을 경청해준 간호사의 지원을 소중히 생각한다. 한편 결국 자신이 아기를 기르는 것이므로 주변에 너무 의지하지 않고 스스로 책임지겠다는 생각도 하고 있다. 잘못되었다는 주변의 비난에 맞서 그녀는 말한다.

"내가 알아요. 내가 엄마니까."


## 베트남에서든 한국에서든

우리는 놀이방 옆쪽에 난 작은 수유실에 들어가 등받이 없는 좁은 쿠션 의자에 앉아 마주 보았다. 로안 씨가 앞가슴을 헤치자 아기가 벌써 입을 벌렸다 오므렸다 빠는 시늉을 하며 반긴다. 젖꼭지를 깊게 꽉 물고 꼴깍꼴깍 젖을 삼킨다.

"아기 키우는 거 조금 힘들다고 생각해요. 부담스럽고, 뭐

하는지 조심해야 되고, 항상 불안한 마음이에요. 내가 이렇게 키우는데 아기가 잘 컸는지, 애 낳고 뭐가 조금만 이상하면 내가 뭐 잘못했을까 봐 많이 걱정해요. 항상 불안하고. 행동이랑 말 이렇게 하면 아기가 따라 하면 어떡하냐고 많이 걱정해요. 쉽지 않아요."

로안 씨는 한국 문화와 베트남 문화의 좋은 점만 배워서 아기를 키웠다고 했다. 아기는 젖꼭지를 물었다가 고개를 돌리며 해찰을 부렸다. "쭈쭈 안 먹어요? 장난친 거예요? 우리 민영이가?" 그녀는 존댓말을 하며 아기에게 말을 건다. 아기가 똥을 누었다. 수유실에서 기저귀를 갈았는데 물티슈가 없어 휴지에 보리차 물을 적셔 닦으며 작은 소동이 있었다. "똥이 어디서 나왔어요? 먹은 것도 별로 없으면서." 그녀는 우스갯소리로 침착하게 말한다. 정성껏 아기를 대했다. 아기가 잘 먹는지, 젖을 잘 빠는지, 트림을 잘 하는지, 잘 노는지, 안전한지, 변을 잘 보는지, 주변이 위생적인지, 끊임없이 살펴보고 돌보았다. 그래서 힘들기도 하다지만 아기에게 못 해주는 것이 있을까 봐 전전긍긍하기도 하고 부족함 없이 해주려고 더 애쓰고 있었다. 그녀는 아기를 관찰하고 반응을 보이고 말을 걸어주고 마음을 읽어준다.

"아기가 할머니 닮았다고 누구든지 그렇게 말해요. 나쁜 거다 엄마 닮았지? 보채고 그런 거. 예쁜 거만 할머니 닮았어."

많은 일이 있었지만 3년의 시간이 지나면서 어느새 한국살이에 익숙해졌다. 그녀는 '어머, 세상에' 같은 감탄사를 써가며 능숙하게 말하다가 이따금 능글맞은 어투로 농담을 할 줄도 알았다. 폭풍처럼 스쳐 간 이주와 출산, 낯선 문화에 적응하는 어려움을 이제 좀 여유 있게 이야기할 수 있게 되었다.

어느 순간 우리는 아기가 웃는 모습을 말없이 바라보았다. 검은 눈망울이 크고 맑았다. 곱슬머리를 한 아기는 이가 나지 않은 붉은 잇몸을 드러내며 방긋 웃었다. 할머니를 닮았는지, 자신을 닮았는지, 이제 내 것, 네 것을 자로 잰 듯 나누기 어렵게 된 아기의 웃음을 보고 로안 씨도 따라 웃는다.

베트남에서든 한국에서든 그녀는 자기다운 힘을 간직했다. 떠나온 곳을 많이 그리워하지도 않았고 새로 온 곳을 많이 동경하지도 않았다. 호기심과 활기, 억압에 대한 분노, 억울함 등 인간적인 감정을 모두 느끼며 한국에서든 베트남에서든 '좋은 것을 취하며' 자신의 삶을, 자신으로 인해 세상에 나온 딸의 삶을 좀 더 낫게 하고자 일관되게 애쓰고 있을 뿐이었다.

좁고 어둑한 수유실에서 아기를 수평으로 안고 젖을 먹이면서 아기에게 말을 걸고 농담하고 웃던 로안 씨의 모습과 의심 없이 환하게 웃으며 타인을 쳐다보던 어린 딸의 모습은 가슴에 사진처럼 남았다.


### 차별을 뚫고 나아가는 힘

남편의 가족들도 아기의 탄생과 함께 끝없는 의심을 서서히 거두고 가족의 구성원으로 그녀를 인정하기 시작했다. 이제 로안 씨가 이혼 소리를 하면 남편이 "할 얘기가 그것밖에 없냐?"라고 하면서 웃는다고 했다. 그녀의 시선은 이제 어떻게 살아갈까 하는 미래에 가닿았다. 자신보다 젊지두 건강하지도 않은 시어머니에게 오히려 연민을 품으며 용돈도 드리고 그 마음을 신경 쓰기 시작했다. 타인을 인간적으로 배려할 수 있을 만큼 그녀에게 자신에 대한 긍정과 아이에 대한 기대가 뒷받침된 것이다.

"남편과 둘이서 살고 아침에 일어나서 간단하게 우유랑 빵 먹고 남편은 출근하고 나는 공부하고 저녁에 돌아와서 맛있게 요리해 먹으면 즐겁겠지요. 지금 3년 되는데 많이 익숙해졌는데 자주 짜증 나요. 하지만 시어머니 혼자 못 사니까, 지금 나이 많고 모시는 사람도 없잖아요. 남편이 나보고 그래요. '당신이 집에서 친구 되고 며느리 되어서 엄마가 많이 좋아졌어. 집에서 어머니 혼자 심심하고 좋지 않았는데 당신 와서 마음도 좋아졌어.' 어머니 덕분에 저도 밥도 챙겨 먹고 서로 많이 도와준 거죠.

시어머니는 젊을 때부터 지금까지 밖의 일을 한 번도 한 적이 없대요. 집안일만 했어요. 사회적으로 많이 안 나오니까 고집 세진 거죠. 마음대로 하고 자신 생각만 하고. 가끔 싸우기는 하는데 그건 어쩔 수 없어요. 그래도 좀 좋아졌어요. 시어머니한테 설날, 추석, 생신 다 챙겨줘요. 고마워하셨어요. 어른들은 그런 것 되게 좋아해요. 어머님이 저한테 선물 받으면 친구들한테 자랑해요. 며느리가 용돈도 주고 잘 챙겨준다고. 필요한 거는 꼭 사주고 싶어요."

아기가 어떻게 자랐으면 좋겠는지 물었다. 이럴 때 많은 엄마들이 대답하는 것처럼 로안 씨도 답했다.

"그냥 잘 크고 나중엔 공부도 잘하고 자기 하고 싶은 거 했으면 좋겠어요. 저는 애기에 욕심 많이 부리지 않아요. 우리 아기가 잘 크고 자기 하고 싶은 거 하면 돼요. 남편이 저한테 욕심 좀 부리라고 하지만 아기를 키우면서 욕심부리지 않아요. 마음대로 못 해요."

처음엔 고향 생각이 많이 났지만 요새는 아기를 보느라 바빠서 생각할 시간이 잘 없다고 했다. 처음에는 고향에 있는 친구들도 보고 싶고 부모님도 그리워서 많이 힘들었지만 지금은 아기가 있어서 한국에서 살기가 익숙해졌고 베트남에는 1년에 한두 번 다녀오면 된다고 했다.

"한국에 사니까 보안도 안전하고 기후도 괜찮고 익숙해지니까 괜찮아요. 지금 아기 있으니까 한국에서 아기 키우면 더 좋다고 생각해요. 한국은 교육 같은 거, 병원 같은 거 좋아요. 그리고 한국이 깨끗하고 아기 먹는 거도 안전하고 저는 그렇게 생각해요. 저는 임신했을 때부터 도움 많이 받았어요. 나라에서 많이 지원해주고 간호사님도 방문하고 많이 좋아졌어요. 외국에서 온 엄마들 아기를 어떻게 키워야 할지 모르는 사람 엄청 많아요. 저한테 많이 물어 와요. 많이 알려주고 싶어요."

한국은 그녀의 딸이 살아갈 나라이자 딸의 고향이 된 나라다. 두 개의 나라를 알고 있는 그녀는 자식의 새 고향을 만들어 주었다. 이곳에서 또는 저곳에서 할 수 있는 새로운 시도와 만남을 꿈꾼다. 주어지는 것이 빤했던 삶에서 로안 씨는 욕심을 내었고 새로운 길로 뛰어들었다. 생각지도 못한 차별에 맞닥뜨렸을 때도 자신을 지지하는 사람들과 함께 힘을 내었다. 주어진 삶에서 도약하고, 그 때문에 많은 오해와 인내를 강요당하고, 자신이 선택한 길에 희망을 가지고, 때로 싸우고 끝내 버티며 더 많은 존중과 인정을 요구했다. 그녀의 모습에서 삶을 더 낫게 만들고자 용감히 분투했던, 가진 것 없는 여성들의 모습이 겹쳤다.

로안 씨도 안다. 여전히 자신이 차별을 받는 환경에 놓여 있으며 딸도 마찬가지라는 것을. 하지만 그녀는 차별을 뚫고 나아가는 힘도 믿는다.

"민영이가 유치원 가게 되면 선생님이 잘 돌봐주고 친구도 잘 만나면 좋겠어요. 엄마가 외국인인 아이들은 친구들이 안 놀아줘서 혼자 놀아요. 그게 좀 앞으로 바뀌었으면 좋겠어요. 외국 사람이라서 좀 힘들거든요. 무시하는 행동 때문에요. 아무 짓도 안 했는데 미워해요. 앞으로 아기가 잘 컸으면 좋겠어요. 저도 한국말 더 배우고 직장 다니고 싶어요. 나중에 베트남에서 식당 같은 거 운영하고 싶어요. 베트남은 지금 발전하는 나라여서 투자하고 싶어요. 지금 알아보고 준비하고 있어요.

제일 중요한 건 우리 민영이 음식도 잘 먹고 빨리 잘 크는 거죠. 민영이 노래하는 거 좋아하는 것 같아요. 민영이 나중에 가수 한다면 시키고 싶네요. 요즘 가수 인기니까 그것도 괜찮아요. 돌잔치 때 마이크 꼭 뽑아야 돼요!"

그녀는 웃었다. 아기는 일어나려고 다리에 힘을 주고 잠깐 서 있다 털썩 앉기도 했다. 로안 씨는 아기를 안고 자신의 삶을 자유롭게 펼쳐낼 꿈을 꾸고 있다.

그녀는 이야기하고 싶어 한다. 자식을 낳고 기르는 경험, 드라마처럼 멋지기만 할 줄 알았던 한국에서의 삶, 살아남기 위해 밤낮없이 했던 노력들, 그리고 뜻밖의 작은 만남과 말들이 전해 준 힘을. 그녀만이 알고 있는 혼자 흘린 눈물, 베트남어로 속삭이는 마음의 말들, 아기를 통해 얻는 기쁨 그리고 여전한 불안, 만남을 통해 이어지는 이곳과 저곳의 시간. 일렁이는 새로운 가능성에 대해 그녀는 말하고 싶은 것이다. 한국어로 모두 번역되지 않는 베트남의 말로 그리고 이젠 베트남어로 다 표현할 수 없는 한국의 말로. 언어와 몸짓으로, 변한 몸으로, 또 웃음으로 그녀는 자신의 삶을 설명하고 싶어 했다. 새로운 길을 내어보고자 계속 노력하는 로안 씨가 여기에 있다.

인터뷰를 마치고 헤어질 때 로안 씨는 아직 할 말이 남아 있지만 다 할 수 없다는 표정을 짓고 있는 것 같았다. 아기와 함께 뒤돌아서는 모습이 어쩐지 쓸쓸하고 한편으로는 씩씩해 보였다. 그녀의 용감한 웃음에, 활짝 핀 아기의 무구한 웃음에 아무것도 거칠 것 없기를.

5월이었다. 먼 숲에서 흰 새 서너 마리가 반짝이며 일순 날아올랐다가 잦아들었다. 검푸르고 묵묵한 숲은 흰 새 떼를 숨기고 있었다. 숲이 깃을 치고 있다. 저 고요한 숲속에 얼마나 많은 빛나는 새들이 파닥이며 잠들어 있는지, 몸을 숨기고 있는지 우리는 모른다. 날아 솟구치는 새들에 대한 기대로 숲은 어느새 술렁이고 있다.

# 낯선 땅에서 아이를 키운다는 것은

## 이 아이를 꼭 지켜야 해요

엘리베이터를 타고 빌라의 맨 위층으로 올라갔다. 그곳에는 새터민 순미 씨가 살고 있었다. 처음 인사했을 때 순미 씨의 얼굴은 무표정에 가까웠고 경직된 느낌이었다. 입을 꾹 다물고 뚜렷하고 결연한 느낌을 주는 낯빛이 그랬다. 여러 세월을 한꺼번에 살아내느라 지친, 비밀을 간직한 얼굴 같았다. 속눈썹에는 짙은 마스카라가 칠해져 있었다. 네일아트한 손톱에는 붉은 바탕색에 꽃문양이 그려져 있었다. 활기찬 외양과 묵묵한 표정이 함께 있었다. 북한 말이 섞여 있었는데 서울 말씨가 녹아 있기도 있다.

순미 씨는 집을 깔끔하게 청소해두었다. 빌라 안은 방이 세 개였고, 거실과 부엌도 깨끗이 정리되어 있었다. 집은 큰 도로와 가까워 차 소리가 들려왔다. 빌라의 입주민들은 대부분 다문화 가족들이고 도로 쪽에는 중국어로 쓰인 간판을 단 가게들이 많았다. 순미 씨는 사람들과 인사하고 지내기는 하지만 가까이 어울리지는 않는다고 했다. "혹시 나의 내력에 대해 알까 봐 걱정되어서 크게 마음 털어놓고 이야기를 못 한다"라고 했다. 작년에 찍었다는 아기의 돌 사진이 눈에 들어왔다. 마흔이 넘어 낳은 첫 아이라고 했다. 보건소에서 시험관 시술을 네 번이나 해서 어렵게 가진 아기였다.

"많이 힘들었어요. 한 번 했는데 안 되고 두 번째는 생겼는데 유산됐죠. 세 번째도 안 되고 힘들어서 마지막이라 생각하고 시도했는데 이 애가 저한테 올 운명이었던 거죠. 아기 낳기 전에는 병원에서 살았어요. 옆에 누가 나한테 알려줄 사람이 없으니까 오직 병원만 믿었어요. 조금 불편하면 병원으로 뛰었어요. 피가 자꾸 보이니까요. 노산이잖아요. 교수님이 괜찮다고, 애가 자꾸 움직이니까 그럴 수 있다고 말씀하셨어요. 제가 그랬어요. '교수님, 제가 지금 집에 가면 돌봐줄 사람도 없고 신랑도 아무것도 모르기 때문에 병원에 입원하게 해주세요. 난 이 아이를 꼭 지켜야 해요.' 6개월 넘게 병원에 가 있었던 것 같아요. 나한테 온 아이는 꼭 지켜야 한다는 용기가 생기더라고요."

한국에서 혼자, 아는 사람 없이 혼자, 아는 것도 없이 혼자, 믿을 곳도 없이 혼자, 순미 씨의 이야기에서 '혼자'라는 단어가 자주 나왔다.

"아기를 낳을 때 아기가 쿵 하고 나오니 안도감이 들었어요. 울음소리 들으니 안도감이……. 처음엔 안을 줄도 몰랐어요. 너무 작아서. 안아도 안은 것 같지 않았어요. 품에 들어오니까 진짜 맞나, 꿈 같고……."

아기를 지켜내었다는 안도감이 들었다. 그러나 아기를 낳고 나서도 그 절박함은 크게 달라지지 않았다.

"일단 애가 나오니까 낳았는데 어떻게 해야 될지. 얘가 태어나서 황달이 있어서 병원에 열흘 정도 있었어요. 조금 미숙아로 태어났어요. 그 작은 몸에 어디 찌를 데가 있다고 링거 맞고 빛 쪼이고. 집에 와서 자꾸 울고 보채면 어디 아픈가 보다 싶어서 일단 애 안고 병원으로 뛰었어요. 우리 신랑은 괜찮을 것 같다고 해도 난 안 돼요. 마음이 급하고 상식에 대해 아무것도 모르니 그냥 병원에만 간 거예요. 어떤 때는 의사들이 웃는 거예요. 다른 사람 생각에 지나치다 싶어도 할 수 없죠. 내 애는 내가 지켜야죠."

영유아 건강 간호사를 만나 2년 동안 지속방문 서비스를 받게 된 것은 그녀에게 큰 행운이었다고 했다.

"나는 두세 번, 열 번 말한다 해도 이 간호사 선생님이 진짜 나한테는 뭐, 변명의 여지가 없이 진짜 힘이 됐어요."

그녀는 말주변이 없어 잘 말하지 못한다고 안타까워하며 거듭 그 점을 강조했다. 가까운 이에게도 속내를 내비치지 않는 그녀가 인터뷰를 승낙한 건 자기 같은 사람들이 이런 서비스를 더 많이 받을 수 있게 알리고 싶기 때문이라고 했다.

"낯선 땅에 와서 애를 낳고 도와줄 사람이 없는데 진짜 저한테는 행운같이 너무 좋았죠. 처음 애를 낳아서 어떻게 키우는지, 어떻게 안아서 먹이는지도 모르잖아요. 조금씩 도와주는 게 저한테 큰 힘이 됐어요. 늦은 나이에 애를 낳았잖아요. 나도 여기 혼잔데 옆에 누가 있으면 좋겠다 싶어 아기를 낳았지요. 여기에 부모 형제가 다 없거든요. 애가 태어난 건 진짜 기쁜 일인데 산후조리할 때 옆에 누가 도와주는 사람이 없으니까 제일 그랬죠. 엄마가 옆에 있었으면…… 너무 좋았겠다는 생각……. 그래도 손주잖아요. 봐줄 수도 있잖아요. 후우……. 간호사님 만난 건 참 저로서는 부모보다 더 좋은 거 같아요."

그 말을 할 때 그녀의 눈에 눈물이 고였다. 낯선 곳, 낯선 문화 속에서 아무것도 모르는 상태로 아기를 낳은 그녀에게는 간호사가 부모보다 더 믿고 의지할 수 있는 사람이었다. 아기를 안는 법, 초유를 먹이는 법, 분유를 먹이는 법부터 시작해 출산 후 간호사가 규칙적으로 방문해 성심껏 설명해준 내용들은 그이에게 유일한 육아 지식의 원천이었다. 엄마로서 어떻게 해야 하는지 학습하는 장이었다. 인터넷에서 정보를 얻을 수 있는 방법을 알려준 이도, 아이의 발달에 따라 어떻게 해야 할지 알려준 이도, 오감을 촉진하는 놀이를 알려준 이도 간호사였다. 어린 시절 어떻게 보살핌을 받았는지 기억을 못 했는데 간호사의 방문을 통해 어떻게 해야 아이를 제대로 돌볼 수 있는지 기본적인 것을

3부 한국에서 엄마로 살아간다는 것

터득할 수 있었다. 눈이 뜨였다고 하는 경험이었다.

"간호사 선생님이 애들 분유를 먹일 때 목을 받치고 세워서 먹여야 한다고 알려줬어요. 선생님이 가르쳐주는 것 그대로 하면 애가 평상시 먹는 것보다 더 편하게 잘 먹어요. 처음에는 모유나 분유 먹이는 법도 몰랐어요. 외할머니가 저를 키웠는데 제가 자라온 내력에 대해 누구도 얘기를 안 해줬으니 애를 어떻게 키우는지 모르죠. 제가 모르는 게 하도 많으니까, 어떨 때는 전화해서 물어보면 나중에라도 꼭 해결 방법을 전해주더라고요. 그게 제일 고마웠어요. 그렇지 않으면 나는 어떻게 해야 할지 모르겠고, 우리 신랑도 중국 사람이다 보니 아무것도 몰라요. 독불장군이 어디 있어요. 나 혼자서 뭘 해요? 못 하잖아요? 간호사님이 찾아와서 나나 아기가 힘들어하는 부분을 해결해주니까 나도 좀 길이 열리고 방법들이 눈에 띄고 그랬어요."

그뿐만이 아니었다. 엄마의 마음에 소리 없이 찾아온 어둠을 맨 처음 알아본 사람도 간호사였다.


## 우울증에 걸리다

"처음에는 애가 가만히 누워 있잖아요. 그냥 먹여주면 먹고 자고. 그때는 애를 들여다보면 눈물이 나오는 거예요. 어떤 때는 막 혼자서 걔를 보고 울기도 하고……. 그리고 약간 힘든 시기가 있었거든요. 이 집을 사고 신랑하고 많이 다퉜어요. 이틀이

멀다 하고 자꾸 다투고 제가 잘 다닐 수도 없고. 그 시기에, 애한 테도 왜인지 마음이 썩 기쁘지 않고 죽고 싶은 생각이 났었어요. 그때 간호사님이 와서 '요즘 어머니 인상이 안 좋네요' 그래요. '어떻게 알았어요? 뭐 약간 힘드네요' 그랬어요. 다른 사람한테 말 못 한 거 얘기하면서 막 죽고 싶은 생각이 났다는 거도 말했어요. 사실 그때 내가 이 6층에서 떨어져 죽고 싶다는 생각이 드는 거예요. 그 생각 할 때마다 애가 옆에 있었어요. 죽고 싶다고 생각하고 고개 돌리면 애가 보이거든요. 애를 보면 내가 무슨 정신 빠진 생각을 하고 있나. 만약에 애가 없었으면 혹시 또 어떻게 됐을까요? 이런저런 생각이 많이 들더라고요. 그게 우울증이라요? 그런 생각을 많이 하는 게?"

중국 사람인 남편과 소통이 제대로 되지 않는 것, 속마음을 중국어로 전달할 수 없는 것, 건설 일을 하는 남편이 일과 술자리로 자주 집을 비우는 것, 이어지는 싸움, 이런 것이 그녀의 산후우울을 더 깊게 했다. 집을 사느라 진 빚도 많았다. 그녀는 술을 마시기도 했다.

"막 힘들었어요. 재작년 말에 여기 이사 와서 그다음 해 초까지 사람이 왜 이렇게 사나 싶을 정도로 많이 힘들었어요. 신랑이 외국인이다 보니 언어가 안 되고 내가 중국말을 좀 한다 해도 이 사람이 내 마음에 대해 이해를 못 하잖아요. 언어상의 문제에서 마찰이 많이 생기고 생각하는 것도 다르고 하니까 제가 죽고 싶었어요. 그때는 제가 예민해져 있었어요."

그뿐만이 아니었을 것이다. 자세히 이야기하진 않았지만 고향을 떠나야 했던 기억, 탈북 과정에서 겪은 위험, 한국에 자리 잡기 위해 한 일들, 아기를 낳기 위해 가슴 졸인 시간들, 집에 갇혀 갑갑하고 무력해진 기분. 상처받은 마음을 덮고 달려오다가 이것들이 일제히 엉키며 마음 한구석에서 터져 오르는 것 같았을 것이다.

간호사는 얼굴이 편하지 않아 보인다고 말을 걸어왔고 그녀는 죽고 싶다는 말을 처음으로 했다. 개입이 필요했다. 간호사는 상담을 할 수 있게 주선해주었다. 순미 씨는 방문 상담을 몇 차례 받으면서 이야기를 하고 도움을 받았다.

"그때는 제가 살도 쭉쭉 빠졌어요. 원래 몸무게가 53킬로그램이 넘었는데, 그땐 50킬로그램도 안 됐거든요. 정신건강 선생님이 나보고 너무 많이 생각하지 말고 일단 마음을 비워보라고 그러더라고요. 근데 그렇게 해보니까 괜찮아졌어요. 너무 집착하지 말고 너무 생각하지 말고 마음을 비우고 그냥 흘러가는 대로 생각해보라고 그 선생님이 얘기해줬죠. 사람이라는 게 생각할 때는 생각하더라도 비울 때는 비우니 마음이 편하더라고요. 어떨 때는 남편이 화내잖아요. 꾹 참고 조금 있으면 괜찮아요. 그 당시 화 안 내면 우리 신랑도 '어? 좀 이상한데? 이전에는 분명 싸웠을 텐데' 생각하면서 이상한 눈길로 보는 거예요. 그리고 웃어버리는 거예요. 나도 이 사람 인상 보면 웃지 뭐. 이전에는 열 개 중에 열 개 다 마찰이 생겼다면 지금은 열 개 중에 일곱 개

정도 싸움 생기고 세 개는 무마된다든가 이렇게."

달라지는 상황이 있다는 것을 겪고 나자, 커가는 아이의 모습도 눈에 들어왔다. 아이는 폭발하는 부모 곁에서 두려움에 질려 '파뜩파뜩 놀라거나' 각 방에 앵돌아앉은 부모의 손을 고사리손으로 잡아끌고 같이 나란히 앉히려고 애쓰고 있었다. 그 모습을 보고 순미 씨는 자식을 위해, 자식이 바른길로 가게 본을 보여주자고 마음을 다잡았다.

"남자아이잖아요. 괜히 어릴 때부터 싸우는 거 보고 크면……. 남자아이니까 어릴 때부터 길을 바로 들어서야 한다고 모두 그러더라고요. 애를 봐서도 싸우지 말아야지, 내가 참으면 될 걸, 내가 한발 물러서면 될 걸. 그렇게 생각해요. 어떤 때는 다투고 싶어도 애 때문에 못 다퉈요. 애가 벌써 다 알아. 목소리 딱 높이잖아요. 그럼 이렇게 왔다 갔다 눈알을 굴리며 봐요. 아휴, 이전에는 다투고 싶으면 왁왁 다퉜는데 지금은 애가 좀 더 크고 나니까 더 눈치 보이고 안 되겠더라고."

간호사는 그녀가 마음이 순수하고 다른 사람에게 정이 있어서 그게 우울증을 버틸 수 있는 힘이었다고 말했다. 그 말에는 그녀가 우울에 삼켜지지 않고 선한 본성으로 곧 자기 길을 찾아갔다는 의미도 있으리라. 주변의 도움과 자신의 의지로 그녀는 그렇게 한발 한발 우울증에서 벗어났다.

나를 맞으며 그녀가 했던 말이 있다.

"나는 내 집에 온 사람 진짜 반갑게 맞아요. 일단 내 집에 온 손님은 나를 보고 왔는데 아니 그보다 더 반가운 게 어디 있어요? 집에 사람이 오는데. 난 그렇게 생각해요."

그녀는 그렇게 간호사를 환대했을 것이다.

"간호사 선생님이 되게 상냥하시고 상담할 때 대답도 깔끔하게 해주셨어요. 그리고 모르는 거 있으면 다 연계를 해서 저를 초대해주니까 저한테는 큰 힘이 됐어요."

그녀는 '초대'라는 표현을 썼다. 홀로 타향에서 아기를 낳았을 때 아기를 함께 키우는 시간에 초대받았으며, 믿고 의지하며 몸과 마음을 돌보는 시간을 선물 받았다. 그녀는 그 초대가 감사했기에 자신의 아기를 초대해준 이들에게 아기의 내일도 잘 보듬어가겠다고 약속한다. 초대받은 그녀와 아기는 더 이상 이곳에서 낯선 손님이 아니었다.

## 애 낳고 애만 보는 기계냐?

아이에게 화가 날 때 어떻게 감정을 폭발하지 않으면서 아이에게 전달할지 방법을 찾고, 부모와의 관계가 아이에게 미치는 영향을 눈여겨보고, 남편과의 관계 개선을 위해 노력한 것 모두 순미 씨가 방문 서비스를 통해 터득한 지식의 연장선이었다. 그녀는 어느 정도 자유가 제한되고 불편하기도 한 엄마 노릇을 잘 해나가고 있었다.

순미 씨가 전업주부가 되면서 더 좋은 엄마가 되기 위해 이

런저런 노력을 하는 것에 비해, 남편은 돈을 벌어다 주기는 하지
만 좋은 아빠로서 학습하거나 노력할 기회가 많지 않았다. 지금
도 가족 소풍 한 번 제대로 가지 못하는 것이 속상하고 아쉽지
만, 순미 씨는 그때처럼 죽고 싶다는 생각을 심하게 하지 않는
다. 간호사가 곁에서 다른 대처 방식을 알려주었고 그사이 아이
가 더 자라기도 했다. 이제 그녀는 이 상황에서 무엇을 하면 좋
을지에 대해 좀 더 신경을 쓰고 있다.

"아휴, 저희 신랑 술을 좋아하거든요. 현장 일이라는 게 힘
들게 일하고 또 회식도 잦잖아요. 어떨 때 술 마시고 오거든요.
그러니까 나는 항상 집에서 아이랑 단둘이 밥 먹어야 돼요. 우리
신랑이랑 같이 밥 먹으면 좋은데 그게 잘 안 되니까 어떤 때는
화나지. 우리 신랑도 많이 노력하더라고요. 하지만 애랑 같이 집
에서 휴식할 때 같이 놀러 가고 싶고 외식도 하고 싶은데 신랑이
잘 안 해줘. 자기도 힘들겠죠. 아는데 쉴 때만이라도 같이 좀 해
줬으면 하는 게 바람이에요."

순미 씨가 답답한 것은 남편의 가부장적 인식 때문이기도
하다. 남자는 돈을 벌고 여자는 살림만 해야 한다는 사고방식이
답답하다. 한국에 온 그녀는 자유롭게 시간을 보내보기도 했고
일하며 돈도 벌어봤기 때문에 아이를 위해 무엇이라도 더 하고
싶지만 남편은 부인이 밖에 나가 돈 버는 것을 달가워하지 않는
다. 그녀는 지금 아이의 육아 때문에 시간을 자유롭게 쓸 수 없
고, 가족을 지켜내기 위해 협상해야 함을 알고 있으므로 엄마로

서 아내로서 집에 있기로 했다.

　"저는 그동안 정말 자유롭게 살았어요. 신랑 없을 때 혼자일
때는 그냥 뭐 어디 가고 싶으면 가고 자유롭게 했는데 신랑이 생
기고 옆에서 지켜보는 사람이 생기니까 약간 벽이 하나 생기고 자
유가 약간 떨어지더라고요. 그다음 몇 년 살다 애까지 생기고 나
니까 어, 힘들어. 다니지 못하니까. 맨 처음에는 환장하겠더라고
요. 딱 붙어 있으니까. 나가고 싶은데 못 나가지. 가고 싶은데 아이
가 딸려 있으니까 못 나가지. 그래도 신랑이 나를 우울하게 만들
때는 애 얼굴 보면 웃음 난다니까. '네가 있어서 다행이다' 그런
생각도 들고. 지금 약간 컸잖아요. 우리 신랑하고 나를 이어주는구
나. 우리한테는 애가 없어서는 안 될 중요한 존재라고 생각하죠."

　"일을 하고 싶으세요?"

　"우리 신랑은 내가 뭐를 한다 하면 반대해요. 내가 왜 반대
하냐고 물었죠. 그러니까 신랑이 '넌 집에서 애만 잘 키워' 이러
는 거야. '나는 애 낳고 애만 보는 기계냐? 나도 나가서 뭐 좀 하
면 안 되냐?' 신랑은 일단 내가 어디 나가서 뭐 하려 하면 꼭 반
대하거든요. 나는 좀 뭐라도 하고 싶거든요. 우리 애가 점점 크
면 돈 들어갈 데도 많잖아요. 우리 신랑 혼자서 돈 벌면 힘들잖
아요. 큰 도움은 안 돼도 애가 지금 먹을 수 있는 간식, 옷가지 살
수 있는 돈만 조금씩 벌어도 여유가 있을 수 있잖아요. 아직 이
문제를 우리 신랑하고 해결 못 했어요. 그 말만 나오면 우리 신
랑은 안 된다는 말뿐이야. 안 해도 된다고, 자기가 번다고. 집에

서 애만 다치지 않게 잘 보라고. 어떨 때는 그런 말 들으면 괘씸해요. 여자로 태어난 게 후회스럽기도 하고. 하지만 일단은 애가 지금 너무 어리잖아요. 내가 밖에 나가 일해도 남의 밑에서 일해야 하잖아요. 그쪽 사장 시간 맞춰야지, 사장이 내 시간 안 맞춰주잖아요. 내가 혹시 일 갔다가 애가 아파서 병원에 간다거나 하면 내가 와야 되는데 사장들이 싫어하지."

그녀는 엄마로서 새 역할을 몸에 익히며 아직 가부장적 편견에 젖은 남편의 태도를 아쉬워한다. 또한 아빠로서의 역할을 깊이 생각지 않는 남편의 무심함에 상처를 받고 있다. 그녀는 자기 생각을 솔직하고 당당하게 말하는 편이다. 또 현실적이기도 하다. 매사에 정직하게 의견을 말하고 자존심을 지킨다. 이전에 식당에서 일했을 때 사장에게 굴욕적인 말을 듣고는 자신이 새터민이라 차별하는 말이라 생각하고 그 자리에서 밀대를 던져버리고 거세게 항의하며 그 길로 일을 그만둬버렸다. 참고 일하라는 주변의 말에 수모를 참아가며 일하지 않겠다고 말했다.

집에만 있어야 한다는 답답함에 더해 요즘 마음에 있는 또 하나의 걱정은 아이의 말이 늦다는 것이다.

"애가 아직 말을 못 해요. 어린이집 가면 또래가 있으니 따라서 말을 배울까 싶어서 보냈죠. 아직 큰 효력은 없어요. 애는 잘 논대요. 한번은 뽀로로 동요 틀어줬더니 '뽀로로'라고 했대요. 그 한마디를 하고 지금까지 반응이 없어. 말은 다 알아들어요. 쉽게 뱉지 못하네. 아빠가 중국계라 중국어 하고 엄마가 한국말 하니까 지금 어느 말을 해야 할지 몰라서 이러는 건가? 아직까지 그냥 단어만 몇 가지 알고. 딴 애들은 오물오물 말을 잘하는데 얘는 말을 잘 못 하니까 그 점이 신경 쓰여요. 밤에 잘 때 젖병에 우유랑 분유를 섞어서 먹여요. 아이가 자려고 먹을 때 옆에 누워서 말해줘요. '가끔 큰소리치는 거 미워서가 아니고 하면 안 되기 때문에 그런 거야. 엄마한테 화내지 마. 안 되는 거 알지?' 하면 '음' 그래요. 꼭 대답하는 것처럼. '어? 엄마 말 다 알아듣네?' 그럼 난 웃어요. 기특해서. 하하."

아직 말을 못 하는 아들을 병원에 데려가보기도 하고 어린이집 선생님에게 잘 지내는지 물어보며 속으로 애태운다. 남들처럼 웃고 있어도 어딘지 남들과는 다르다는 느낌, 비어 있는 듯한 느낌에 홀로 아이의 손을 잡고 오갈 때는 쓸쓸하기도 할 것이다. 가족이라는 단어가 그녀에게 가지는 특별한 의미가 있다. 새로 시작하는 엄마 노릇과 어깨동무할 아빠의 자리를 바라고, 육아의 짐이든 소통의 짐이든 혼자만의 것이 되지 않기를 그녀는 바란다. 아이가 다른 아이들처럼 건강하게 자라기를 바란다.

그녀는 개인적으로 즐거웠던 시간으로 처음 한국에 왔을 때를 꼽았다. 혼자였고 거리낄 것 없었던 시간이었다. 살아 있다는, 살아남았다는 기쁨만으로 충분히 즐거웠던 시간이었다. 지금도 가끔 꺼내어 보면 빙긋 웃음이 나는 시간이다.

"몇 년 동안은 한국에 왔다는 게 실감이 안 났어요. 그냥 공백이랄까, 그런 상태에서 있었던 것 같아요. 맨 처음 한국 와서 친구들도 돈 벌 때 빼고는 계속 놀았거든요. 모여서 술 마시고 놀러 가고 그랬어요. 조금 더 지나니까 모두 자리를 잡더라고요. 자기가 할 일 하고 취직 안 했던 사람도 가정을 꾸리고. 가정이 있다 보니까 뜸해져요. 지금은 그때가 좋았다 싶어요. 아무 생각 없이 모여서 마시고 놀러 다니고 지금도 생각하면 추억거리고 재밌었어요. 이전에는 술도 진짜 많이 먹었어요. 고량주 두 병씩 먹었어요. 지금 못 먹겠어요. 임신되기 전부터 안 먹었지. 아기 낳고 10개월 넘었나. 맥주 좀 먹었죠. 조금 먹기 시작했는데 못 먹겠더라고요. 술을 어떻게 그렇게 많이 먹었는지 모르겠어요. 박스째 갖다 놓고 먹었다니까. 친구들이랑 모여 있으면 즐겁고 또 내 세상 같아요. 중국에 있을 때는 우리가 공안한테 잡힐까 봐 못 나가는 데 많았고 북한에서는 생활 형편이 안 되잖아요. 여기 오니까 마시고 싶으면 마시고 어디 가서 누구한테 잡힐 우려도 없고 일단 좋은 거예요. 모이면 '맞니? 맞니? 한국이 맞니?' 서로 그랬어요. 모든 게 다 내 세상 같고 이제야 세상인가, 그런 생각 드는 거예요."

그 얘기를 하며 그녀는 고향 이야기를 처음으로 꺼내놓았다.


### 고향 이야기

양강도. 국경이 가까운 곳이었다. 북쪽 지역이라 산이 많았다. 압록강이 사이에 있었고 겨울에는 그 강이 얼었다. 순미 씨는 엄마가 보고 싶다고 처음에 말했지만 자라면서 좋은 기억만 있었던 건 아니다. 고향 이야기와 어린 시절의 이야기가 시작되자 북한 억양이 더 강해지며 소탈하고 빠른 말투가 이어졌다.

"저는 엄마가 나를 낳았을 뿐이지 안 키웠으니까 엄마한테 크게 정이 없어요. 내가 지금 마흔셋인데 엄마하고 지낸 시간은 4년밖에 안 돼요. 4년 동안 엄마가 힘들게 사는 걸 내가 눈으로 봤어요. 우리 아버지가 술을 마셨어요. 마시는데 객기를 많이 부려요. 술기가 안 좋아요. 우리 엄마를 엄청 때리고 나도 엄청 맞았고, 우리 동생들도 모두, 안 맞은 사람이 없어요. 그게 마음에 있죠. 난 몇 년 동안이라도 엄마가 힘들게 사는 걸 봤기 때문에. 큰 정은 없어도 나를 낳아줬잖아요."

그녀는 깊은 한숨을 쉬었다. 북한에서 고등학교까지 마쳤지만 남한과는 내용이 너무 달라 아기를 키우는 데에 별로 도움이 되지 않았다고 말하기도 했다. 집도 학교도, 사회에서 겪은 경험도 이곳에서의 문제들을 헤쳐 나가야 할 때 괴리가 있는 경험들이었다.

"제가 배운 게 없어서, 아이가 점점 커가면 배워야 할 것 같은데 어떻게 배워야 하는지 아직 모르겠어요. 우리 그쪽에서 배운 거하고 지금 애들 뭐, 배움 자체가 다르고 배우는 형식이 다르고 하니까 모르죠.

북한은 일단 애가 3개월부터 탁아소에 가요. 산후조리 기간이 길지 않아요. 그리고 50~60세까지는 직업이 있어야 돼요. 없으면 안 돼요. 없으면 처벌받아요. 없으면 왜 없는지 캐거든요. 장기간 아프다든가 하면 할 수 없는데. 그냥 이유 없이 직업이 없으면 안 돼요. 그런데 시스템이나 일이라는 게, 아유…… 힘들어요. 일단 회사 자체가 운영이 안 돼요. 회사 운영비를 자부담으로 내는 데가 많죠. 사는 사람들은 괜찮은데 뭐 생활 형편이 없는 사람들은 힘들지. 한 달에 월급이라는 게 쥐꼬리만 하고."

"텔레비전에서 봤죠?" 하면서 나를 쳐다보았다. 그녀의 어린 시절은 가정과 학교에서 여러 아픔이 같이 있었다. 고개를 절레절레 흔들면서 이번에는 학교 이야기를 했다.

"우린 학생 때부터 학교에 내라는 게 엄청 많아요. 토끼 가죽 알죠? 그것도 내야 하고 없으면 돈 내고 사서 해야지. 하나 사면 쌀 반 근 값인데. 누가 그렇게 할 수 있어요. 못 내면, 아유…… 참 힘들어. 비판도 받고 학교도 가기 싫어요. 우리 집에 애 셋이에요. 제가 맏이인데 형편이 좀 안 좋잖아요. 그러면 학교에서 막 내라고 그러잖아요. 그런데 우리 집은 셋이서 다 내야 돼요. 어떻게 내요? 집에 먹을 거도 빡빡한데. 어떨 때 못 가져가면 막 창피하잖아요. 선생이 '왜 못 가져왔나? 딴 애들은 가져왔는데 너네들은 왜 못 가져왔나?' 그러면 자존심이 있잖아요. 친구들 앞에서 그런 비판 받으면 학교 가기 싫어져 안 가지. 그럼 선생이 수업 끝나고 애들 몽땅 데리고 줄 세워서 오는 거야. 집에 와서 이 집 애가 학교 안 갔다 그래요. 우리 엄마는 나보고 뭐라 하지. 어쩌겠어요? 이거 못 내면 학교에서 계속 싫은 소리 들는다고. 한번은 학교에 이틀 안 갔어요. 학교에서 외화벌이용으로 고사리를 한 사람당 1킬로그램 내야 하는데 그 비용이 60원이거든요. 북한에서 입쌀이 1킬로그램에 120원 해요. 쌀 반 근값이잖아요. 우리 다섯 식구 죽을 쒀 먹으면 660원을 가지고 5일은 죽을 쒀 먹을 수 있어. 애 셋이면 180원이 넘는데. 이틀 되는 날에 선생이 또 애들 다 몰고 집에 온 거야. 선생이 애들 끌고 오는 거 집 뒷산에서 내가 다 봤어요. 뒷산에 선생이 갈 때까지 있다가 집에 가면 우리 엄마가 난리 피우는 거야. '너는 학교도 안 가고, 동네 창피해 죽겠다!' '엄마, 그러면 나 고사리 내라는데 사줘. 창피해서 학교에 못 가겠어요.' 우리 엄마가 그때 30원에 사줬어요. 다는 못 사고 조금만 먼저 사줘서 가지고 갔는데 왜 이것밖에 못 가져왔냐고 비판하는 거예요. 아휴, 그 생각 생생해. 선생들은 자기네 각 단위 업무가 있으니 올라가 추궁받겠죠. 남의 집 기름 짤 것도 아니잖아요. 없는데, 우리가 도둑질하라는 소리밖에 안 되잖아요. 도둑질할 데도 없어. 그때가 중학교 땐가.

내가 학교 문제로 우리 엄마를 애 좀 먹였어. 내 동생들은 안 그랬는데, 엄마가 '아이는 힘들어도 내가 키워야겠구나, 할머니 손에 키우면 안 되겠다, 할머니가 키우니 다 제멋대로다'라고 했어요. 하하하. 열세 살까지 우리 외할머니랑 살다가 외할머니가 돌아가셔서 집에 왔거든요. 외할머니하고 있을 때는 우리 할매가 돈 없어도 나를 제일 먼저 챙겨줬다니까. 난 항상 모범학생이 됐거든. 집에 오니까 환경이 다르잖아요. 동생이 둘이나 있지.

생활 형편이 안 되지. 모범학생으로 대우받다가 자꾸 욕먹고 비판받으니까 자꾸 비딱한 생각밖에 안 들더라고요. 환경이 바뀌니까 마음을 집에 정착하지 못하겠더라고요. 우리 아버지가 나한테 엄청 막, 아휴, 우리 아버지가 밖에서 데려온 애처럼 나만 보면 욕을 하는 거예요. 잘했든 못했든.

엄마, 아빠하고 산 게 4년 좀 넘어요. 열일곱 살에 군대 간다 하고 나왔는데 평양에 건설하는 돌격대가 있어요. 거기에 2년 반 있다가 금속 장사를 했어요. 동, 구리. 북한에는 그게 돈 돼요. 근데 엄청 단속이 심해요. 그거 하다가 누가 고발해서 몽땅 뺏겼죠. 그것 때문에 빚에 시달리다가 스물두 살에 중국으로 나왔어요. 중국에 눌러 있다가 2년 지나고 1999년도에 한 번 북한에 잡혀갔어요. 북한에 1년 있다가 2000년도에 다시 나왔어요. 못 있겠더라고요. 중국에 있다가 다시 북한에 가니까 못 살겠어. 까막눈이었는데 까막눈이 한 껍질 벗겨졌다고 해야 하나? 그래서 못 있겠더라고. 또 도망쳐 나왔지.

이번에 한국에 오게 됐지요. 한국에 올 때도 잡혔어. 쿤밍인가, 거기서 건너서 제3국으로 태국을 거쳐 오기로 했거든요. 쿤밍에서 잡혔는데 난 운이 좋았어요. 북한으로 다시 잡혀갔으면 못 살았을 거예요. 죽었을 거예요. 그쪽 감옥에서 3개월 있었는데 한국 대사관에서 힘써서 여권을 만들어줘서 필리핀을 거쳐 비행기 타고 한국에 왔다니까. 잘됐죠. 죽지 말라는 인생이었던 거지. 우리 아기가 기다리고 있었으니까 여기까지 온 거지."

어린 시절 이야기를 하다가 현재 이야기까지 줄줄이 이어졌다. 그녀는 청소년기 때부터 아버지의 폭력과 어머니의 무력함 밑에서 힘들게 지냈다. 먹고살 것 없는 가난, 생계 수단이 없는 현실에서 중국에 갔다가 탈북을 결심하게 되었다. 자유를 찾겠다는 건 남에게 간섭받지 않고 자신의 의지로 살겠다는 마음, 이유 없이 학대당하고 비판받는 생활의 굴레에서 벗어나고 싶다는 마음에서 시작됐다. 감옥에 있을 때 한국 대사관에서 왔다는 사람이 "당신은 왜 한국에 가려 하느냐?"라고 물었을 때 그녀는 목숨을 건 대답을 했다. "난 자유를 찾아서 가고 싶다." 그 사람이 정말 한국 대사관에서 온 사람이 아니라면 자신이 죽을 수도 있겠다고 생각했다. "야, 넌 참 복이 많구나." 감옥의 소장이 말했다. 그녀는 천운으로 2009년에 한국에 입국했다.

처음에는 저임금 직종인 식당 일 같은 것을 했지만 몇 년 동안은 한국에 왔다는 것이 꿈만 같았다고 했다. 한국에 옴으로써 그녀는 운명 같았던 가난, 부당한 지시와 간섭, 폭력적인 아버지, 자신을 지키지 못하는 가족에게서도 벗어났다. 사랑하는 사람을 만났고 가정을 꾸렸다.

고향 이야기를 할 때 그녀의 얼굴이 잔잔해졌다. "살아 있겠지, 무소식이 희소식이겠지……." 회상 속에서 더듬어 귀향한 그녀는 애정과 그리움으로 아득한 표정을 지었다. 낮고 잔잔한 어조로 어머니를 다시 만나고 싶다고 했다. 마음의 빗장을 건 완강함과 할 말을 참는 묵묵함, 자신을 지키기 위한 긴장이 사라졌다. 얼굴의 선들이 부드럽게 풀리고 순수하고 평화로운 표정이 있었다. 그녀가 고향에서 저런 얼굴이었을 것이고, 바람이 이루어지는 날에도 저런 얼굴일 거라는 걸 느꼈다. 그녀의 깊은 얼굴이 떠올라 고단했을 시간을 안고 보듬어주었다.

"이제 우리 아버지를 미워할 수도 없어요. 돌아가신 분이죠. 아무리 그래도 부모잖아요. 눈물 나죠. 엄마도 아버지가 돌아가셨다고 말했을 때 울더라고요. 이전에는 꿈을 꾸면 아버지가 계속 나를 쫓아왔거든요. 한번은 또 꿈에 나왔는데 닭을 잡아서 오는 거예요. 친구들한테 물어봤지요. '왜 우리 아버지가 닭을 잡아서 그럴까?' 아버지가 닭고기가 먹고 싶나 봐요. 술 한 병에다가 닭 한 마리 사서 아버지한테 올렸어요. 그다음부터 우리 아버지가 꿈에 안 나타나요. 알겠죠. 본인도. 생전에 했던 행동을. 아버지도, 없는 살림에 가족을 살리려니 힘들었겠죠. 우리는 누구 하나 상처 안 남은 사람이 없어요. 난 빨리 통일되면 우리 엄마 살아생전에 한 번 보고 싶어요."

그녀가 한 이야기는 화해에 대한 것이었다. 늘 꿈에서 자신을 쫓아오던 무서운 아버지, 가족 모두에게 상처를 준 아버지에 대한 두려움에서 벗어나고 애정을 고백하는 내용이었다. 늘 자신을 무섭게 하는 아버지였지만 꿈에서 닭을 잡고 쫓아오는 모습을 보고는 아버지가 닭을 드시고 싶은 게 아닌가 생각했다. 돈이 없어 닭은 구경도 못 한 시절이었다. 아버지를 위한 상에 닭을 올렸고 그 후로 아버지는 꿈에 나타나지 않았다.

아이를 낳고 가족을 지키면서 그녀는 스스로 비우며 치유해나갔을 뿐 아니라 과거 속의 상처와도 만나 화해해가고 있었다. 평생을 꿈에서 쫓아온 아버지와도 화해하고 자신을 지켜주기에는 너무나 힘겨웠던 어머니를 용서하고 다시 만날 날을 꿈꾸었다. 인간다운 감정을 지킴으로써 자신을 구했을 뿐 아니라 오래된 기억과도 다시 만나 그것들을 떠나보냈다. 그 모든 아프고 헐벗고 황량하고 쓸쓸한 기억 속에서도 사람을 믿고 사랑하는 능력을 잃지 않음으로써 자신의 오늘을 지켜내었다.


### 오늘, 단 하나의 내일

일상의 걱정은 여전히 이어진다. 아이에게 날마다 쇠고기와 치즈, 달걀을 먹이고 장난감을 원 없이 사주고 새 옷을 사 입히지만, 아이가 더 자라 말문이 트이면 수도 없이 쏟아질 질문들에 어떻게 대답해야 할지 벌써 걱정이다. 다른 부모들처럼 해주고 싶은데 경험이나 교육적인 자원이 부족한 것 같아 마음이 쓰인다. 뭐든 더 배우고 싶지만 그것도 마땅치 않아 혼자 열심히 텔레비전을 본다.

"걱정돼요. 점점. 얘가 말 트이고 나면 요것조것 물어볼 건데 나도 모르는 게 많은데 어떡하지? 어떨 때는 내가 모르니까 답답하지. 딱 트이는 방법이 없어요. 일단 항상 다른 애들을 들여다봐요. 부모들이 어떻게 대응하지? 교육방송에서 나오는 거 좀 보긴 해요. 애들이 엉뚱한 질문 많이 하더라고요. 텔레비전에서 엄마들이 진땀을 내면서 답을 못 하는데 나도 애가 물었을 때 대답 못 하면 어떡할까? 걱정이 되더라고요."

거실 텔레비전 앞에는 싱크대 모형 장난감이 두 개나 있었고, 블록과 나무 장난감들도 있었다. 아이가 무엇을 좋아하는지 눈여겨보고 만지작거리는 장난감을 재빨리 구입하고, 부엌에 따라와 옆에 서 있으면 관심이 있나 싶어 싱크대 장난감을 얼른 사주는 식이었다.

"제가 뭐 아나요? 애들이 지금부터 중요하다면서요. 촉감 놀이나 손 자극 같은 거 많이 주면 뇌에 좋다고 해서. 그것도 간호사님한테 배운 거예요. 아유, 근데 잠깐 놀다 말아요. 애들이 그렇잖아요."

그녀는 웃었다. 아이의 방은 현관문과 가까운 밝은 방이었는데 바닥에 깔린 이불 옆에는 뽀로로와 다른 인형들 네댓 개가 벽 쪽으로 나란히 놓여 있었다. 장식장에는 아이 사진들이 놓여 있었고, 여위었지만 강단진 표정의 순미 씨 사진도 있었다. 아이를 낳고 얼마 안 되어 찍은 사진이라고 했다.

"나는 아이한테 바라는 게 없어요. 아이가 하고 싶은 거는 시킬 거예요. 얘가 만약에 무엇에 취미 있다 하면 시키고 나는 막지 않을 거예요. 건강하게 크는 게 저한테는 복이죠. 아이가 갈 길을 헤쳐 나가고, 하고 싶은 일 해서 성공하고, 남을 위할 때도 그냥 넘기지 말고, 훌륭한 사람이 되었으면 해요. 다른 욕심이 없어요. 지금은 그냥 건강하게 자라고 이제 우리 아이가 잘 갈 수 있도록 잘 갖춰주겠다 하는 그것뿐이지."

그녀는 아이를 낳고 자식을 자신처럼 외롭지 않게 만들겠다고 굳게 마음을 먹었다. 지금 할 수 있는 최선을 다해 새로운 내일을 맞자고 다짐한다.

"사람들은 선택하면서 살아요. 선택이라는 게 모두 계획한 대로 안 되잖아요. 제가 한국에 오다가 잡혔잖아요. 일단 아무 생각이 없었어요. 잡힌 요 순간을 어떻게 대처를 해서 잘 해나가야 되지 않을까, 그 생각밖에 안 들었어요. 북한에 잡혀가면 어떻게 대처해야 할까. 사람이 마지막 발악이라는 게 있잖아요. 마지막까지, 1분 남기고 죽더라도 그때까지는 어떻게 좀 발악하면서 살 수 있을 정도로 머리를 쓸 수 있어요. 사람이 살자면 무슨 구멍이 없겠어요? 내가 지금은 여기에 앉아 있는데 앞으로 아이에게 어떤 안 좋은 일이 생길지 이건 누구도 예측 못 하잖아요. 그렇다고 후에 있을 안 좋을 일들까지 다 생각을 못 하잖아요. 일단 무슨 일이 생기면 그 당시를 풀어 넘기면, 힘든 일만 넘기면 또 좋은 일이 있잖아요. 난 그렇게 생각해요. 일단 오늘이 있어야 내일도 있는 것 아닌가."

그녀는 바늘만 한 구멍이라도 찾아 길을 내고, 위험이 닥치면 죽음에 처한 마지막 순간까지도 머리를 짜내어 돌파할 궁리를 해야 한다고 했다. 그런 선택 하나하나가 지금의 가족을 만들어놓은 것이기에 그녀는 녹록지 않았을 탈북과 정착의 과정 끝에 "아이가 나를 기다리고 있었다"라고 말했다. 그러면 된 것이라고 생각한다. 오늘은 그녀가 두 손으로 빚은 단 하나의 내일, 지극히 충만한 내일인 것이다.

그녀는 현재의 풍요로움도 알고 현재의 위태로움도 안다. 주어진 것에 감사하지만 이것들을 잃었을 때 어떻게 할 것인가 생각하기도 한다. 언제 닥쳐올지 모르는 위기를 헤쳐 가려고 은연중에 준비하는 마음. 그것이 고향을 떠난 이주민으로서의 속내다. 정착을 꿈꾸지만 정착하지 못할 수도 있음을 언제나 예상하고 대비하려 한다. 그래서 그녀는 자신이 가지고 있는 것들이 얼마나 소중한지 잘 안다. 친정엄마에게 보여줄 수 없는 손주이지만 그 손주를 안고 마음으로 귀향하는 꿈을 꾼다.

"지금은 모든 게 꿈 같아요. 모든 과정이 하나하나 이루어지고 아이도 지금 시기에 맞게 건강하게 잘 자라고 하니까, 이제 엄마만 잘하면 앞으로는 걱정 안 해도 될 것 같아요. 우리 아이도 잘 클 것 같고. 전 두말할 것 없이 지금 이루어지는 모든 일에 감사하게 생각하고 있어요. 특별히 하는 거 없이 하루하루가 빨리 흘러가니까, 우리 아이가 지금 너무 예쁘고 귀여워서 시간이 빨리 가는 게 약간 겁나기도 하지만 붙잡을 순 없잖아요. 빨리 커야 내가 좀 시름 놓고……."

그녀는 아이들의 미래를 묻는 말에 이런 대답을 했다.

"앞으로 통일을 하려면 우리 애들이 엄청 중요하잖아요. 나는 진짜 옆에 도와주는 사람이 없었던 그런 사람의 하나로서 힘을 얻었어요. 이 아이들이 잘 크면 좋겠어요. 자식 가진 부모라면 우리 애들을 위해서 자신을 헌신할 수 있는 엄마가 되었으면 좋겠어요. 저도 부족하지만 많이 노력해서 아이를 잘 키우고 싶어요. 기초를 알려주셨으니 잘 이용해서 저도 잘 키울 수 있을 거예요. 우리 아이도 이 세상에 보탬을 할 수 있는 애로 자랐으면 좋겠어요."

앞으로 이어질 무수한 오늘들을, 오늘 때문에 태어날 끝없는 내일들을 지지하고 응원한다. 단절된 시간이 흐르는 기억이 과거로 남지 않게 미래의 만남들을 꿈꾼다. "지금 5월, 6월이 북한에서는 보릿고개라고 제일 힘들 때예요. 빨리 통일이 되면 좋겠어요……. 도움을 주면 좋은데." 그녀의 마음에는 두 개의 가족 그리고 과거와 현재가 늘 만나고 있다. 그렇게 서로를 맞이하며 얼싸안는 꿈을 꾸고 있다. 그녀는 새로운 시간이 시작되는 아이를 안고 자기 속에 흐르는 여러 겹의 얼굴로 웃고 울고 꿈꾸고 바라보는 한 이주민이다.

자기 삶을 위해 혼자 온전히 이주를 결심했고, 삶의 역사를 새로 쓰려고 월경越境을 했다. 보금자리를 개척해 만들고 삶의 첫 장을 언제나 새로 써나가는 용기를 보였다. 그녀는 죽음이 눈앞에 닥쳐도 삶에 대한 희망을 버리지 않겠다고 했다. 가지고 있는 것을 모아 짜내고 그것들로 현재를 만드는 사람이었다. 그녀의 오늘에는 그녀가 짜서 던진 하늘과 그녀의 심장과도 같은 해가 밝게 빛나고 있다.

# 4부

———

## 육아는
## 혼자의 것이 아니다

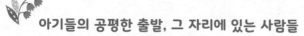

## 아기들의 공평한 출발, 그 자리에 있는 사람들

[인터뷰] 영유아 건강 간호사 김은영, 정문희, 이영애

〈서울아기 건강 첫걸음 사업〉은 산전·아동기 건강 형평성 사업으로 제안되었으며 2013년 서울의 3개 구에서 시작되었다. 생애 초기 육아를 돕고, 사회의 모든 아이가 건강하게 삶의 출발선에 설 수 있도록 실시된 사업이다. 이 사업은 2019년 현재 보건소를 중심으로 서울시의 24개 자치구에서 실행되고 있다. 서울시의 모든 임산부가 등록할 수 있고, 출산 후 등록된 모든 가족에 대한 보편방문이 1회 이루어지며 지속적 서비스가 필요한 가족에게는 산전부터 아동이 만 2세가 될 때까지 지속방문이 이루어진다. 어린 시절의 성장 발달은 성인이 된 후의 건강에도 영향을 미치고 더 나은 영유아기를 보내는 것은 건강 형평성 차원에서 중요하다. 아이들은 제각기 다른 환경에 놓여 있고 그 환경

4부 육아는 혼자의 것이 아니다

을 더 나은 것으로 만들려면 여러 차원의 노력이 필요하다. 공공 서비스와 양육의 질을 높이기 위해 애쓰는 것도 그 노력의 일환 이다. 영유아 건강 간호사들은 아기가 있는 집에 직접 방문하여 아기가 잘 자랄 수 있게 협력하고 엄마들을 지지한다. 사업 초기 부터 영유아 건강 간호사로 활동해온 김은영, 정문희, 이영애 간 호사는 자신들의 경험을 한자리에서 솔직하게 풀어놓았다.

**이 일을 하시면서 어떤 점을 느끼셨나요?**

**김은영(이하 김):** 저도 그렇고, 활동하는 간호사 대부분이 병원에서 일했던 간호사들이에요. 병원에서는 간호사로서 내가 이야기를 하면 환자들이 잘 따라오는데, 영유아 건강 간호사 일 을 처음 시작했을 때는 그렇지 않았어요. 첫해는 '내가 이런 좋은 이야기를 해줬는데 왜 이 사람이 안 따라오지?' 하는 부분 때문 에 진짜 힘들었어요. 나를 거절하는 것 같고 내 얘기를 신임하지 않는 것 같고요. 한 해, 한 해가 지나고 여러 사람들을 만나면서 알게 됐죠. 내가 좋은 얘기를 해줬을 때 받아서 아는 사람이 있는 가 하면 그것을 받아들이기까지는 시간이 한참 걸리는 사람들이 있다는 걸요. 기다릴 줄 아는 마음도 생기는 것 같고, 그 사람이 받지 않거나 그 사람이 받기까지 오래 걸릴 수밖에 없는 이유에 대해서도 더 이해하게 돼요. 지역사회에서 간호사의 역할은 병 원에서의 간호사의 역할과 달라요. 우리가 하고자 하는 일과 현실과의 괴리가 있어요. 어떨 때는 정말 달걀로 바위 치기 같은 느낌이 드는데 지나고 보면 서서히 변하고 있는 게 보여요.

정문희(이하 정): 지속방문의 경우 대상자들을 산전부터 시작해 아기가 만 두 살이 될 때까지 만나거든요. 처음에 수용이 된다고 해서 저희를 받아들이는 일이 계속 진행이 되지가 않아요. 얼떨결에 저희를 받아들였다가 나중에 거부하고 거절하기도 해요. 그러다가 어느 정도 친밀감이 생기고 나면 이분들이 저희를 믿게 되는 신뢰 관계가 형성돼요. 그때부터 변화의 가속도가 붙는 거거든요. 변화라는 게 대상자 본인이 약간의 터닝 포인트를 잡는 거죠. 본인이 스스로 틀고 나사를 풀어내는 건데 그 과정에서 간호사가 번아웃되지 말아야 해요. 지치지 말아야 하고 자신을 믿어야 해요. '내가 그 사람을 변화시키러 간다'라는 오만한 생각은 버리고 인내심을 좀 가져야 해요. 대상자 본인이 변하려고 하고, 본인이 만드는 거라는 생각이 들어요. 저희는 도와주는 역할을 조금 하고 본인이 변하는 거예요.

이영애(이하 이): 그 전에는 어떤 문제를 바라볼 때 '저 사람은 왜 그러지?' 이렇게 생각을 했다면 이제는 '왜'에서 '어떻게'로 바뀌었어요. '어떻게 하면 좀 더 나아질 수 있을까?' 산모들한테도 저는 그렇게 얘기를 해요. '아기가 왜 울지?'라고 생각을 하지 말고 '어떻게 하면 아기가 안정될 수 있을까?'라고 생각하면 답이 바뀐다고요. 그 전에는 제가 뭐든지 다 해줘야 하는 전문가적인 접근이었다면 요즘은 산모들한테 그 힘을 끌어내는 작업들을 시작했다는 게 가장 큰 변화죠. 저희 사업 얘기를 하면서 저는 당신 옆에서 지켜보고 조력자로 도움을 주고자 한다고 설명을 해요. "어떤 점에서 많이 힘들어요?" 물어보고 그걸 집중적으로 다루고 "이렇게 하세요"가 아니라 "이렇게 하면 어떨 것 같아요?" 제안도 해보고. 접근방법이 달라진 거죠.

　　정: 사실은 대상자한테도 너무 잘하기를 강요해서도 안 된다는 생각이 들어요. 본인의 삶의 결정은 자기가 하는 거고 자기가 더 좋은 방향으로 나아가겠다고 하는 동기부여만 잘해줘도 돼요. 이분들은 성인이고 어느 정도 배우신 분들이기 때문에 그 의지만 제가 깨워줄 수 있으면 자신의 의지로 더 많이 커갈 수 있는 분들이라는 생각이 들어요. 그 전에는 답을 쥐여주는 전문가적인 태도였다면 지금은 그런 생각을 많이 접은 것 같고 정말 동반자 같다는 의식이 들어요. 그게 굉장히 중요해요.

　　영유아 건강 간호사들은 교육 훈련과 방문 과정을 통해 자신의 관점을 바꾸어간다. 직접 문제를 해결하는 전문가에서 가족이 스스로 문제를 해결하도록 도와주는 조력자의 역할을 하게 된다. 병원이 아니라 지역사회와 가족이라는 공간 속에서, 뚜렷한 병명이 없는 보이지 않는 문제를 탐색하면서, 관찰하고 협상하며 복잡한 현실과 변화무쌍한 사람 그 자체를 만나게 된다. 암담한 상황에서 가능성을 찾아내고 아무리 열악한 처지의 가족이라도 그들만의 강점을 찾아내어 힘을 회복하고 건강하게 살 수 있도록 곁에서 역량을 강화하게 된다.


**일하시면서 힘든 부분도 있으셨을 것 같네요.**

이: 뉴스에 아동학대라든가 산후우울로 인해 아이를 어떻게 했다든가 하는 그런 기사가 나올 때마다 저희는 사실 스트레스받아요. '혹시 내가 알던 엄마가 아니었을까?' 그래서 무의식적으로 찾아볼 때도 있어요. 불안했죠. 이 일을 계속해야 하나? 말아야 하나? 굉장한 스트레스예요. 근데 지금은 좀 다른 쪽으로 접근을 하죠. 내 대상자가 저러리라는 건 이제 생각을 안 하는 거죠. 그러니까 이 사업이 더 많은 엄마와 아기들을 만날 수 있게 전국으로 파급이 됐으면 좋겠고 지방에도 필요하다는 생각이 들어요.

정: 아동학대에 대해서도 개념 정리가 필요해요. 아동학대라는 게 때리는 것뿐 아니라 정서적인 학대도 굉장히 무서운 거잖아요. 아이가 항상 "엄마, 엄마" 하는데 아는 체도 안 하면 그것도 아이 자존감을 무너뜨릴 수 있는 행위거든요. 근데 대상자들은 대부분 그런 생각 자체를 잘 인식하지 못해요. 그런 부분 얘기 많이 드리죠. 엄마가 하는 행동에 대해서 엄마들이 잘 인식 못하거든요. 학대일 수도 있는 엄마의 행동 같은 것들요.

이: 개념 자체가 형성이 안 돼서 그럴 수도 있어요. 아이를 어떻게 가르치고 어떻게 훈육을 해야 하는지에 대해서 배우지

못한 거죠. 아이가 잘못했을 때 때려도 그냥 가볍게 여기는 건 예전부터 우리나라 사람들이 그렇게 컸기 때문이잖아요. 아이한테 요구하는 게 안 됐을 때 소리 지르거나 그런 것들이 다 훈육의 한 과정이라고 통념적인 생각을 하는 거죠. 저희는 그런 것들조차 아동학대라고 얘기를 하는 거고요.

**정:** 영유아 건강 간호사는 아동학대가 의심되면 학대에도 직면을 해야 해요. 아동학대가 의심되면 신고해야 하고 그 밖에도 여러 역할이 있어요. 모든 사회문제를 그대로 맞닥뜨리는 거 같아요. 그래서 어떨 때는 절벽에 혼자 서 있는 것 같다는 느낌이 들어요.

**이:** 이 일을 시작한 지 몇 년이 지난 지금도 여전히 일에 대해 스트레스를 받고 매번 꿈을 꾸고 그래요. 집에 가도 항상 긴장 상태에 있어요. 좀 힘든 대상자를 만나면 어김없이 꿈꾸거나 계속 생각이 나서 생활과 분리가 되지 않고 계속 그 생각이 머릿속에 맴도는 거죠. 머리가 아프고 항상 무겁게 뭔가 들어 있는 느낌이 있어요.

**정:** 산모들의 트라우마가 출산과 겹쳐지면서 그 감정이 폭발적으로 드러나는 모습들도 많이 봐요. 출산하고 밑바닥에서 그런 감정들이 확 올라오면서 활화산처럼 터져버리는 경우도 있어요. 여성이 평생 동안 겪은 사회 속에서의 불평등한 경험과 폭력의 이야기를 듣게 될 때 간호사가 똑같이 겪지 않았지만 같이 느끼게 되는 것이 있어요. 그분들하고 저도 조금씩 겹쳐지는 부

분들이 보여요. 사람들이 숨겨진 이야기들을 많이 쏟아내는 것에 감정적으로 힘들었어요. 엄마들을 만나면서 '난 참 평탄하게 컸구나' 생각했어요. 너무 어렵고 힘들게 살았던 이야기들이 쏟아져나오는 거예요. 어떨 때는 내가 알지 못하는 이야기들을 계속 듣게 되어 자책이 들기도 해요. 내가 이 일을 계속할 수 있을지 고민이 될 때 '잘하고 있다'라고 말해주는 동료들의 지지가 큰 힘이 되었어요. <서울아기 건강 첫걸음 사업> 동료분들에게 도움받고 잘 넘어갔어요.

산후우울증으로 인한 자살이나 영아살해, 아동학대는 끊이지 않고 사회에서 계속 일어나고 있다. 간호사들은 자해나 죽음을 번번이 떠올리는 위태로운 엄마들도 만나게 된다. 또한 아기를 어떻게 키워야 하는지, 엄마로서 어떤 모습을 해야 하는지 잘 모르는 엄마들을 만난다. 돈을 적게 벌어서 교육을 많이 받지 못해서 가난에 시달리며 아이를 안고 난감해하는 부모들을 만나게 된다. 또는 좋은 부모의 역할 모델이 없어서 사회적 지지망이 없어서 절망하는 부모들을 만나게 된다. 이들에게 아기를 기르는 법, 부모가 되는 법, 학대하지 않고 자살하지 않고 살아내는 법을 전하는 사람이 간호사들이다. 어둠 속에 있는 반짝거림을 믿고, 나아갈 길이 있다는 생각으로 목청을 높여 말을 거는 일도 이들의 역할이다. 우울함, 불우한 기억, 죽고 싶음, 죽이고 싶음, 내려놓고 싶음, 버리고 싶음. 환경이 만들어낸 이런 절망들과 싸울 때, 어떤 것이 옳고 그른지, 옳은 길을 가기 위해 무엇을 해야 하는지, 그것이 어째서 가능한지 먼저 믿는 사람들도 간호사들이다. 절벽에 혼자 서 있는데 지지하는 세상의 힘을 믿으라고, 아직 당신을 붙잡고 있는 사람들이 있다고, 우리에겐 그런 능력이 남아 있다고 말을 거는 사람들도 간호사들이다. 혼자가 아니라는 점을 믿기에 이들은 용기를 잃지 않는다.


**아기들을 만나면서 엄마들도 함께 만나시는 거네요.**

김: 저희는 아이를 잘 키우는 방법을 가르쳐주는 간호사라는 타이틀이 붙어 있어요. 그 이름에 있어서 간호사로서 전문가적인 역량이 강조돼요. 일을 하면서 아이에게 중점을 두고 또 엄마와의 관계 부분에 중점을 두고 일하게 돼요. 핵심이 뭔지 이해하는 게 중요하죠. 지속방문을 할 때 이런저런 이유로 엄마가 아이에게 관심을 못 가지는 경우들을 많이 봐요. 힘든 상황이 바로 좋아지진 않지만 엄마가 아이에게 집중하고 아이와 상호작용이 점점 많아지면 변화가 일어나요. 이전에는 엄마가 뭔가를 못 해줬는데 아기들을 알아가며 대해주면 아기들도 엄마한테 요구를 하게 돼요. 이전에는 아기가 뜻대로 안 되니까 찡찡거리고 화나서 어쩔 줄 몰랐다면, 아기가 엄마에게 요구를 하고 기다릴 줄도 알게 돼요.

정: 오늘 아침에 방문을 갔는데 산모의 얼굴이 굳어 있고 반

기는 기색 없이 저를 훑어볼 뿐이에요. '아, 이분 우울하구나' 낯빛만 봐도 느낌이 와요. 친정어머니가 그 옆에 있는데, 친정어머니의 표정도 그래요. 아기도 표정 없이 회피적인 거예요. 그런 걸 보면 안타까워요. 앞으로 아기가 어떻게 지낼지. 엄마가 정신건강이 나아지면 좋은데. 제가 정보를 제공하면서 끈이 이어지게 하는 거죠. 무기력하고 자기 일만 하기에도 벅찬 엄마는 아기를 돌보기 어려운 처지에 놓이고, 그러면 아기들은 그런 표정을 가지게 되는 거예요. 엄마의 마음이, 살면서 받은 상처가 드러나고 나아지는 시간이 엄마가 양육자로서 더 건강히 움직일 수 있는 계기가 돼요. 엄마가 자신들이 어떤 사람인가 알게 되면 육아를 하는 데 도움이 돼요.

엄마의 정신건강이 나아지고 표정이 편해지면 아이를 대하는 표정이나 말이며 행동도 달라지고 아이의 표정도 달라져요. 모두 달라지는 거예요. 그래서 아기를 위한 지식이나 기술에 그치는 것이 아니라 산모의 정신건강을 살피고 엄마의 마음이 더 나아질 수 있게 간호사가 세심하게 살피고 돕는 거예요.

간호사의 방문을 받으면서 엄마는 아기뿐 아니라 자신도 돌봐야 한다는 걸 알게 된다. 아기의 발달을 도우려고 아기와 상호작용하는 것이 아기의 건강을 위한 것일 뿐만 아니라 자신의 발달과 건강을 위한 것이기도 하다는 걸 배운다. 아기는 부모가 해주는 말과 접촉 그리고 존중을 통해 자신의 말과 감정의 폭을 넓혀간다. 엄마는 아기에게 영향을 주고, 아기도 엄마에게 영향을 주어 서로 변하게 한다. 서로를 인정하고 기다리고 요구하고 반응하고 적응하면서 서로에게 아로새겨진 사람으로 존재하게 된다. 아기와 엄마는 그때 가족이 되는 것이다.

**가족에게는 어떤 역할을 하시나요?**

이: 저는 아기의 관점에서 눈높이를 맞추다 보니 엄마들이 아기를 어떻게 대해야 하는지 저를 통해 배우는 거예요. 제가 아기한테 하는 행동을 보고 엄마들이 아기를 어떻게 다뤄야 하는지 아는 거예요. 아기를 보면서 저도 스스로 아기를 키워나가는 것 같은 느낌이 들어요. 그러다 보니 아기가 지금 어떤 상태이고 어떤 생각을 하고 있는지, 아기를 대변해준다고 할까, 그게 엄마들한테 가능해졌어요. 아기 발달에 따라 어떤 관계를 맺어야 하는지 제가 방문하면서 몸으로 보여주는 거예요. 그러면 산모들이 금방 이해를 해요.

정: '간호사님이 엄마의 역할 모델이 되어주었으면 좋겠다'라고 방문 시작이 된 경우도 있어요. 자신은 좋은 엄마가 되고 싶은데 친정엄마한테서는 엄마의 역할 모델을 못 받았기 때문에 그렇다고 하더라고요. 그렇게 지속방문을 통해서 엄마로서 효능감을 느끼고 자신이 좋은 엄마라고 주변에서 인정받고 나서 자신의 엄마에 대한 원망이 풀어졌다고 하는 분도 있었어요.

**김:** 취약한 가정에 있어서 대변자의 역할을 해야 할 때, 내가 더 당당해야 할 것 같고 그런 역할을 보여줘야 할 것 같아요. 그 전에는 안 해봤던 역할을 한다는 건 저한테 사실은 도전인 거죠. 솔직히 기존 간호사는 이런 사연들에 많이 노출되어본 집단들은 아니잖아요. 근데 어떤 상황에 맞닥뜨리고 이 사람 때문에 가서 뭔가를 묻고 뭔가를 해결하는 것, 이 사람이 보고 따라 할 수 있도록 나 스스로 도전을 하는 것들, 이런 것들이 좀 있어요. 특히 사회적으로 취약한 분들의 경우에는 필요한 것을 요구하기도 하고 당당하게 사는 것을 저를 통해서 보고 그들이 해야 하는 거니까. 오롯이 제가 혼자 책임을 져야 하는 부분이 있죠. 저를 많이 힘들게 하거나 저를 만나는 일에 저항도 있던 사람이 어느 순간 변화를 하고 상황이 나아진 걸 보면 '이 일이 도움이 됐나 보다, 좀 보람이 있네' 이런 생각이 더 많이 들어요.

영유아 건강 간호사는 부모가 문제를 명확히 인식하고 대처할 수 있게 돕는다. 그 과정에서 스스로 역할 모델이 되기도 한다. 아기를 기르는 시범을 보일 뿐 아니라 가족을 위한 사회적 지원을 받을 수 있게 길을 놓기도 하고 지역사회의 자원을 찾고 요구하기도 한다. 부족한 점을 노력으로 찾고 새로 만드는 과정을 보여주며, 앞으로 가족이 원하는 것을 얻을 수 있게 협력한다. 그리고 원하는 것을 찾는 일을 지금 이루어가고 있다는 것을 생생히 보여준다.

4부 육아는 혼자의 것이 아니다

**방에서 아기들을 보면 어떤 생각이나 느낌이 드세요?**

김: 아기 시점에서 그 가정을 보게 되는 눈이 달라진 것 같아요. 전에는 엄마의 힘든 사연을 듣고 나면 이 사람이 잘됐으면 좋겠고 이 가정이 잘 풀렸으면 좋겠다는 마음이 들었어요. 이제는 아기가 그 가정에서 잘 컸으면 좋겠다는 관점으로 보게 돼요. 엄마나 아빠의 의지가 왕성하면 지금 비록 상황은 안 좋아도 '잘될 것 같은' 아이의 모습을 상상하면서 저 스스로도 '잘될 것 같아' 이런 마음이 들어요. 한 집이 있었는데 아빠가 좋은 직장을 다니고 있지 않았고 매일 밤 근무하고 새벽에 들어오고, 엄마도 미싱 공장 다니면서 아이를 키웠어요. 현실적으로 봤을 때 열악한 상황이잖아요. 그런데 그 엄마가 드라이기로 따뜻하게 옷을 데워서 애 옷을 입힌다거나 아빠가 자고 일어나서 바로 아기한테 오는 게 아니라 양치질 한 번 하고 와서 아기를 안는다거나 하면, 그 집의 가정환경이 좋지는 않지만 아이를 대하는 모습이 좋으면 그 집은 안심이 돼요. 아이에 대해서 안심이 되는 거죠. 별로 유복한 가정이 아니어도 부모의 태도를 보면 '얘는 어려워도 잘 클 거야' 그런 마음이 들어요. 아기한테 좋은 환경에 대한 이해가 달라지는 거죠.

정: 엄마들한테 많은 도움이 아니라 조금만 도움을 줘도 정말 많이 변화되고 좋아질 수 있어요. 근데 그 조그마한 도움을 줄 수 있는 사회적 분위기가 여태까지 안 됐던 거죠. 서울시 각 구 보건소에 영유아 건강 간호사들이 몇 명씩밖에 없거든요. 그런

데도 이런 방문의 노력들이 각 가정에 좋은 영향들을 주고 있잖아요. 한 간호사 개인이 혼자 그 집에 가는데, 자원이 많아서 가는 게 아니거든요. 엄마들한테 변화가 많이 일어나고 있어요. 사회적인 센터가 세워지고 국가저인 지원들하고 연세되면 정말 아이들이 살기 좋은 세상이 되지 않을까요? 가서 보면 안타까운 아이들이 많아요. 이게 단순히 한 엄마의 문제가 아니고 오래 내려온 문제들이 답습되고 있는 거예요.

**이:** 우리는 현장에서 아기들과 양육자들의 변화를 느껴요. 저희가 병원에 있었을 때는 그 사람이 가진 질병에 대해서만 알면 돼요. 그것에 대한 교육만 잘하면 되고 해결해주면 되지, 그 사람이 어떤 사람인가는 아무런 상관이 없는 거예요. 지금은 사람을 보게 되잖아요. 자라고 있는 아기들을 보게 되잖아요. 사회의 고정관념들도 여전히 남아 있어요. 방문을 가보면 남자애들은 파란색 옷만 입고 여자애는 분홍색 옷만 입어야 한다는 생각들이 여전해요. 가서 보면 육아는 오로지 엄마의 몫, 이렇게 정해지는 것들이 있잖아요. 예전부터 계속 의식하지 못한 채 내려왔던 선입견들, 가부장적인 생각들도 남아 있어요. 그런 것들도 양육을 제대로 하는 과정에서 바꿔볼 수 있다는 생각을 조금 해봐요. 꼭 육아와 집안일은 여자 몫이라고 하기보다는 배우자와 같이할 수 있게 고정적인 생각들을 바꿔가는 것도 가능할 것 같아요.


간호사들은 목격한다. 엄마가 아기를 죽이고 자신의 목숨도 끊었다는 기사가 뉴스를 통해 흘러나오는 사이, 아기와 같이 옥상에 올라갔다가 발걸음을 돌리고, 아기에게 고함을 질렀다가 다시 울면서 끌어안고, 아기를 방치했다가 허둥지둥 마음을 돌이켜 뛰어오는 엄마들이 있다는 것을. 사회의 이목이 모이는 흉흉한 사례들 이면에 더 많은 엄마들이 그 끝으로 돌진하는 길목에서 발길을 멈추고, 안간힘을 써 아기를 추슬러 안고, 젖을 먹이며, 다시 한 번 엄마가 되어보려고 이를 물고 있다는 것을. 그 보이지 않는 노력들을 더 많이 지지해주기를 간호사들은 바란다. 양육자의 품에서 아무것도 모르는 아기가 계속 웃을 수 있도록 모두가 지켜내기를 바라고 있다. 만남 속에서 눈빛이 변하고 목소리가 달라진 한순간, 사람들이 스스로 자신을 구해낸다는 것을 간호사는 경험으로 알고 있다.

**정:** 우리는 모두 좋은 엄마가 될 자격을 가지고 있어요. 아이들을 미워하진 않잖아요. 아이를 잘 키우고자 하는 욕구가 있는 사람들이기 때문에 기본적으로 다 좋은 엄마, 아빠라는 생각이 들어요. 그 방법을 잘 몰라서 힘들어하고 있을 뿐이에요. 그런 부족한 부분들만 간호사들이 핸들링해주면 그분들은 충분히 해낼 수 있는 분들이에요.

양육자들이 자신을 사랑해야 할 것 같아요. 못해도 돼요. 엄마들도 그렇거든요. 아이들한테 너무 잘하려고 해요. 어떤 엄마가 답안지라고 생각하는 양육을 제대로 해내지 못했을 때 상대적 박탈감을 느낄 수 있어요. 그 엄마는 그거 아니어도 더 잘하는 게 있을 텐데 잘하는 걸 찾지 않고 잘 못하는 것만 해답지에서 찾아낼 것 같거든요. 그래서 설령 자신이 엄마 노릇을 잘 못한다고 해도 '자살하지 말라'라고 말하고 싶어요. 기운 내라고, 모든 걸다 잘할 수는 없다고요. 지금도 충분히 노력하고 있어요. 세상이 엄마들을 줄 세우기 해서는 안 되는 거잖아요. 아기들도 줄 세우면 안 되고요. 그런 것들에 대해서 아기가 어릴 때부터 엄마들이 많이 자유로워져야 하지 않을까요?

**이 일을 하시면서 자신의 변화도 있으셨나요?**

김: 인간적으로 많이 성장한 것 같아요. 나와 다른 사람들을 많이 만나면서 이해의 폭이 넓어지고 사람을 기다릴 줄 알게 되고 성숙해지는 것 같아요. 지속방문을 통해 2년 정도 지나고 나면 방문한 집의 아기가 함께 키운 아이 같고 하나같이 소중하고 뿌듯하고 그래요. 2년 정도의 시간을 같이한다는 건 한 사람의 사이클에 있어서 많은 일이 일어나는데 그런 모습을 다 보는 거잖아요. 한 시점만 보는 게 아니라 한 사람의 역경을 같이하는 거니까 남다른 것 같아요. 방문 서비스의 기한 동안 변화를 볼 수 있잖아요. 그게 이 사업의 특성이기도 해요. '아, 그 사람이 그때 이런 마음이어서 그랬구나' 이해가 되고요.

이: 영유아 건강 간호사 일을 하면서 누군가를 돕고 있는 거

잖아요. 그게 좋았어요. 또 변화를 가지고 올 수 있어서요. 그 전에는 집에 가면 파김치가 됐는데 지금은 그렇게 소진되는 게 없어졌어요. 집에 가서도 긍정적이 되고 여자가 할 일, 남자가 할 일 구분이 없어졌어요. 성별 고정관념에 따른 역할 분담에서 벗어나고 예전부터 내려오던 그런 편견을 많이 탈피해서 집 분위기도 좋아졌어요. 또 자신하고 다른 것들을 만나면서 자신이 갖고 있는 것들에서 탈피되는 계기들이 많죠. 영유아 건강 간호사로서 요구되는 것들이 사실은 되게 많아요. 저는 원래 남 앞에서 얘기하는 것을 힘들어하는 사람이었는데 하는 일 때문에 그런 것들을 깨고 있는 거예요. 이 일이 이전에 하던 일들과 확실히 달라서 저 스스로 항상 새로운 도전을 하게 하는 것도 있어요. 저의 변화도 있고 대상자의 변화일 수도 있고, 이 사업이 계속되다 보면 사회가 변할 수 있겠다는 생각도 들어요.

**정:** 이 일을 하면서 저는 어떤 사람인가 생각해요. 저는 네모난 틀이 딱딱 있는 사람이에요. 그래서 틀 밖에 있는 걸 잘 이해하지 못했어요. 유연하지 못한 거죠. 병원에서는 주어진 일만 하면 되니까 그런 성향이 맞았거든요. 그런데 영유아 건강 간호사 일은 유연해야 하는 일이거든요. '저 사람은 왜 틀에 안 맞아?' 이렇게 생각하는 게 아니라 '저 사람이 저런 생각을 할 수도 있지, 저렇게 할 수도 있지' 그렇게 생각해야 받아들여지는 거예요. 제가 가진 틀에 사실을 맞출 것이 아니라 틀 자체를 넓혀야 하는 거예요. 그래서 요즘은 틀을 넓히려고 노력하고 있어요. 저

는 이 사업 하면서 저 자신을 많이 알게 된 것 같아요. 학부 때부터 들은 애기가 간호사라고 하면 희생과 돌봄, 본인은 없고 항상 남을 돌봐주는 사람이라는 이미지가 있어요. 어느 순간 대가를 바라면 속물인 것처럼 여기는 사회적인 분위기가 있었거든요. 그런데 남한테 싫은 소리 못 하고 힘들어하는 엄마가 아이를 위해서 자기주장을 할 수 있도록 제가 독려했는데, 그 엄마가 변해 가는 모습을 보면서 저도 저렇게 목소리를 내야겠구나 하는 배움을 얻었거든요. 엄마들이 저를 바라보고 있고, 또 엄마들에게 필요한 일을 하고, 나아지는 것이 보이고, 나를 기다리는 사람들이 있고 내가 만나서 할 일이 있다는 것. 그래서 여러 어려운 상황에서도 엄마들을 만나러 가게 되는 것 같아요. 정말 힘든 상황이어도 뭔가 계속하려고 하는 힘이 그런 데서 나오는 것 같아요.

간호사들은 전혀 몰랐던 타인들을 만나며 그들을 이해해냈고, 자신들도 이해했다. 타인의 세계에 발을 들여놓으며 자신의 세계도 애써 넓혀갔다. 일의 의미를 알기까지 시간이 걸렸지만, 그 의미를 알게 되었을 때 놀라운 정신력으로 그 자리를 견뎌내었다. 그건 자신만을 위한 게 아니라 다른 이들을 위한 것, 자신들도 기억하는 외로운 엄마와 아기의 자리를 축복으로 지켜내는 것이었기에 가능했던 건지도 모른다. 간호사들은 얼굴이 없다. 남들이 기억하지 못하는 자리에서, 이 도시에 태어나는 새로운 아기들과 새로운 엄마들을, 새로운 가족들을 만나기 위해 늘 동

4부 육아는 혼자의 것이 아니다

분서주하고 초인종을 누른다. 그러나 그들은 잊지 않는다. 그들이 머물렀던 자리에 외롭지 않게 자란 아기를.

김: 제가 지속방문을 하는 마지막 날에, 한 엄마가 어떤 얘기를 했느냐면요. 아기가 두 살 때의 기억에는 지역사회의 보건소에서 온 간호사라는 사람이 기억에 없잖아요. 근데 아기가 처음 외부 사람과 관계를 맺은 거고 그 사람을 통해서 많은 도움을 받았기 때문에 말해주고 싶대요. 아이한테 "이런 간호사가 와서 너를 키우는 데 도움을 줬어"라고 얘기해주고 싶다고, 사진을 한 장 달라고 하는데 되게 뭉클했어요. 우리가 함께 키웠던 아기, 아기들. 그 아기들이 앞으로 잘됐으면 좋겠어요.

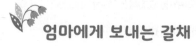

# 엄마에게 보내는 갈채

[인터뷰] 사회복지사 박은영

〈서울아기 건강 첫걸음 사업〉은 영유아 건강 간호사와 사회복지사가 함께 일한다. 사회복지사는 사업팀의 일원으로 지속 방문 대상 가족을 방문하며 사회복지 욕구를 살피게 된다. 사회복지사는 엄마와 아기가 겪는 어려움과 스트레스를 극복할 수 있게 조력하는 전문가의 역할을 한다. 주거와 육아에 대한 지원, 지역사회의 자원과 연계하는 일뿐 아니라 심리사회적 문제에 대한 지원도 하게 된다. 박은영 씨는 사업 초기부터 활동한 〈서울아기 건강 첫걸음 사업〉의 사회복지사로서, 그동안의 경험을 인터뷰에서 들려주었다.

## 이 사업에 사회복지사로 참여하게 된 동기가 무엇일까요?

그동안 우리나라의 사회복지는 대부분 소득으로 기준을 나누고 차등화해서 지원했잖아요. 이 사업은 그렇지 않아요. 보편적 서비스이기 때문에 누구나 아기를 키운다면 그 과정을 돕기 위해 개입하는 서비스예요. 그리고 단순히 대상 하나만을 보는 게 아니라, 가족을 전체로 보고 가족복지 안에서 그 역할을 해주는 거예요. 기존 사회복지에서의 한계점은 가정의 문제를 간과하고 청소년복지, 노인복지, 장애인복지, 이렇게 구획 지어 다가가는 데 있거든요. 그 사람이 속해 있는 가정에서 영향을 주는 누군가를 같이 도와줘야 제대로 도울 수 있어요. 저는 이 사업에서 그 점이 좋았어요. 또 취약 위기로 복합적인 문제를 가진 가정뿐 아니라, 도움을 주면 바뀔 수 있는 가정에 조기 개입해서 변화를 일으킬 수 있거든요. 너무 늦기 전에 개입해 적절한 도움을 줄 수 있어요. 지금까지 우리나라에서는 아이들에게 보편적인 서비스가 제대로 제공되지 않았어요. 아동복지는 특수한 상황에 놓인 아이들을 주목하는 경향이 있었는데, 이 사업은 모든 아동에게 해당이 되는 서비스를 제공하니까 여러 가지 의미에서 우리나라에서 처음 시도하는 새로운 사업이었죠.

아기가 있는 가족을 지원하는 새로운 영역의 서비스가 만들어진 거네요.

그렇죠. 이 사업에서는 서비스를 받는 사람의 변화를 이끌어내려고 파트너십을 가지고 노력하는데, 그런 수평적인 접근 방식의 서비스가 우리나라에 별로 없었거든요. 단순히 대상자를 특정 기준에 따라 나누고 돈을 주는 식으로 끝나는 게 아니라 지속적인 방문을 통해 무형의 중요한 것을 사람에게 주는 건 정말 의미 있는 일이죠. 그래서 새로 일을 시작하는 영유아 건강 간호사들은 교육 훈련을 통해 그들의 시각을 바꾸게 되는 과정을 거치게 돼요. 기존에 간호사로서 일했던 내용뿐 아니라 파트너십을 가지고 가족의 강점을 지지하며 지역 서비스를 연계하는 역할을 해야 해요.

파트너십을 가지고 문제를 해결하는 과정이 쉽지 않을 것 같네요.

사실 어려운 상황에서 한 사람과 관계를 맺고 뭔가 서비스를 통해 그 사람을 끌어올리기 위해서는 서로 신뢰가 많이 쌓여야 하잖아요. 간호사가 처음 가서 관계를 맺어야 하고, 어려움에 처한 산모가 '정말 이 간호사가 나를 도와줄 사람 같아' 하면서 강한 신뢰를 느낄 수 있게 시간이 쌓이면서 관계를 맺어야 하거든요. 그게 간호사가 열정을 가지고 한다는 게 느껴져야 가능하잖아요. 사회복지사도 마찬가지고요. 초기 방문 때 사회복지사

4부 육아는 혼자의 것이 아니다

가 간호사와 같이 가서 필요한 욕구를 살피고 도와주면 대상자 입장에서 '이 사람들이 진짜 나를 도와주기 위해 오는 거구나' 하고 마음을 여는 데 도움이 돼요. 우리에게는 인내가 필요해요. 이런 예를 드는데요. 구덩이에 있는 사람에게 줄을 내려줬을 때 밖의 사람들은 '도와줄 테니 얼른 잡아'라고 하지만 실제로 구덩이에 있는 사람은 그런 상황들을 이전에 많이 겪었기 때문에 확인한다는 거죠. 줄을 당겨보고, 정말 끝까지 당겨줄 건지 확인한다는 거예요. 하지만 신뢰가 강하게 생기면 진짜 변화가 일어나요. 물론 다양한 상황은 있을 수 있지만 신뢰가 생기기까지 시간이 걸리는 거죠.

**아직 각 보건소에 전담 사회복지사 인력이 충분히 확보되지는 못한 상황이라고 알고 있어요.**

전담 사회복지사가 자치구 보건소에 한 명씩 있으면서 항상 간호사와 소통하고 지원이 필요한 가족에게는 지속방문 초반 때에 같이 가서 보고 그 가족에게 필요한 지원을 찾아줄 수 있으면 좋은데, 현실적으로 그게 다 안 되는 게 안타까운 일이죠. 간호사들도 제각기 고립돼 일하게 되면 쉽게 지칠 수 있어요. 이 일이 너무 힘든 일이니까요. 영유아 건강 간호사가 그렇게 에너지를 쏟는데도 대상자 상황이 안 변한다고 생각하면 늘 똑같은 상황이 무서워질 수 있을 거예요. 자신에게 주어진 업무 말고 더 적극적으로 가족의 상황을 낮게 하기 위해 노력하는 데 한계가 있어요. 영유아 건강 간호사들이 복지적 접근을 같이해야 하는 상황인데 간호사들은 지금까지 다 의료적인 접근만을 해왔기 때문에 어떤 도움을 줘야 할지 생경해하거든요. 서비스 계획을 세우기도 쉽지 않고 개입해서 하나씩 다 지원하기도 어려우니까요. 그러니 누군가 일에 대해 계속 지지해주고 잘하고 있다고 하고 부족한 거 있으면 서로 의논하는 관계가 있어야 해요. 사회복지사와 간호사의 파트너십 관계가 이 일을 제대로 할 수 있게 만들어요. 그래서 각 보건소에 영유아 건강 간호사들과 전담 사회복지사가 함께 일할 수 있는 시스템이 꼭 갖춰져야 해요. 보건소의 연계 서비스는 '찾아가는 동주민센터' 사업의 사회복지사를 통해서도 이루어지는데 일차적인 지원뿐 아니라 가족의 심리사회적 문제에 대한 지원과 예방적인 접근을 위해서 보건소의 전담 사회복지사가 필요해요.

**이 일을 하는 데 고민이 되거나 바람이 있다면 어떤 것이 있을까요?**

이 사업을 통해서 새로운 서비스를 전문적으로 수행하는 새로운 영유아 건강 간호사들이 우리나라에 생겨난 거예요. 이들이 계속 일할 수 있게 고용조건을 개선하고 고용 지속성을 유지하는 게 필요해요. 또 파트너십이 이 사업의 특성이거든요. 저희는 조직 내에서도 파트너십으로 일을 하고 가정에 가서도 부모하고 파트너십으로 일하고, 부모는 또 아이하고 파트너십으로 노력하고, 이걸 실현하기 위해 노력해요. 그러려면 조직 내에서도 수평적인 분위기가 실현되어야 하는데 기존의 조직에서 이를 구현하는 과정에 많은 노력과 에너지가 필요하죠. 바꿔나가야 하니까요. 기존 관리자들의 사고를 바꾸어야 하니까. 그 안에서 간호사들과 그들을 백업할 수 있는 사회복지사들이 서로 상승작용을 하면서 일할 수 있게 되면, 그것들이 지역사회 안에 있는 다른 서비스들도 변화시킬 수 있을 것 같아요. 정말 국민에게 필요한 서비스들을 제대로 주는 국가사업이 생겨나면 좋은 일 아닐까요?

제 생각에는 우리나라의 공적인 조직이 수직적이고 경직돼 있고 문서로 수량화하는 데 익숙한데, 이 사업의 성과는 사람과 관련된 변화이기 때문에 기존의 방식으로 표현해내지 못하는 것이 있어요. 수치로 정량화하기 어려운 부분도 있어요. 그것을 감안하는 것이 필요해요. 어쨌든 한 가정에서 영유아를 잘 키워내기 위해 어떤 접근이 필요한지 새로운 시스템을 구축해서 자리 잡게 하는 게 필요하죠.


**사회복지사로서 실제로 각 가정을 방문하고 보고 느끼신 점도 이야기해주시면 좋겠네요.**

기존 사회복지 기준에서는 출산을 바로 한 이들이 대상으로 특정화되어 있진 않거든요. 또 대상을 가족 전체로 보고 서비스를 지원하는 사례도 잘 없기 때문에 제가 처음에 굉장히 관심이 많이 생겼어요. 가정들을 방문해보니 아주 취약계층이거나 위기 가정이 아니어도 그 나름의 도움을 필요로 하는 가정이 꽤 있었어요. 실제로 가보니까 준비 없이 가정을 이루고 아이를 낳아서 기본적인 것을 잘 모르는 분들도 많더라고요. 자기 삶의 과정에서 하나의 도피처로 결혼이라는 또 다른 선택을 하는 경우도 많아요. 보통은 단순한 하나의 문제를 가지고 있는 게 아니라 복합적인 문제를 가진 가정이 많기 때문에 정말 많은 도움을 줘야 하는 상황이었어요. 주택문제도 도와줘야 하고, 주거환경도 도와줘야 하고, 의료비도 필요로 하니까. 기존의 취약 위기 가정만을 도와준다고 여기는 사회복지사들이라면 실제로 도움이 필요한 상황인데도 '이 사람들한테 내가 뭘 도와줘야 해?' 하고 잘 모르게 될 수도 있어요.

요즘에 보면 우울한 엄마들도 불안한 엄마들도 되게 많아요. 불안감을 가진 엄마들은 아이 양육에 있어서도 스스로 너무 힘들잖아요. 아이 키우는 상황이 처음인 데다 그걸 불안하게 받아들이니까, 모든 걸 위험하다고 느끼는 거예요. 그런데 가서 이 엄마를 가만히 보니 이 아이의 모든 표현을 하나의 신호로 보는 게 아니라 자기의 우울을 투사해서 받아들이더라고요. 그러니까 엄마의 불안한 감정도 아이한테 전염되어서 아이도 불안해지는 거예요. 엄마가 모든 부분에서 완벽하게 하려고 하고 더 세세하게 준비하다 보니 상황이 더 악화되는 거예요.

　　　　　　　4부 육아는 혼자의 것이 아니다

## 우울하고 불안한 산모들에 대한 지원은 어떻게 연계가 되나요?

우울한 산모들은 누가 가서 지식을 전달해주고 잘한다고 격려해서 잘 변화되지 않아요. 진짜 상담으로서 개입이 필요한데 그걸 제대로 해줄 곳이 없어요. 병원에서는 단순히 약으로 처방하는 경향이 있고 정신건강증진센터는 병원에 가기 전에 개입하는 역할을 해요. 저희가 자원을 연계시킬 때 겪는 어려움이 그거예요. 기존의 서비스는 서비스에 욕구를 맞춰야 가능한 거잖아요. 욕구에 맞춰서 서비스를 해주는 게 아니라. 정말 중요한 시기니까 소득이나 기준에 상관없이 다 도와줘야 하는데 일단 갓난쟁이 아이를 두고 있어도 '병원에 직접 와서 상담받으세요' 이거는 말이 안 되는 거거든요. 이 사람은 자신의 삶에 대해 얘기하고 싶고 그런 걸로 변화돼야 하는데. 병원 시스템에서 우울만을 갖고 있는 사람들에게 상담을 길게 해주지 않아요. 또 현실에서 임상심리사를 만나기 위해선 많은 돈이 필요해요. 이제 막 가정을 이루고 애한테도 돈이 많이 들어가는 사람들이 그렇게 상담을 받기 어렵지요.

간호사들이 현장에서 우울한 산모들을 만나도 해줄 수 있는 게 많지 않아 힘들어해요. 그래서 간호사 심화 교육에서 산후우울에 대해 면담 진행 방법 같은 내용도 포함해 진행하고 있어요. 산모의 우울에 대해 어떻게 대처할지 아직 대응이 충분하진 않지만 앞으로 고민할 부분이죠. 저도 몇 년 동안 산모들을 상담해 왔어요. 간호사가 보기에 상담이 필요한 분이 생기면 사회복지사인 제가 직접 가서 보통 15회기 정도 상담을 하는 거예요. 집에 직접 가서 엄마들과 상담을 하는 거예요. 아기가 있으면 밖에 잘 나올 수 없고, 또 우울하면 집 밖으로 안 나오니까 찾아가는 거예요. 상담하고 녹취해서 슈퍼비전 받고 계속 진행하고 있어요. 앞으로 사회복지사의 업무 범위 확대를 위해서는 산모의 우울, 자살, 아동학대, 가정폭력 문제에 대해 역량을 강화해야 한다는 과제가 있어요.


**직접 집에 찾아가 산모들을 상담한 이야기도 해주세요.**

그 사람의 삶을 들여다보고 그걸 기반으로 인지행동치료(CBT)로 바꿔주려고 시도하는 거예요. 개입이 됐으니까 가급적이면 뭔가 바꾸는 게 맞다고 생각해서 저도 잘하고 싶은 거예요. 처음에는 많이 힘들었어요. 도움을 주려고 하는 마음이 크니까, 사람마다 다 받아들이는 것이 다른데 혼자 마음이 쓰였어요. 상담이란 게 그 사람의 삶을 그 사람 입장에서 봐주고 생각해야 하더라고요. 상담 초반에 그 사람을 이해하기까지 정말 생각을 많이 하고 에너지를 쓰게 되더라고요. 누군가의 삶을 제가 살아야 하는 상황인 거니까 소진도 되는 거예요. 내가 그 사람의 얘기만 듣고 이 사람이 어떻게 살았고 이 사람의 인지를 어떻게 바꿔야 도움이 되는지 파악해야 하니까 많이 신경을 써야 해요. 상담 중반이 넘어서면 이 사람에 대해 이해가 많이 되고 '아, 이렇게 될

4부 육아는 혼자의 것이 아니다

수밖에 없었겠구나, 이 사람이 부모에 대해 이렇게 생각하고 자녀를 이렇게 바라보는구나' 하고 알게 돼요. 그때 되면 제가 그 사람에게 말해줄 수 있거든요. 단순히 아이를 기르는 방식에 대해서가 아니고요. "아이는 엄마와 다르게 느낄 수 있어요. 근데 엄마는 어렸을 때 자기가 부모에게 겪었던 것 때문에 아이를 그렇게 바라보는 것 같아요. 아이의 행동은 단순했는데 엄마의 시각 때문에 아이가 울기만 해도 너무 우울하게 느끼고 자기 어렸을 때를 떠올리니까 엄마는 심리적으로 더 부담스럽고 좋지 않은 감정이 생기는 거예요." 제가 그 사람을 이해해야 그런 말을 해줄 수 있잖아요. 그 사람도 '아, 진짜 내가 그랬구나'라고 자기가 느껴져야 내 말을 받아들이거든요. 그 작업까지 진행되는 게 어렵더라고요. 실제적으로 그렇게 받아들여지면 엄마들이 "내 삶에 변화가 있어요"라고 말해요. 그러면 정말 보람이 생기는 거죠.


**상담하면서 어떤 점을 느끼셨어요?**

그런 엄마들을 만나면서 느낀 건 정말 우리 사회가 그동안 폭력과 학대, 빈곤, 상처 같은 것들을 각자의 삶에만 맡겨놓고 사회적으로는 전혀 들여다보지 못했구나 싶어요. 그래서 그 사람들은 그렇게 사는 게 다인 줄 알고 사는데 너무 힘들어하는 거예요. 계속 이야기하다 보니까 '아, 이 사람은 정말 잘 살고 싶은데 그 방법을 몰랐던 거구나, 그동안 자기가 보고 배운 방법밖에 해 볼 수 없었던 거구나, 그런 것 때문에 문제가 생긴 거구나'라는 걸 알게 돼요. 그런 걸 조금만 도와주면 이 가족이 앞으로 잘 갈 수 있고, 지금 태어나 자라는 아이는 엄마하고 다른 삶을 살 수 있는데, 그런 생각을 하게 되는 거예요.

**변화를 목격하게 되는 일이네요.**

한번은 상담을 갔는데 아이가 계속 징징거려요. 애가 나이 에 비해 정말 작았어요. 인상을 쓰고 일그러진 얼굴을 하고 있었 어요. 엄마는 "넌 나쁜 아이야" 하고 계속 죄책감을 심어주고 야 단치는 거죠. 아이는 엄마에게 감정을 받아달라고 계속 그러는 데 엄마는 그 자체를 부담스러워하고 감당하기 어려워했어요. 제가 말을 거니까 아이도 그런 관심을 받고 싶었던지 저에게 와 서는 말을 걸어주길 바라고 소통하는데 '그동안 너 정말 엄마하 고 힘들었겠구나, 너도 정말 행복하게 지내고 싶었을 텐데' 하는 생각이 들었어요. 제가 갈 때 아이가 가지 말았으면 하는 표정을 지어요. 그런 것들을 보고 나중에 10회기쯤 지나서 엄마가 문제 가 있었다는 걸 받아들이고 애가 행복한 웃음을 짓고 하는 걸 보 면 정말 이게 필요한 일이구나 생각해요. 내가 정말 그 엄마하고 있었던 시간이 헛된 건 아니구나 싶어요. 나중에 진짜 그 엄마가 남편하고 잘 지내고 스스로 잘 절제하고 아이들에게 제대로 된

4부 육아는 혼자의 것이 아니다

방식으로 사랑을 주고 받아들이는 모습을 보면 행복하죠. 그 엄마하고 보낸 1년의 시간 동안 가족 전체의 삶이 바뀐다고 생각하니까. 의미 있는 일이라고 생각하니까. 힘들어도 또 다른 가정에 갈 때 희망을 품고 가는 거예요. 그렇게 다 해결되지 않더라도 뭔가 생각하는 기회가 되겠지, 그런 생각을 해요. 진심이 전해지면 엄마들도 약간씩 생각의 변화가 생겨요.


**진심을 전한다는 것이 쉽지 않은 과정일 것 같아요.**

저는 그걸 중요하게 여기거든요. 한 엄마의 이야기를 듣고 '정말 그 삶이 그럴 수밖에 없었겠구나, 그 속에서 정말 여태까지 잘 살아왔구나, 지금 왜 힘들어하는지 알 것 같아. 그렇게 힘들게 살아왔는데 정말 자식을 잘 키우고 싶고 당신이 살아온 삶과는 다른 삶을 이 아이에게 주고 싶을 텐데, 그 마음을 나도 느낄 수 있을 것 같아' 하는 마음요. 그런 제 마음이 전달되면 엄마도 어느 정도 사고의 변환을 하더라고요. 어떤 식으로든지. 그게 제일 중요한 것 같았어요. 제가 그 사람처럼 느끼고 정말 그 당시에 느낌이 어땠을까, 그렇게 생각하면 저도 어떨 땐 가끔 눈물이 나는 거예요. 정말 오죽했으면 그랬을까 싶어요. 그렇게 많은 엄마들의 경험을 듣는 것을 뭐라고 해야 될까요……. 저도 그 사람들에 대한 생각이 많이 바뀌었어요. 그 상황에서 태어나보지 않고는 뭐라고 말할 수 없는 거구나, 그런 생각이 들더라고요. 그래서 좋아요. 도움을 줄 수 있다는 게 좋아요.


**아이들에게는 어떤 변화가 있나요?**

일단 아이들은 표정 자체가 바뀌어요. 처음에 가면 웃는 애들이 거의 없어요. '저 나이 때는 잘 웃는데 왜 애는 웃지 않을까?' 싶을 정도로. 항상 찌푸린 표정으로 쳐다보고 불안해하고 엄마의 옷깃을 잡고 있다든지, 엄마의 머리를 빨고 있다든지. 그러다 제가 갈 때마다 조금씩 애 표정이 바뀌어요. 제가 가서 엄마한테 애하고 어떻게 하는지 모델링을 보여주려고 노력해요. 애하고 놀아주고 공놀이도 해주고. 내가 시도했는데 아이도 그렇게 하면 큰 소리로 막 칭찬해줘요. 엄마와 아이 둘만 있으면 쭈뼛거릴 수 있는데 엄마들도 뭔가 했을 때 제가 "와, 엄마 최고다! 엄마한테 잘했다고 칭찬해주자. 와!" 하거든요. 정서는 전해지는 거니까 그다음에 그 집에 가보면 엄마가 애를 그렇게 칭찬해주더라고요. 애들도 알잖아요. 엄마하고 매일 둘만 있고 아무도 오는 사람 없이 있다가 누군가 와서 자기가 하는 걸 관심 있게 봐주고 "어, 잘했어, 또 해봐" 이러면서 손뼉도 쳐주면 애도 점점 변화돼요. 나중에 말도 많이 하고 더 많이 표현하고 자신감도 생기고 그래요. 그럼 엄마들이 "우리 애가 말이 많아졌어요" 그래요. 옛날에는 주눅 들고 눈치 보느라고 말 안 한 거니 자기표현을 할 수 있는 건 좋은 거라고, 좋다, 싫다를 말하는 것 자체가 좋은

4부 육아는 혼자의 것이 아니다

거라고 말씀드리죠. 사람의 보이지 않는 부분이 바뀌는 거예요. 중요한 게 바뀌는 거죠. 간호사들도 가정에서 만난 아이의 변화에 대해 가끔 그렇게 써넣어요. '아이의 표정이 달라졌다, 눈빛이 달라졌다'라고요. 엄마들도 그렇거든요. 엄마들의 표정이나 눈빛, 말하는 게 바뀌어요. 자주 대하는 사람이 느끼잖아요. 간호사나 사회복지사는 그 변화를 목격하죠.

**그 과정에서 사회복지사님 개인의 변화도 느끼시나요?**

이 일을 하면서 저도 많이 바뀌었어요. 엄마들이랑 얘기를 해보면 많은 아픔들이 있어요. 부모님이 온전히 계시고 잘 자랐다 해도 경제적인 문제 때문에, 아니면 자기가 자라온 환경 때문에, 가부장적인 태도라든가 남성 중심적인 태도 때문에, 옛날에 받은 엄한 훈육 때문에, 또 딸에 대해 갖는 차별적인 태도 때문에 상처받은 엄마들이 되게 많거든요. 그런 것들이 자기 삶에 영향을 미치고 자기 가정 안에서 아이를 양육하는 데 영향을 미쳐요. 때로는 자기 엄마나 아빠가, 남편이 문제가 있었다거나 저마다의 사정으로 부재해서 한 분이 아이를 키웠다든가, 할머니, 할아버지 손에서 자랐다든가, 친척 집을 전전했다든가 정말 다양한 삶을 살아온 엄마들을 마주하게 돼요. 그 사람들이 정말 어떻게 살아왔을까요······. 애착이 잘된 부모가 없는 상황은 뿌리가 공중에 떠 있는 그런 느낌이거든요. 사람들이 자신의 삶은 한 발을 떼고 볼 수 없는데 다른 사람들을 보면서 저 자신의 모습도 볼 수 있게 되죠. 저도 이 사업 일을 하면서 제 가정에서나 개인으로서의 삶이 많이 변화됐어요. 인간에 대한 이해를 더 많이 하게 되었고, 조금 더 삶이 성숙하려는 지점에 와 있는 것 같아요.

**그동안 많은 산모들을 만나면서 어떤 생각을 하셨나요?**

어떻게 보면 엄마들이 어렸을 때 안정된 환경에서 잘 양육받지 못한 부분이 문제인 거예요. 안정된 환경이라는 게 경제적 여유까지는 아니더라도 기본적인 생활이 유지돼야 하고 아이 앞에서 부모가 싸우는 걸 많이 보여주지 않고 가정폭력 없이 안정된 환경을 잘 제공해야 그 아이가 가정에서 잘 자랄 수 있는 거잖아요. 방문하면서 많은 엄마들을 만나면서 느끼는 건 그렇지 못한 환경이 우리 사회에 많았다는 거지요. 그래도 그 엄마들이 자신의 아이들한테는 다르게 하려는 노력들이 보여요. 제가 그걸 읽어주면 아니라고, 자신은 잘 못 한다고 하죠. 자의식이나 자존감도 약하죠. 매번 부모님이나 형제들한테 그런 대우를 받았으니까. 상황이 조금 좋아졌다 안 좋아졌다 하는 엄마에게 가서 "힘들 때는 심호흡을 하면서 감정을 추슬러보세요. 좀 힘들면 적어놓고 그 순간에 생각을 전환해보세요"라고 일러주면 그런 방법들을 쓰면서 아등바등 노력하는 모습을 보게 돼요. 엄마가…… 참 엄마가 대단한 거구나, 어쩌면 그렇게 자기를 바꾸려

4부 육아는 혼자의 것이 아니다

고 안간힘을 쓰고 노력할까 싶어요. 보통 사회복지사로서 다른 취약계층에 가서 뭔가 변화를 말할 때는 동력이 되는 것, 모티브가 되는 게 없잖아요. 잡을 끈이. 근데 이 엄마들은 아이를 붙잡고, 그래도 '아, 내가 변해야 이 아이한테 좋은 영향을 줄 수 있다'라는 것 때문에 기를 쓰고 밑바닥의 힘까지 끌어모아 변하려고 하는 거죠.

자신은 그걸 모르고 있어요. 그래서 제가 말씀드렸어요. 지금 당신은 진짜 모든 걸 견뎌내면서 엄청나게 노력을 하고 있다고, 그걸 내가 안다고. 그럼 엄마도 긍정해요. 그리고 "한 번은 화를 참았는데 이번에는 못 참았어요"라고 실망해서 말해요. 그럼 전 말하죠. "괜찮아요. 지금까지 그렇게 살았는데 한 번 노력해본 게 대단한 거예요. 나라도 그랬을 거예요. 그건 실패가 아니에요." 계속 지지해주고 격려해주면 그 엄마도 주저앉으려다 '아, 그런가?' 생각하고 '아, 그래, 대단한 거였어' 하고 또 한 번 시도해요. 그렇게 애쓰는 거예요.

**마지막으로, 이 일을 하는 데 개인적으로 어떤 의미를 두고 계신지 말씀해주세요.**

글쎄요. 사람들은 자신이 부모 세대보다 조금 더 나은 상황으로 가기를 원하잖아요. 그래서 우리 부모님이 나한테 애를 썼을 거고 나도 우리 아이를 키우면서 부모가 줬던 거에서 다른 것들을 더해주고 싶었거든요. 이 일을 하면서 다른 엄마들한테도 무언가 더해지는 것이 있었으면 좋겠어요. 그래서 이 엄마들도 나보다 어떤 면에서든지 조금 더 나았으면 좋겠어요. 내 아이만 무언가를 더 받은 게 아니라, 내 아이가 다른 엄마들이 그렇게 키운 아이들과 같이 자랐으면 하는 마음이 있어요. 엄마가 된다는 건 긴 시각으로 가는 거니까 다른 엄마들도 그런 마음을 가지고 살았으면 해요. 저도 이 일을 하면서 힘들 때가 있지요. 그럴 때는 제가 갔던 가정의 아이들의 모습을 생각해요. 엄마들이 보내준 사진들을 보면서 '아, 그때 애가 바뀌었지. 내가 가는 가정의 아이들이 이런 표정으로 바뀔 수 있을 거야. 엄마들이 그래도 조금 다른 환경에서 지낼 수 있어. 조금 행복하게 느끼면서 살 수 있어'라고 생각해요. 그 생각을 가지고 가요. 제가 변화한 것처럼 다른 사람들도 좀 행복하게 살았으면 좋겠다, 그것밖에는 없어요.

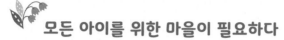

# 모든 아이를 위한 마을이 필요하다

〈서울아기 건강 첫걸음 사업〉 지원단장 강영호

**사업의 시작**

이 책은 〈서울아기 건강 첫걸음 사업〉의 과정에서 간호사들이 마주한 산모들의 이야기를 담고 있다. 〈서울아기 건강 첫걸음 사업〉은 '건강한 미래를 위한 공평한 출발'을 모토로 2013년도부터 서울시에서 시작된 사업으로, 그 당시 3개 자치구를 시작으로 지역을 늘려나간 결과 2019년도부터는 서울시의 24개 자치구에서 이루어지고 있다. 우리나라에서는 현재 서울시에서만 시행되고 있다. 당초 10여 명의 간호사로 출발했지만 이제 100명의 영유아 건강 간호사들이 이 사업을 담당하고 있다.

〈서울아기 건강 첫걸음 사업〉에는 보편방문, 지속방문, 엄마모임, 연계 서비스라는 사업 요소가 있다(ourbaby.seoul.kr 참조).

보편방문은 출산 후 4주 이내에 가정방문을 원하는 모든 가정에 간호사가 찾아가는 것을 의미한다. 2018년도의 경우 서울시에서 태어난 출생 아동의 약 4분의 1(약 1만 6,000가구)이 보편방문 서비스를 받았다. 여러 가지 어려움이 있는 가정의 경우 지속방문이 이루어진다. 2018년도의 경우 약 1,400가구를 간호사가 지속적으로 방문하였다. 지속방문은 산전부터 시작하여 태어난 아이가 두 살이 될 때까지 최소 25회 지속적으로 이루어진다. 우리나라의 공공서비스 중에서 이렇게 집중적으로 가정방문을 제공하는 프로그램은 없다. 엄마모임은 가정방문을 받고 있는 엄마들이 5주에 걸쳐 엄마 되기, 아기 달래기, 아기 마사지, 아기 발달 놀이, 이유식 등에 대해 한데 모여 배우고 서로의 경험을 교류하는 자리다. 간호사들에 의해 시작된 엄마모임은 자연스럽게 엄마들의 자율적인 비공식 모임으로 이어진다. 2018년도의 경우 서울시 전역에서 약 80개의 엄마모임이 만들어졌다. 연계 서비스는 어려움이 있는 가정을 위해 다양한 사회복지 서비스 등을 연계하는 것이다. 연계 서비스를 위해 전담 사회복지사가 간호사들과 같이 활동한다.

〈서울아기 건강 첫걸음 사업〉의 이런 요소들은 조기아동기 가정방문 프로그램이 활발하게 이루어지고 있는 호주의 프로그램들을 벤치마킹한 것이다. 특히 지속방문 프로그램은 무작위대조시험이라는 엄밀한 과학적 연구를 통해 효과가 검증된 '산전 및 조기아동기 건강발달 프로그램'MECSH, Maternal and Early Childhood

Sustained Home-visiting'을 우리나라로 들여와 서울시 사정에 맞게 정착시킨 것이다. 호주에서 개발된 '산전 및 조기아동기 건강발달 프로그램'은 미국 보건부에서도 그 효과를 인정하였고, 현재 영국과 미국에서도 도입하는 등 여러 나라로 확산되고 있다.

### 엄마들이 문을 열어줄까요?

수년 전, 간호사들이 아기가 있는 가정을 방문하는 프로그램을 준비할 당시(2012~2013년), 여러 사람이 이 사업의 가능성과 가치를 의심하는 질문을 던졌다. 첫 번째 질문은 "엄마들이 문을 열어줄까요?"였다. 출생 후 짧게는 삼칠일, 길게는 100일 동안 외부 사람을 집에 들이지 않는 전통 풍습도 거론하였다. 두 번째 질문은 "인터넷 시대에 널려 있는 게 육아 정보인데, 굳이 간호사가 가는 게 무슨 의미가 있을까요?"였다. 하지만 두 가지 질문에 담긴 의구심은 사업 시작과 함께 사그라졌다.

대부분의 엄마는 간호사에게 문을 열어주었다. 아이가 제대로 크고 있는지, 혹시 문제는 없는지 확인해주는 의료 전문가의 방문은 불안한 엄마와 가족들이 보편적으로 환영하는 일이었다. 작년에 방문하였던 호주 시드니 지역에서는 출생아의 85퍼센트에 대해 보편방문이 이루어지고 있었다. 수년 전에 방문하였던 남호주 지역에서는 출생아의 92퍼센트에 대해 보편방문이 이루어지고 있었다. 사생활을 강조하는 서구 국가에서도 간호사가 출산 가정을 방문하는 것은 일반적으로 받아들여지는 일이다. 2018년도의 경우, 서울시 일부 자치구에서는 출산 가정의 2분의 1에 대해 보편방문이 이루어졌기 때문에 앞으로 보편방문이 이름값에 맞게 '보편적'으로 이루어질 날도 머지않았다고 본다.

인터넷에 육아 정보가 넘쳐나지만 정작 엄마들은 정확하고 신뢰할 만한 정보원에 대한 갈증을 심하게 느끼고 있음을 가정방문을 통해 확인하였다. 엄마들은 자신들이 선택한 육아법이 맞는지 불안해하였다. 간호사들이 가정을 방문하여 엄마들에게 전달한 것은, 근거 있는 정확한 정보도 있지만 무엇보다 엄마들이 겪고 있는 불안감을 해소해주는 위로와 격려의 이야기였다. 엄마들은 정보의 부족 문제로 고통을 겪고 있다기보다는 육아와 관련한 수많은 선택을 홀로 해야 하는 두려움, 불안감과 싸우고 있었다. 간호사들은 엄마들에게 위안과 응원, 누군가 함께해주고 있다는 안정감을 전달해주었다.

한 아이를 키우는 데에 온 마을이 필요하다고 하지만, 이미 우리 사회는 그 '마을'이라는 공동체가 없어진 지 오래다. 한 아이를 키우는 데에 필요한 공동체가 붕괴된 상황에서 이 시대의 산모들은 '혼자' 남겨진 채 엄마 역할을 시작한다. '독박육아'라는 표현은 그렇게 나오게 되었다. 하지만 간호사의 가정방문이 간호사의 방문만으로 끝나는 것이 아니다. 간호사를 통해 다른 엄마들을 만나게 되고 지역사회의 여러 가지 자원과 연계될 수 있다. 간호사를 맞이하기 위해 엄마가 열어놓은 그 문을 통해 제대로 된 공동체라면 마땅히 주어져야 할 많은 공공서비스가 엄마를 찾아가는 것이다.


### 공평한 출발

〈서울아기 건강 첫걸음 사업〉의 모토인 '공평한 출발'에서 볼 수 있듯이, 이 사업은 사회적 불평등을 해결하기 위해 도입된 것이다. 2012년에 건강 불평등 문제를 해결하기 위한 방안의 하나로 연구자들에 의해 제안된 프로그램이다. 산전과 2세 미만의 조기아동기가 사회적 불평등의 출발점이라는 인식이 중요하였다. 산전과 조기아동기가 개입 프로그램의 효과가 가장 큰 시기라는 점도 고려되었다. 가정방문이 매우 효과적인 개입 방법이고 간호사가 가장 광범위하게 활용되는 인력이라는 점은 사업의 내용을 구성하는 데에 중요한 고려 사항이었다.

그러면 어떻게 '공평한 출발'이 가능하도록 사업의 내용을 구성할 것인가? 가정 형편이 어려운 가정을 대상으로 집중적인 가정방문 서비스를 제공하면 되지 않을까? 그러나 이는 몇 가지 문제가 있었다. 첫째, 아동발달 문제를 지닌 아동의 비율은 저소득층에서 높기는 하지만, 모든 사회계층에서 태어난다. 경제적으로 어려운 산모에게 우울이 더 빈번하게 찾아오긴 하지만, 중산층 이상의 산모도 산모우울을 겪는다. 산모우울이 아동발달에 매우 중요한 위험요인인 점을 고려하면, 모든 아동에게 '공평한 출발'을 보장하기 위해서는 전체 사회 구성원을 대상으로 안전망이 갖추어져야 한다. 둘째, 서비스의 질적 수준을 높이기 위해서는 사회의 절대다수를 대상으로 한 서비스가 필요하다. 저소득층만을 대상으로 한 서비스는 절대다수의 지지를 받기 어렵기 때문에 서비스의 질적 수준을 향상하는 데에 어려움을 겪는다. 보편적인 서비스 제공 방식을 가지고 있다면 서비스의 질적 수준을 높일 수 있다. 따라서 이 사업 역시 보편적인 요소와 집중적인 요소의 결합이 필요하였다. 보편방문과 지속방문은 그렇게 고안되었다. 즉, 보편방문이라는 안전망 속에서 어려움이 있는 가정에 대해서는 지속방문이 이루어지도록 하였다.

　사회가 공공서비스로서 엄마들을 지원하고 아이를 보호하기 위한 프로그램을 유지하고 질적 수준을 높여야 하는 이유는 '누구나 어려움에 빠질 위험'으로부터 우리 모두를 보호하기 위해서다. 운 좋게 내가, 또는 나의 배우자가 산모우울을 겪지 않았다고 하더라도 나의 딸이, 또는 나의 친구가 그것을 겪을 수 있다. 인생의 출발점에서 사회가 파견한 간호사에 의해 '위험'에 대처할 수 있도록 모든 엄마와 아기들에게 도움의 창을 열어둠으로써 모두가 '공평한 출발'을 추구할 수 있도록 하는 것은 하나의 사회적 권리가 되어야 한다.

## 지속방문과 간호사들, 변화로의 '초대'

이 책에 등장하는 엄마들은 〈서울아기 건강 첫걸음 사업〉의 간호사들과 지속방문을 통해 만나온 분들이다. 지속방문은 엄마와 간호사 간의 파트너십을 바탕으로 한다. 320시간 이상의 기본교육과 심화교육을 거친 간호사들은 엄마와 서로 믿을 수 있는 관계를 맺는다. 이 관계 속에서 엄마에게 간호사는 '한 줄기 빛'이거나 '단비'같이 도움을 주는 사람이 되기도 하고('한 줄기 빛', '단비'라는 표현은 간호사들이 엄마들로부터 많이 듣는 이야기다), 친정엄마보다도 더 자주 만나는 사람이 되기도 한다. 엄마에게 간호사는 아기를 함께 키우는 가족 같은 사람이 되기도 하고, 어느 누구보다 아기를 가장 잘 아는 전문가, 무엇이든 물어볼 수 있는 전문가가 되기도 한다. 신뢰할 수 있는 관계가 되면 엄마는 누구에게도 이야기하지 않았던 자신의 이야기를 간호사에게 털어놓기도 한다. 이렇게 쌓아 올린 관계를 바탕으로 이 책의 작가는 간호사에 의해 엄마에게 소개되었다. 엄마는 간호사와 맺은 신뢰를 바탕으로 작가에게 자신의 이야기를 털어놓을 수 있었다.

어떤 이들은 책에 나오는 엄마들이 보통의 엄마들과는 다르다고 할는지 모른다. 하지만 지난 6년 동안 이 사업을 지속해온 우리에게 이들은 매월 사례회의를 통해 접하게 되는 '보통의 엄마'들이다. 책에 등장하는 간호사들은 지금도 서울시의 1,000여 명이 넘는 이 같은 산모들을 지속방문을 통해 만나고 있다.

물론 책에 소개된 산모들처럼 미래, 희망, 포부를 이야기하지 못하는 많은 산모들이 우리 사회에 존재한다. 우울과 고립, 폭력, 무기력에 묶여 밖으로 나오기를 두려워하는 산모들이 있다. 많은 간호사들은 이들로부터 '거절'의 경험을 겪는다. 하지만 간호사들은 포기하지 않는다. 간호사들이 산모를 포기하지 않는다는 것은 어떤 어려움이 있더라도 엄마가 아기를 포기하지 말라는 메시지다. 간호사가 산모와 함께 미래, 희망, 포부를 이야기하고 아주 작지만 구체적인 목표를 세우고 성공의 경험을 쌓는 것은, 그와 같은 일들이 엄마와 아기 사이에서 일생에 걸쳐 반복적으로 일어나기를 바라기 때문이다.

개인의 삶에서 '변화'란 쉬운 일이 아니다. 수십 년에 걸쳐 수많은 경험을 통해 형성된 세상에 대한 시각은 쉽게 바뀌지 않는다. 진정한 변화란 밖에서 주어지지 않고 안에서 형성되는 것이며, 그 변화의 주체는 누구보다 엄마 자신이라는 점을 간호사들은 잘 알고 있다. 간호사들은 2년 반에 걸친 지속적인 만남을 통해 엄마들이 일상생활과 인간관계, 지역사회에서의 생활에 있어 다른 경험을 하도록 '초대'한다. 이 책은 이전까지와는 다른 삶으로의 '변화'에 초대된 엄마들의 이야기다.


### 어떻게 이 책을 기획하게 되었나?

2017년 말, 혜화동의 어느 칼국수 집이었다. 〈서울아기 건강 첫걸음 사업〉의 사례회의를 마치고 저녁 식사를 하고 있었다.

사례회의에 등장하는 엄마들의 이야기를 책으로 펴내면 좋겠다는 이야기를 꺼냈다. 같이 식사를 하던 사업지원단 교수들 모두 같은 생각이었다. 이 사회의 더 많은 사람이 어려운 상황 속에서도 아기를 낳아 기르는 가족들에 대해 알았으면 좋겠다는 생각을 똑같이 하고 있었던 것이다. 프로그램의 효과에 대한 과학적 연구 결과나 공신력 있는 외국 국가기관의 인증만큼이나 구체적인 사례의 힘이 중요하다는 생각에서였다. 사례를 통해 공공서비스가 엄마들의 삶에서 구체적으로 어떻게 도움을 주는지를 알려주고 싶었다.

전작前作을 통해 엄마들의 이야기를 잘 전달해줄 수 있을 이로 안미선 작가가 추천되었다. 가정을 방문해온 영유아 건강 간호사들의 협조와 엄마들의 동의도 얻었다. 안미선 작가는 엄마들과 인터뷰를 진행하였고 그들의 이야기를 꾸밈없이 이 책에 담았다. 책에 소개된 엄마들은 실제로 서울시에 사는 여성들이며, 책에 옮겨진 엄마들의 목소리는 실제로 그들이 이야기한 내용을 담은 것이다.

이 책이 아기를 낳고 기르는 엄마와 가족들의 절실한 목소리를 전하는 데 도움이 되었으면 한다. 우리 사회가 그 목소리에 귀를 기울이며 어떤 방법으로 도울 것인가에 대해 활발히 논의할 수 있게 되기를 바란다. 그때에 〈서울아기 건강 첫걸음 사업〉이 효과적인 대안으로 선택될 수 있을 것이다.

## 감사의 말

이 기회를 빌려 〈서울아기 건강 첫걸음 사업〉이 가능하도록 노력해온 여러분들에게 감사의 말을 남겨야 하겠다. 무엇보다 이 사업의 현장에서 뛰고 있는 서울시 영유아 건강 간호사들에게 감사의 말을 드린다. 안미선 작가에게서 이 책의 원고를 받고 머리말을 읽으며, 가장 먼저 간호사들이 눈앞에 떠올랐다. 이 책이 그들의 노고에 대한 격려가 되리라는 바람이 있었다. 서울시 당국의 진취적 결정과 행정적 지원이 없었다면, 외국의 라이선스 프로그램을 한국으로 들여오는 일을 시도하지 못하였을 것이다. 공적 돌봄이 점점 더 중요해지는 이 시기에, 서울시의 결정과 한발 앞선 행정이 우리 사회의 공공서비스의 질적 수준을 향상하는 데에 기여할 거라 기대한다. 사업지원단의 교수들(조성현, 전경자, 이지윤, 김유미, 조홍준)과 여러 연구원들은 지난 6년 동안 이 사업의 안정적 정착과 질적 수준의 유지를 위해 많은 시간을 할애하였다. 모두에게 감사드린다.


2019년 가을
〈서울아기 건강 첫걸음 사업〉 지원단장
서울대학교 의과대학 교수
강영호

## 아기에게 온 엄마

**에필로그**

인터뷰를 하고 나서 집에 오면 나도 모르게 울 때가 있었다. 가슴에 손을 대고 "어, 왜 이러지?"라고 혼잣말을 하는데 울음이 북받쳤다. 아기를 안고 인터뷰하던 산모의 모습이, 그 상황에서 있을 수 없는 돌봄의 모습이, 사랑하기 위해 애쓰는 모습이 눈앞에 생생히 되살아나서였다. 사랑하기 위해 노력하는 모습이 서툴러 보일지라도 얼마나 기적처럼 소중한 일인지 몰랐다.

때로 산모들이 건네는 한 잔의 생수, 음료수 한 병은 그녀가 가진 모든 것이었다. 손님이 왔다고 켜주려는 전깃불이 자신은 평소 쓰지도 못하는 것일 때도 있었다. 그들은 삶을 잠식하는 우울에 맞서 엄마 노릇을 했고 자신을 포기하지 않고 다른 존재를 안고 기어이 눈을 맞추었다. 그들은 이미 환대하는 법을 배웠다.

그 웃음과 눈물을 마주하고 나서, 나는 그녀들이 이 세상을 살면서 숨겨온 크나큰 슬픔과 용기를 잊을 수 없게 되었다.

불가능한 상황에서 이런 것을 가능하게 만든 건 함께한 사람들의 꾸준한 노력 때문이기도 했다. '좋은 엄마' 통념에 미치지 않는다고 손가락질하는 게 아니라 어떤 산모든 그 위치를 인정하고 도와주려고 애쓰는 사람들이 있었다. 간호사와 사회복지사들은 어려운 환경에 놓인 사례들을 서로 논의하며 "이 엄마는 할 수 있어, 도와주면 할 수 있어! 아무리 힘들어도 잘할 수 있는 부분이 있을 거야"라고 되뇌었다. 취재를 갔다가 그 말을 듣고 돌아오는 날, 나는 가슴속 깊이 묻어두었던 '못난 엄마'였던 나를 비로소 용서했다.

산모들을 만나기 전에, 그렇게 내 좁은 울타리를 넘어 손대지 않고 둔 시간의 문을 열고, 잊었던 나를 만났다. 매번의 만남을 통해서 산모들의 방문을 열고 들어갔을 뿐 아니라 겹겹이 닫힌 자신의 마음의 문을 열고 동시에 들어간 셈이었다. 내 안과 밖에서 다가오는 말들을 솔직하게 담아내려고 했다. 스스로 한계가 보이는 부끄러운 자리까지 나아가 거기에서 한 걸음을 더 내디디는 마음으로 글을 썼다.

책에 담긴 이야기들 속에는 더 많은 이야기들이 물결처럼 겹쳐 흐르고 있다. 외딴 방에서 양육을 하면서 아무도 들여다보지 않는 자리에서 엄마 노릇을 하려고 애쓰던 여자들이 많이 있었다. 자책하고 미안해하는 마음들에 '당신 또한 충분한 엄마였다'라고 말해주고 싶었다. 또한 절망해 아이에게 큰소리를 치고 악을 쓰던 순간을 스스로 낙인 짓고 꽁꽁 가슴에 싸맨 채 주눅 든 평범한 엄마들도 있었다. 그들이 버틴 자리가 한순간의 낙인으로 사라질 수 없다고 격려하고 싶었다. 나의 어머니 세대에는 집에서 아기를 낳고 산후에 제대로 의료 처치를 받지 못해 돌아가신 분들이 있었다. 잊히고 잘린 삶도 이 책에서 산모들이 해주는 이야기 속에서 살아날 수 있다고 생각했다. 책을 쓰면서 꿈을 많이 꿨는데 본 적 없는 엄마와 아기도 있었다. 그 모든 엄마들이 책에 실린 엄마들의 입을 빌려 말하고 싶어 했다. 더 이상 외롭게 우리를 버려두지 말라고.

인터뷰를 하면서 느낀 건 여성들의 삶과 이야기가 세상에 제대로 알려지지 않았다는 것이다. 낳고 기르고 돌보고 살려낸 여자들의 이야기는 남아 있지 않고, 다른 한편 기르지 못하고 지킬 수 없었던 이유도 말 되어지지 않았다. 엄마가 되거나 되지 못한 이들의 이야기는 '소문의 벽'에 갇혀 판단과 비난의 대상으로 소비될 뿐이었다. 누군가가 엄마가 될 수 있는 이유와 누군가가 엄마가 될 수 없는 이유는 서로 다른 게 아니다. 엄마가 될 수 있게 만드는 것, 엄마 노릇을 할 수 없게 만드는 것이 무엇인지 그 환경과 원인을 들여다보아야 한다. 개인에 대한 도덕적 판단이 아니라 엄마들이 처한 공통의 어려움과 가능성의 자리를 직시해야 했다. 이들은 주어진 사회 환경 속에서 그 시대의 엄마들이 되기 때문이다. 엄마가 될 수 없거나 되지 않겠다는 여성은 인습적인 공격의 대상이 되지만 혼자 힘으로 엄마가 되는 게 불가능한 시대라는 걸 세상은 인정하기 꺼렸다. 여성과 아이들을 방치하지 않고 새로운 엄마 노릇과 아이의 성장이 가능해지도록 이제는 책임질 때라는 걸 인정해야 한다.

만나보면 알게 된다. '엄마'라는 통념이 가렸던 다양한 엄마들의 진짜 얼굴들을. 엄마들의 표정이 다 다른 것처럼, 살아온 세월이 다르고 요구할 몫들이 다르다. 계층, 지역, 학력, 직업, 장애, 이주, 국가…… 다양한 상황에 교차하며 놓인 그들의 상처가 있고 그 속에는 진실한 이야기가 있었다. 육아의 외로운 자리에 곁이 생긴다는 건 사회의 자원이 여성과 아동에게 분배된다는 뜻이다. 그동안 사회가 충분히 그 역할을 다하지 않고 누군가를 차별할 때, 다친 개인은 결국 사회적 질병의 희생자이게 마련이었다. 여성과 아동은 더욱더 그래왔다.

그래서 여성의 우울에 대한 이야기는 생생한 차별의 누적된 증거이기도 하다. 한 간호사는 '절벽 끝에 혼자 서 있는 기분'이라고 말했다. 문을 두드리면서 간호사들은 자신이 속한 계층의 경계를 넘어 우리 사회의 민낯이 만들어낸 적나라한 고통 한가운데로 걸어 들어가기 때문이다. 그녀들이 만난 산모들이 온몸으로 드러내는 건 한국사회의 불평등한 현실과 그 압도적 고통의 무게. 고립, 소외, 불안, 분열, 폭력, 학대, 가난, 침묵……. 산후우울증은 일시적인 현상이 아니라 현실에서 여성이 배제되고 억압된 자리를 나침반처럼 가리키며 증상이 되어 나타난다.

산모들의 이야기를 듣는 건 그들이 세상에서 겪은 비정하고 냉담한 현실과 그 불공평함을 듣는 것이었다. 그 아픔이 또 다른 사랑이 싹트는 것을 가로막았다. 간호사는 너무도 온당한 산모의 고통을 마주하고, "그래도, 그래도 여기 아기가 있다"라고 일러준다. 아기들을 줄 세우지 않는 것처럼 엄마들을 줄 세우지 않고 길을 찾으려 한다.

세상에는 번듯하게 보여지는 '엄마'가 있고 보이지 않는 실제의 '엄마들'이 있다. 보여지는 엄마다움은 모든 엄마들을 짓누르는 강요된 틀이다. 하지만 실제의 엄마들은 좌절과 희망 속에서 진동하며 자신만의 진짜 이야기를 만들어간다. 누구나 원한다면 엄마들이 될 수 있어야 한다고 간호사들은 믿는다. 부유하든 부유하지 않든, 결혼을 했든 하지 않았든, 장애가 있든 없든, 한국인이든 이주민이든, 원한다면 엄마로서의 자리를 가질 수 있어야 한다. 모든 산모들을 평등한 엄마로 여기고 이들의 아기를 우리 곁에 온 다 같은 아기로 받아들일 때, 변화가 시작되고 절망 속에서 희망의 씨앗을 심어낼 수 있다. 산후우울을 겪는 시간 동안 여성들은 자기 삶의 진실을 맞닥뜨리고 품에 안긴 아기를 위해서 새로운 다짐을 한다. 우울한 가운데 엄마가 되어 그 역할을 자기 것으로 받아들이는 것은 어떤 산모에게나 쉽지 않은 여정이다. 간호사와 사회복지사는 산모들이 놓인 환경이 나아질 수 있도록 지원하며 양육 지식을 제공하고 양육 태도의 변화가 가능하게 조력한다.

책에는 간호사들의 지속방문에 문을 연 사례들을 중점으로 소개했지만, 끝내 닫혀 있거나 갑자기 닫히는 수많은 문도 있었다. 그 닫힌 문 안의 일은 아무도 기억할 수 없게 된다. 한편 경계를 가로지르는 역할을 하다 소진한 조력자들이 일을 그만두기도 한다. 영유아 건강 간호사는 한국사회에서 살아가는 동시대 여성으로서 일과 가정의 굴레에서 애쓰며, 고된 전문 서비스 노동을 수행하는 이들이다. 가정방문이라는 강도 높은 노동 속에서 전문 의료인으로서 역할을 다하는 이들에게 더 많은 관심과 제도적 지원이 필요하다.

어쩌면 이 모든 게 낯선 이야기일지 모른다. 한국의 대중매체에서는 문제적이거나 극단적인 상황에서만 '엄마'를 호명하고 있다. 뉴스는 종종 아동학대나 산후우울증, 자살이나 죽음에 초점을 맞춰 보도되지만 실제로 산모들이 어려운 상황에서 어떻게 엄마 노릇을 제대로 해나갈 수 있는지, 어떤 지원이 필요한지는 구체적으로 조명하지 않아왔다. 육아를 해야 하는 고립된 가정에 공적인 서비스가 필요하다는 인식은 조금씩 생겨나지만 실제로 영유아의 건강권과 행복을 지키고, 엄마 노릇을 하는 것을 지지하기 위해 어떤 시도가 일어나는지는 크게 공론화되지 않았다. 우리에게 필요한 건 '학대하는 나쁜 엄마', '잘 키우는 좋은 엄마'라는 칼 같은 잣대가 아니다. 여성이 엄마 역할을 하는 데 겪는 환경적·심리적 어려움에 실질적으로 대처할 수 있게 제도적으로 지원하며 그 책임을 사회가 함께 지는 것이다. '산후우울

에필로그

증'이라는 말은 '너도 아이를 해치는 나쁜 엄마가 될 수 있다'라는 위협으로 통용되기 일쑤지만 더 중요한 것은 산후우울이 긴박하게 보내는 신호의 의미를 이해하는 것이다. 엄마 역할을 시작하는 여성이 처한 삶의 조건이 더 나은 것이 될 수 있게끔 사회의 자원이 제공되어야 한다.

공공서비스를 통해 엄마 역할의 태도와 지식을 배울 수 있을 때, 새로운 엄마가 어떻게 탄생할 수 있는지 이 책은 보여준다. 죽음 앞에서 걸음을 가까스로 멈추고 다시 아기에게 돌아오는 엄마의 필사적인 모습을 보여준다. 다시 아기를 안고 터벅터벅 집 안으로 들어가 살아낸 '엄마들'의 이야기는 뉴스에 나오지 않지만 우리에게 필요한 건 그런 걸음들을 가능하게 하는 더 많은 손의 협력이다. 차별과 폭력의 시간을 끊어내는 자리를, 우울을 이겨내는 아무도 주목하지 않는 자리를, 아직 희망이 남아 있는 엄마들의 자리를 그려내고 싶었다. 한 인간으로서 그녀들의 용기와 삶에 대한 애착을 보여주면서 개인의 극복담에 머무르는 것이 아니라 우리 사회가 함께 나아가야 할 모습을 제시하고 싶었다.

보이지 않은 곳에서 소리 없이 살아가는 아기들이 모두 건강하게 자랄 수 있다는 것, 우리에겐 이미 충분히 그럴 힘이 있다는 것, 그 힘을 아기와 산모들, 몸과 마음의 건강에서 소외된 이들을 위해 써야 한다는 것을 말이다. 아기를 가진 여성들이 그 모든 상처에도 불구하고 용감하게 아기에게 다가와 안아주며 엄마가 될 수 있다는 것을 보여주고 싶었다.

이해할 수 없는 세계에서 무지와 편견과 냉대에 맞부딪히며 또한 우리는 무엇을 선택하게 된다. 그 선택은 오롯이 우리의 몫이다. 이를테면 우리의 선택은 아무것도 모르고 태어나는 아기들과 두려운 엄마들을 지켜낼 수 있을까? 선택한 길의 끝까지 달려갈 수 있을까? 이 자리의 곁을 믿고 고개 돌려 불러올 수 있을까? 간호사가 보았던 세계가 그토록 정직하게 어두우면서도 때로 경계를 뛰어오르는 힘을 가진 것은, 그녀들이 이곳에서 저곳으로 건너간다는 희망을 가지고 있었기 때문이다. 이 걸음을 끝까지 다한다면 우리가 다른 세계에 다다를 수 있다고 꿈꾸었기 때문이다.

돌이켜보면, 처음에 그 자리가 있었다. 맨몸으로 태어나 울고 있을 때, 이곳을 알 수 없고 할 수 있는 게 없어 울고만 있을 때 그 방에 누군가가 있었다. 아기가 기다리며 떨고 있는 순간, 그 누군가가 아기를 바라보았다. "나 여기 있어요, 나 좀 보아주세요." 아기는 그렇게 말하고 싶었지만 울음소리밖에 낼 수 없었다. 그 누군가는 자신만의 삶이 있었고 고통이 있었을 텐데, 아기는 자신의 두려움을 호소하고 막막해할 뿐 그 사람에 대해 아는 것이 없었다. 방에 있던 한 사람은 아무 말 없이, 외로운 아기를 쳐다보았고 천천히 다가와 마침내 안아주었다. 너를 돌보겠다는 결단을 내렸고 아기의 울음을 그치게 하고 아기를 살려주었다. 어쩌면 자신조차 안아주지 못하고 숨 가쁘게 살아온 한 사

에필로그

람이 자신이 받아보지 못한 포옹을 하면서, 이 작은 아기를 위해 자신을 내어주겠다고 결심한 것이다. 그 순간 아기는 비로소 세상에 존재할 수 있었다. 상처를 받았으면서 다시 사랑해보리라 마음먹은 소리 없는 손길의 선택을 기억해주고 싶다. 잊어버렸던 그 포옹을 나는 글을 쓰면서 눈앞에 그려본다. 어쩌면 나였던, 그녀였던, 우리였던 한 아기에게 그 포옹이 얼마나 소중했는지 되새긴다.

침묵하면서, 눈을 반짝이며, 웃으면서, 눈물을 흘리면서 인터뷰에서 산모들은 자신이 엄마가 되기로 한 순간을, 지금도 지키고 있는 다짐을 들려주었다. 그 다짐은 자신의 온 생애를 걸고 한 약속이었고, 고통과 상처를 송두리째 드러낸 채 피워낸 연둣빛 싹 같은 것이었다.

이 외로운 엄마가 아기에게 다가와 끌어안은 것처럼, 세상도 그 포옹을 배우고 이들에게 빛나는 가능성의 시간을, 미래에 대한 꿈을 돌려주었으면 좋겠다.

# 똑똑똑, 아기와 엄마는 잘 있나요?

ⓒ 안미선, 2019. Printed in Seoul, Korea

| | |
|---|---|
| 초판 1쇄 찍은날 | 2019년 9월 6일 |
| 초판 1쇄 펴낸날 | 2019년 9월 18일 |

| | |
|---|---|
| 기획 | 서울아기 건강 첫걸음 사업 |
| 지은이 | 안미선 |

| | |
|---|---|
| 펴낸이 | 한성봉 |
| 편집 | 안상준 · 이동현 · 하명성 · 조유나 · 최창문 · 김학제 |
| 디자인 | 전혜진 · 김현중 |
| 마케팅 | 이한주 · 박신용 · 강은혜 · 박민지 |
| 경영지원 | 국지연 · 지성실 |
| 펴낸곳 | 도서출판 동아시아 |
| 등록 | 1998년 3월 5일 제1998-000243호 |
| 주소 | 서울시 중구 소파로 131 [남산동 3가 34-5] |
| 페이스북 | www.facebook.com/dongasiabooks |
| 인스타그램 | www.instagram.com/dongasiabook |
| 전자우편 | dongasiabook@naver.com |
| 블로그 | blog.naver.com/dongasiabook |
| 전화 | 02) 757-9724, 5 |
| 팩스 | 02) 757-9726 |

ISBN    978-89-6262-300-0 03330

* 이 책은 서울시 지원으로 제작되었습니다.
* 이 도서의 국립중앙도서관 출판예정도서목록(CIP)은
서지정보유통지원시스템 홈페이지(http://seoji.nl.go.kr)와
국가자료공동목록시스템(http://www.nl.go.kr/kolisnet)에서
이용하실 수 있습니다.(CIP제어번호: CIP2019034864)

※ 잘못된 책은 구입하신 서점에서 바꿔드립니다.

## 만든 사람들

| | |
|---|---|
| 편집 | 현의영 · 조유나 |
| 크로스교열 | 안상준 |
| 디자인 | 김현중 |
| 일러스트 | 이영채 |